中國學術思想
研究輯刊

二二編

林慶彰 主編

第 **21** 冊

《五家語錄》禪僧詩偈頌贊研究

曾淑華（釋宗慈）著

花木蘭文化出版社

國家圖書館出版品預行編目資料

《五家語錄》禪僧詩偈頌贊研究／曾淑華（釋宗慈）著 -- 初版

-- 新北市：花木蘭文化出版社，2015〔民 104〕

目 4+246 面：19×26 公分

（中國學術思想研究輯刊 二二編：第 21 冊）

ISBN 978-986-404-378-1（精裝）

1. 禪詩 2. 偈詩 3. 詩評

030.8　　　　　　　　　　　　　　　　　　104014693

ISBN-978-986-404-378-1

9 789864 043781

中國學術思想研究輯刊

二二編　第二一冊　　　　　　ISBN：978-986-404-378-1

《五家語錄》禪僧詩偈頌贊研究

作　　　者　曾淑華（釋宗慈）

主　　　編　林慶彰

總 編 輯　杜潔祥

副總編輯　楊嘉樂

編　　　輯　許郁翎

出　　　版　花木蘭文化出版社

社　　　長　高小娟

聯絡地址　235 新北市中和區中安街七二號十三樓

　　　　　　電話：02-2923-1455／傳眞：02-2923-1452

網　　　址　http://www.huamulan.tw 信箱 hml 810518@gmail.com

印　　　刷　普羅文化出版廣告事業

封面設計　劉開工作室

初　　　版　2015 年 9 月

全書字數　212099 字

定　　　價　二二編 22 冊（精裝）新台幣 40,000 元　　　版權所有·請勿翻印

《五家語錄》禪僧詩偈頌贊研究

曾淑華（釋宗慈）　著

作者簡介

曾淑華，法號宗慈，臺灣省彰化縣人。國立中興大學中國文學系學士，逢甲大學中國文學研究所碩士。現職臺中寶山禪寺副住持、臺中寶山禪寺佛學院教師、伸港寶華山禪寺佛學教師，曾任《成佛之道》、《佛遺教三經》、《唐禪風格——五家祖師禪詩理趣》教授師。研究重心為佛學與詩學的交會，尤著重在唐代僧詩研究。著有《《五家語錄》禪僧詩偈頌讚研究》（碩士論文），及〈法眼宗清涼文益禪僧詩作研究〉、〈方回《瀛奎律髓》「釋梵類」選評杜甫詩研究〉等學術論文。

提　要

　　本論以中國禪宗分燈禪之後形成「一華開五葉」的溈仰宗溈山靈祐禪師、仰山慧寂禪師，臨濟宗義玄禪師，曹洞宗洞山良价禪師、曹山本寂禪師，雲門宗雲門文偃禪師，法眼宗清涼文益禪師，五家禪之祖師偈頌讚作品，依《五家語錄》文獻為主軸，並旁及禪宗五家典籍，內文所關涉之詩作品等，作為研究分析的內容。研究依五家成立時序探討各家宗旨特色及禪師作品詩、偈、頌、讚之要義及聲律並其禪悟內蘊的文學性意境，探討五家祖師禪詩作品在南宗禪的風格與演變，並考其禪詩收入於《全唐詩》中問題。

　　本論共分七章，第一章以三節為緒論，一為論題提出動機希望透過文本爬梳取得五家祖師偈頌讚，解析作品的義理與其詩文學性的意境，並作文獻回顧考於近代中外禪學者對禪宗史與禪學的研究成果。二為選題之義界與說明，源自於初祖達摩迄至六祖惠能禪法的演變中如何開出五家形成的禪機時代的特色。三為研究方法主要依循文本，資料取材以《五家語錄》為主力並旁索禪宗典籍及中國典籍為證。

　　第二章至第六章為本論主要內文，以唐末具有中國化特色的禪機時代所開展出分別有五家溈仰宗、臨濟宗、曹洞宗、雲門宗、法眼宗。各章討論內容依該宗祖師生平學述、偈頌的要義及禪師偈頌的聲律與禪機，並及五宗詩偈所內蘊的禪機義理，禪師作禪詩本以禪教為主旨在抒發於情境的語言，是如何運用詩歌的「言外見意」營造出文學意境引起更多的咀嚼與思維使其傳播達到效應。各章依需要分節討論。最末第七章為結論，歸結本論探討五家禪祖師的禪法思想特色，及詩偈頌讚聲律與其詩文學性的意象特徵。

目次

第一章 緒 論

　　本論研究動機，作者初衷以學界認為一般性佛經中的偈頌贊作品，乃非詩文學類的形式，因此有人言及偈頌贊類並不講求對仗、對偶及押韻，是否如此呢？本論的提出則希望透過五家成立先後，考五家禪師作品詩、偈、頌、贊之要義及聲律並其禪悟內蘊展現的文學性為目的，而透過作品所呈現出五家宗旨特色又是如何？冀望透過本論考五家祖師禪詩作品，在時序中所展現南宗禪的風格與演變，並考其禪詩收入於《全唐詩》中問題。

　　對於中國禪宗歷史一般性予人印象常以「不立文字，教外別傳。」〔註1〕為特色，從六祖以後禪宗偏重行證之自得，不立文字，不重教說，因此才有所謂「教外別傳」之說，但禪宗其實並非真的離文字的。李世傑〈禪的哲學〉在緒言中有言：「從禪宗的本質來講，離文字是禪，用文字也是禪。不立文字，是不執文字的意思，教外別傳，是不著教相的意思。用文字教相也可以引進到禪的境界，同時文字教相也是禪的一個表現現象，只有用法的差錯，並無根本的相反，所以禪裏面也可以包含著一切的經教文字。文字的基礎有禪的世界，禪的表現有文字的世界，教禪一致是佛教的本來面目。」〔註2〕正如其說不立文字，是不執文字的意思，教外別傳，是不著教相的意思。如唐朝宗密撰《禪源諸詮集都序》有所謂：「經是佛語，禪是佛意。」〔註3〕雖然禪宗

〔註1〕〔明〕圓信：《教外別傳序》，《卍新纂續藏經》第84冊，頁157b，臺北：中華古籍出版社，台灣福豐圖書承印，2001年（初版）。（本論以下《卍新纂續藏經》皆同此版本，則不再重例出版處）

〔註2〕李世傑：〈禪的哲學〉，《禪宗思想與歷史》，臺北：大乘文化出版社，1978年9月（初版），頁1。

〔註3〕〔唐〕宗密撰，邱高興校釋：《禪源諸詮集都序》，鄭州：中州古籍出版社，2008年1月（第一版），頁21～22。

以心傳心，教外別傳，但教、禪本來是統一的，想探求禪法而離開文字就難以詮釋禪法的眞貌。

中國佛教史上「禪宗史」有著非常輝煌的篇章，禪宗與漢文化融合的演化歷程中，強調不拘泥於經句，活潑地掌握住佛的精神，並在唐五代中開演出「一華五葉」呈現多采多姿的景象，因而得以綿延承遠，歷時迄今五家中的臨濟宗、曹洞宗依然發展著。雖然本論研究範圍是在唐五代中所開演出的五家禪，但爲朔源將略述中國禪宗初祖達摩至六祖惠能〔註4〕以後形成的南宗分燈禪，所謂「一華開五葉」五家禪的形成，後人將祖師一生開演教法集成《語錄》，後來又形成《五家語錄》的前承、內容並及後繼影響，期許定義《五家語錄》的性質。

爲明禪宗歷史起源，首先帶入了教界所謂的純禪時代，從初祖達摩至六祖惠能；此間說明祖師禪法與經的結合，目的爲表明中國禪宗是在不廢棄經典教育，與禪不拘泥於經句。從六祖惠能大師的禪法以無念、無相、無住，一直到趙州茶所展現的禪風，似乎呼應著馬祖道一強調的平常心是道；演化過程中到了唐末五代發展爲禪機時代，禪師是如何把握住佛的精神展現活潑的教化。作者認爲研究禪宗這兩個時代是值得關注的。

近年來對於禪宗史的研究則不再拘於傳統的文獻，因爲有了敦煌文獻的加入使得禪宗研究的層面多了一些資料，從中國流入西方又從西方回流，當中激起了許多禪學界論壇。作者試從近年來中外學界，對禪史所研究的成果上，追述一些禪宗的新議題。並爲結合佛家偈頌贊的意義與用法，在緒論中將以一節透過文學中對偈頌贊釋義析明其用法，及佛教偈頌的釋義，試從兩者的相融及相異性對照本論所考五家禪詩偈頌贊的意義與用法。

五家禪之祖師，各有其學習的背景、參學的經驗和得法的因緣差異，所以表現在接引門下禪學子的手段方法也各有特色，有直接令人見性的；有曲指令人見性；有專截斷眾流，令學人起疑自悟的；有主說破的；有主不說破的。家風各異，都是爲誘導啓發禪學之人的善巧手法，可謂之接化，亦可稱爲提撕。其接化、提撕學人都有其獨特的風格與手腕，後人又將此稱爲宗風。亦是所謂家風，即是禪家風儀之意，本論併合五家祖師的生平，論其所涉及的學述經典，用以了解其五家如何展現南宗禪風格、特色的關鍵，並在依其《五家語錄》中所集的詩偈、頌、贊作品中分析其宗旨要義，並及詩偈的聲

〔註 4〕六祖又稱（慧能），本文則以（惠能）稱名。

律爲何？是否收入於《全唐詩》中，量的多寡。

最後並論其詩偈頌贊，它如何透過禪境語言表詮文學性質。對禪詩偈頌贊文學性的探討，本論試從五家形成之後，後代禪師對五家的宗旨、綱要所呈現出的詩歌中，作者試從禪師的文字語言，探其五家禪詩偈頌贊在文學上所展現出的特色。以下本論依上所列次序，探討五家禪詩偈如何呈現五家禪師之思想與特色。

第一節　論題的提出與文獻回顧

本節將對於作者如何提出〈《五家語錄》禪僧詩偈頌贊〉，此論題的動機與目的作簡述；並對於中國禪宗初祖達摩大師至六祖惠能大師以下形成「一華開五葉」五宗的概況。後人又如何將五家祖師生平啓發學生悟道的語彙集成《五家語錄》，其內容與後繼影響。對於唐代禪僧詩偈贊舉惠能禪師、無住禪師、從諗禪師三位，並帶入馬祖道一的平常心是道，以呼應五家以後如何形成的禪機方式，最後並作文獻回顧與討論。

一、論題動機

有人認爲佛家典籍中的偈頌贊並不符合文學詩作的標準，因爲禪師本非爲寫詩而做詩，但唐五家禪師因受中國詩化的語言影響，使其禪詩作法不同於佛教本有的偈頌體，雖不帶轉折語的直鋪陳述，但卻從禪詩加入了更具有啓發性的情境語言。禪師運用詩歌的「言外見意」，營造出更多的意境，也給讀者留有更寬廣的想像空間。晚唐以來禪師以中國近體詩來抒發禪境的情感，使其禪宗詩偈更活潑多元了。

本論依五家禪師作品在其成立的時間軸上作偈頌贊的研究，期許可以發現禪師的作品與中國詩作的形式之交集，並考其收入《全唐詩》集中的多寡，用以說明其收入越多背後所代表的意義，是其偈頌贊作品愈符合中國詩作的標準。

禪宗雖然主張「不立文字，教外別傳」表面看似排斥語言文字的，可禪師卻又常假以文字的方便，闡發禪理，發展其思想，用以接引禪學後輩。語言雖只是作爲一種傳達的工具作用，善用它則能啓發聽者的禪心慧智。從歷史的語言發展中看，語言會受到時空的限制，在不同的時空有其特定的語彙特色，同其時空中的人們有其共同認定的語彙。

禪師用詩偈的初衷本意，是作爲標月之指，或有以指爲月之後人，但仍不應以此作全盤否定，禪師的詩偈頌贊對參禪學人的啓發作用，以爲文字之害無益於禪心妙旨。禪之神靈妙趣只有會心者得之，切勿在文字語言上執取，這是歷來禪師們常所告戒的。但文字爲禪跡，以文字的特殊符號作爲禪旨妙趣的工具，它應具有一定的價值在。所以禪詩偈頌是以具體的文字意象表現，其有一種非確定的意義在其內蘊當中；表示其隱藏著無限可能的解釋之生命和可能性。研究者在透過歷史禪師語錄所留下的語言文字，尋得了探索的指標，讓後學者對禪理有跡可尋，方可省去無謂的摸索光陰。所謂「站在巨人的肩上」可以看得更遠，因之文字的堆砌並非完全沒有生命的價值意義的。

《五家語錄》中禪師偈頌贊的作法將會是如何呈現？是否符合詩作的規範？其詩偈的聲律又將會是如何？此則爲本論研究動機與目的，並考及五家禪祖師在《語錄》中所遺留的詩偈頌贊作品是否收入於《全唐詩》中？綜上以析明《五家語錄》禪詩的種種意義。

二、文獻回顧

（一）唐代禪宗

關於禪宗如何在中國的發展過程，在禪宗史書《楞伽師資記》〔註5〕，大致以達摩東來傳法開始，從北齊菩提達摩大師來到中國，迄六祖惠能大師（638～173）入寂，其間約有 190 年間，是禪宗未分化時，此時禪與經結合的。禪宗五家法系以下頁表例示之〔註6〕。

從達摩大師到唐代惠能大師（六祖），這是禪宗早期發展的主流，一直到唐末五代時，在惠能以下南嶽懷讓與青原行思兩系下，禪宗由此而發展出了五個宗門（潙仰宗、臨濟宗、曹洞宗、雲門宗、法眼宗）。

本節依據上例中國禪宗在禪籍與史書所載資料，略述中國南宗禪五家祖師傳承大概狀況，期以明瞭唐末五代禪宗傳承的發展過程；並從中了解唐代五家祖師禪僧禪法的思想，其禪詩與偈、頌、贊作品，所闡釋關聯的南宗禪特色意象。

〔註 5〕〔唐〕釋淨覺集：《楞伽師資記》，《大正新脩大藏經》第 85 冊，頁 1283a～1290c。

〔註 6〕參考《五家語錄》（序）五家源流圖《卍新纂續藏經》第 69 冊，頁 21c。

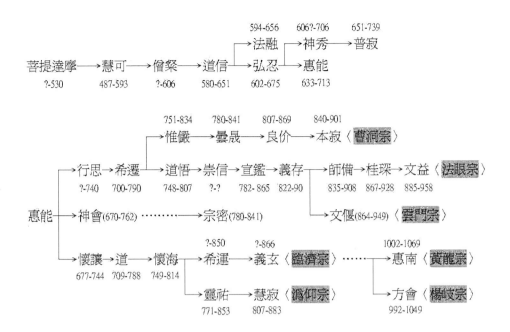

1、中國禪宗初祖到六祖傳承演化

菩提達摩（Bodhidharma）（146）在歷史資料中皆以南印度人，是傳統承認的禪宗祖師。達摩爲南天竺婆羅門種，神慧疎朗，師承求那跋陀羅三藏，以《楞伽經》〔註7〕爲修持法。在魏朝時菩提達摩來到中國宋境南越，後又北度至魏，立志要傳其師之大乘禪教法義於中土。〔註8〕

> 魏朝，三藏法師，菩提達摩，承求那跋陀羅三藏後，其達摩禪師，志闡大乘，泛海吳越遊洛至鄴，沙門道育、慧可，奉事五年，方海四行，謂可曰：「有楞伽經四卷。」〔註9〕

達摩禪師至中土以後，盛弘講授禪法，以《楞伽經》講授，並建立「楞伽宗」。本論在此引介學者張保勝所言：「該宗仍然傳授印度佛教的漸修禪法，注重『頭陀』苦行。其教義歸爲『理行二入』。『深信凡聖一如之理而不疑』謂之『理入』；『依此理而起修行』謂之『行入』。『理入』就是『深信含生同一眞

〔註 7〕 《楞伽師資記》，頁 1283c。

〔註 8〕 〔元〕念常集：《佛祖歷代通載》記載，達摩於魏，大通年，來到中國：「初祖菩提達磨大師，天竺南印度國，香至王第三子也，王薨師出家。遇二十七祖般若多羅付以大法。因問：『我既得法，宜化何國？』多羅曰：『汝得法已，俟吾滅度六十餘年，當往震旦國闡化，曰彼有法器堪繼吾宗。』《大正新脩大藏經》第 49 冊，頁 547c。

〔註 9〕 《楞伽師資記》，頁 1284c。

性，俱爲妄想客塵所覆，不能顯了，若捨妄歸眞，則凡聖等一，與理冥符而無分別，寂然無爲，名爲理入』。『行入』有四，即報怨行、隨緣行、無所求行、稱法行。達摩一派對佛教一切經籍均持否定態度，只以《大乘入楞伽經》傳世度人。其『含生同一性』和『凡聖一如』之理卻成了中國禪宗世俗化的直接依據。」〔註10〕但當時人初聞大乘法義不能接受且多生譏謗。

所謂大乘法強調的是「一行三昧」，在唐宗密所述《禪源諸詮集都序》：「悟我法二空，所顯眞理而修者，是大乘禪，若頓悟自心本來清淨，元無煩惱，無漏智性，本自具足，此心即佛，畢竟無異。依此而修者，是最上乘禪，亦名如來清淨禪，亦名一行三昧，亦名眞如三昧，此是一切三昧根本。若能念念修習，自然漸得百千三昧。」〔註11〕說明達摩禪法「如來禪」就是依「一行三昧」的思想，強調行禪以「凝住壁觀，無自無他，凡聖一等。」〔註12〕此後達摩禪法也依此展轉相傳，其門下都有此禪思想的色彩。達摩後來遇著道育與慧可，在《續高僧傳》有文：「有道育慧可，此二沙門，年雖在後，而銳志高遠，初逢法將，知道有歸，尋親事之經四五載。」〔註13〕此中的慧可即是禪宗二祖，一名僧可或慧可，上文資料說是慧可奉事達摩五年，又一說爲六載，《楞伽師資記》：

> 齊朝鄴中沙門慧可，承達摩禪師後，其可禪師，俗姓姬，武牢人，
> 年十四。遇達摩禪遊化嵩洛，奉事六載，精究一乘。〔註14〕

慧可承達摩禪法並精究一乘法。於《續高僧傳》卷十六，說他在四十歲時，奉達摩爲師，時亦六載：「釋僧可，一名慧可，俗姓姬氏，虎牢人。外覽墳素，內通藏典，⋯⋯年登四十，遇天竺沙門菩提達摩遊化嵩洛，可懷寶知道一見悅之，奉以爲師，畢命承旨，從學六載精究一乘，理事兼融苦樂無滯。⋯⋯後以天平之初，北就新鄴盛開祕苑。」〔註15〕此中「外覽墳素，內通藏典」

〔註10〕張保勝：〈以梵語文獻爲中心看禪的起源與流變〉，吳言生主編：《中國禪學》第三卷，北京：中華書局，2004 年，頁 101。

〔註11〕〔唐〕宗密：《禪源諸詮集都序》：「達摩未到，古來諸家所解，皆是前四禪八定，諸高僧修之皆得功用，南岳天台，令依三諦之理修三止三觀，教義雖最圓妙，然其趣入門戶次第，亦只是前之諸禪行相。」《大正新脩大藏經》第 48 冊，頁 399b。

〔註12〕《佛祖歷代通載》，頁 548a。

〔註13〕〔唐〕釋道宣撰：《續高僧傳》，《大正新脩大藏經》第 50 冊，頁 551c。

〔註14〕《楞伽師資記》，頁 1285b。

〔註15〕《續高僧傳》，頁 551c～552a。

是說明慧可的文學修養，慧可年四十，才依止在達摩法座下「精究一乘，理事兼融」，從學有六年，受達摩傳法衣爲二祖。

後來慧可於天平之初，應該是東魏天平元年（534）：「玄籍遐覽，未始經心。後以天平之初，北就新鄴盛開祕苑，滯文之徒，是非紛舉，時有道恒禪師，先有定學王宗鄴下，徒侶千計。」〔註16〕上文「玄籍遐覽，未始經心」是說他善用巧妙的言辭傳法，於是慧可將禪法傳開來，漸漸有名氣，向他求教的僧徒，有千人之多。慧可主張「情事無寄」〔註17〕表示他不重經文、不固守坐禪程序，強調直探心源，這點與達摩的「凝住壁觀」主張，有所差異，因之被批評是「魔語」〔註18〕，亦受到迫害而致流離於「鄴、衛盌展寒溫，道竟幽而且玄」〔註19〕，因此與隱遁山林的居士、林法師意氣相投而有往來。有文：「故末緒卒無榮嗣，有向居士者，幽遁林野木食，於天保之初，道味相師。」〔註20〕但慧可基本上還是遵循其師之教的，經考其著述可明其重視大乘經義，他生前所論述，引用有《楞伽經》、《十地經》、《華嚴經》、《法華經》等經義，後傳法於僧璨禪師。

僧璨是慧可的法傳弟子，爲中國禪宗第三代祖師。於《景德傳燈錄》卷三，對僧璨是何許人資料並不清楚，只言及他初以白衣謁二祖，受度並傳法於他，後來隱於舒州之皖公山。隱山原因，是周武帝破滅佛法時，因而往來於太湖縣司空山中，居無定所，十幾年無人知之。一直到隋開皇十二年，有一位沙彌，才十四歲，名叫道信，來禮他爲師，乞求給予指點解脫法門〔註21〕。在《楞伽師資記》有文：

> 隋朝舒州思空山璨禪師，承可禪師後，其璨禪師，周知姓位，不測所生，按《續高僧傳》曰：「可後璨禪師，隱思空山，蕭然淨坐，不出文記，祕不傳法，唯僧道信，奉事璨十二年，寫器傳燈，燈成就，

〔註16〕同上，頁551c。
〔註17〕同上，頁551c。
〔註18〕同上，頁551c。
〔註19〕同上，頁551c。
〔註20〕同上，頁551c。
〔註21〕〔宋〕道原：《景德傳燈錄》：「僧璨大師者，不知何許人也，初以白衣謁二祖，既受度傳法，隱于舒州之皖公山，屬後周武帝破滅佛法，師往來太湖縣司空山，居無常處積十餘載，時人無能知者，至隋開皇十二年壬子歲，有沙彌道信，年始十四，來禮師曰：『願和尚慈悲乞與解脫法門』。」《大正新脩大藏經》第51冊，頁221c。

檠印道信，了了見佛性處，語信曰《法華經》云：「唯此一事，實無
二，亦無三，故知聖道幽通，言詮之所不逮，法身空寂，見聞之所
不及，即文字語言，徒勞施設也。」〔註22〕

僧璨以《法華經》義，傳授給這位道信沙彌，其中所言：「無二，無三」是要
說明《法華》的「會三歸一」之大乘經義。開示他禪法的真理並非用語言可
以表達清楚的；佛的法身也非一般人可見聞得知。重點要他不可執著語言、
文字。僧璨並作〈信心銘〉用以教人修行的方法，強調平等不二就是修行用
功的起點。

　　道信為禪宗四祖，俗姓馬，世居河內，後來遷徙於蘄州的廣濟縣。於《景
德傳燈錄》說他：「師生而超異，幼慕空宗諸解脫門，宛如宿習。」〔註23〕此
處的空宗表示萬有為空的教派，是大乘的般若思想。後來道信於僧璨處得法
後，大開禪法。

唐朝蘄州雙峯山道信禪師後，其信禪師，再敞禪門，宇內流布，有
菩薩戒法一本，及制入道安心要方便法門，為有緣根熟者，說我此
法，要依《楞伽經》，諸佛心第一，又依文殊說般若經，一行三昧，
即念佛心是佛，妄念是凡夫。〔註24〕

道信為來向他求法者，傳揚「菩薩戒法」、「入道安心要方便法門」，並宣揚《楞
伽經》、《文殊說般若經》。此《楞伽經》是南宋求那跋陀羅索譯，也是最早講
唯識義的經典，全名稱為《愣伽阿跋多羅寶經》共四卷，是菩提達摩東來傳
法所提倡的。而《文殊說般若經》是以一行三昧為義的，在《般若心經略疏
連珠記》有云：「云何名一行三昧？佛言法界一相繫緣法界，是名一行三昧。
入一行三昧者，盡知河沙諸佛法界無差別相。」〔註25〕此中說明「一行三昧」
乃是闡明般若經義的，在經典中有諸多解釋〔註26〕，是以禪觀入般若三昧的
思想。與後來六祖惠能所解說一行三昧是直心，即在一切時中行住坐臥常真，

〔註22〕《楞伽師資記》，頁 1286b。

〔註23〕〔宋〕道原：《景德傳燈錄》卷三，高雄：佛光出版社，1994 年，頁 117。

〔註24〕《楞伽師資記》，頁 1286c。

〔註25〕〔宋〕師會：《般若心經略疏連珠記》，《大正新脩大藏經》第 33 冊，頁 564b。

〔註26〕〔梁〕曼陀羅仙譯：《大寶積經》經云：「文殊師利言，世尊：『云何名一行三
　　　昧。』佛言：『法界一相繫緣法界，是名一行三昧。若善男子善女人，欲入一
　　　行三昧，當先聞般若波羅蜜如說修學，然後能入一行三昧。如法界緣，不退
　　　不壞，不思議無礙無相。善男子善女人，欲入一行三昧，應處空閒捨諸亂意
　　　不取相貌。」《大正新脩大藏經》第 11 冊，頁 655b。

於日常生活中無有執著之意〔註27〕。兩者行持的重點略有不同；一者，重禪的形式行持，一者，重在心性的啓發。禪宗到四祖開始成立了教團，在杜朏《傳法寶紀》云：「擇地開居，營宇立像，存沒有跡，旌榜有聞」在這之前是「行無軌跡，動無彰記，法匠潛運，學徒潛修」〔註28〕有很大的改變，道信後來傳法給五祖弘忍。

五祖弘忍禪師（601～674），黃梅縣人俗姓周，七歲就出家，十二歲時親近道信：「其性木訥沈厚，同學輕戲，默然無對，常勤作務，以禮下人，晝則混迹驅給，夜便坐攝至曉，未常懈倦，三十年不離信大師左右。」〔註29〕他的木訥與溫厚個性，打從出家之後，有三十年常隨其師道信禪師左右精勤習道。

> 唐朝蘄州雙峯山幽居寺大師，諱弘忍，承信禪師後，忍傳法，妙法人尊，時號爲東山淨門。又緣京洛道俗稱歎，蘄州東山多有得果人，故東山法門也。〔註30〕

當時弘忍禪師的道場，位於黃梅縣城東十二里處的東山，又叫馮茂山，所以在當時名爲東山道場。五祖弘忍開東山法門、倡最上乘、守本眞心，依《楞伽經》所講自性清淨心，教人如何守住此心不被迷惑達到開悟。在現今黃梅縣依然留有一座，唐代弘忍的傳法道場〈五祖寺〉。

到五祖弘忍的禪法開始有了不一樣，可說是中國禪宗的全新風貌。因爲五祖弘忍的東山道場門下不單是出了惠能大師，還有一位遵法而弘揚師道的神秀大師，在《楞伽師資記》云：

> 唐朝荊州玉泉寺大師，諱秀……上忍大師授記云：「後傳吾道，只可十耳。」俱承忍禪師後，按安州壽山和上，撰楞伽佛人法，志云：「其秀禪師，俗姓李，汴州尉氏人，遠涉江上，尋思慕道，行至蘄州雙峯山忍禪師所，受得禪法，禪燈默照，言語道斷，心行處滅，不出文記。後居荊州玉泉寺，大足元年，召入東都，隨駕往來二京教授，躬爲帝師。」則天大聖皇后，問神秀禪師曰：「所傳之法，誰家宗旨？」答曰：「稟蘄州東山法門。」問：「依何典誥？」答曰：「依

〔註27〕〔宋〕宗寶編：《六祖大師法寶壇經》：「善知識，一行三昧者，於一切處行住坐臥，常行一直心是也。」《大正新脩大藏經》第48冊，頁352c。

〔註28〕印順法師：《中國禪宗史——從印度禪到中華禪》，頁239。

〔註29〕《曆代法寶記》，《大正新脩大藏經》第51冊，頁182a。

〔註30〕《楞伽師資記》，頁1289b。

《文殊説般若經》一行三昧。」〔註31〕

弘忍的東山法門，確實由神秀大師傳揚開來〔註32〕。神秀大師一時位重，還被當時則天大聖皇后尊為國師。由神秀禪師所闡揚的禪宗在北方地區發展；因與當時惠能禪師在南方發展的禪法而並立，因之有「北宗禪」之稱。依學界對禪宗發展史考察，在唐末以前，北宗曾在以長安和洛陽東西兩京為中心的廣大北方地區十分盛行〔註33〕。據禪宗史書記載弘忍門下有十大弟子，此中神秀為首座。根據《歷代法寶記》中〈唐朝第五祖弘忍禪師〉所言：「除惠能餘有十爾，神秀師、智詵師、智德師、玄賾師、老安師、法如師、惠藏師、玄約師、劉王薄。」〔註34〕在五祖弟子當中影響中國禪宗最大改變的禪師，就是由南方前來黃梅求法的惠能，後被尊為禪宗正史的六祖惠能大師，以他所闡揚的禪法後世稱為「南宗禪」。

六祖惠能（638～713）俗姓盧，於唐貞觀十二年（638）二月八日，生於新州（今廣東新興）。二十二歲時來至憑茂山，禮弘忍大師。關於六祖惠能大師文獻史料記載大致有，《光孝寺瘞髮塔記》，載於《全唐文》卷九一三、《光孝志》卷十。唐儀鳳元年（676）法性寺（後改稱光孝寺）住持法才，為紀念惠能在此寺，從印宗法師剃度受具足戒，特建塔將惠能的頭髮埋藏；《塔記》中記載此事。唐王維《六祖能禪師碑銘并序》，載《全唐文》卷六三、趙殿成《王右丞集箋注》卷二五、《全唐文》卷三二七。唐詩人王維（700～761）敬重惠能的弟子神會，受其托為惠能作此碑銘〔註35〕。兼受無相戒弘法弟子法海集記《南宗頓教最上大乘摩訶般若波羅蜜經六祖惠能大師於韶州大梵寺施法壇經》、風旛報恩光孝禪寺住持嗣祖比丘宗寶編《六祖大師法寶壇經》、嘉

〔註31〕同上，頁1290a。

〔註32〕神秀恪守道信以來的「一行三昧」說，這一傳統思想，說明他不知不覺的承認客觀世界千差萬別的現實存在，只是在主觀角度上否定外界事物的千差萬別，要求得到「法界一相」的認識而已。也表示神秀對客觀事界否定的不徹底。相較於惠能的看法，大千世界只不過是本心的產物「心量廣大，遍周法界」否定一切外部為虛妄，所謂：「心生種種法生，心滅種種法滅」這種強調「頓悟」的便利及功夫，似乎要為人所容易接受。《六祖大師法寶壇經》，《大正新脩大藏經》第48冊，頁362a。

〔註33〕楊曾文：《唐五代禪宗史》，北京：中國社會科學出版社，2006年11月（重印），頁91。

〔註34〕《歷代法寶記》，《大正新脩大藏經》第51冊，頁182a。

〔註35〕楊曾文：《唐五代禪宗史》，北京：中國社會科學出版社，2006年11月（重印），頁125～129。

興路大中祥符禪寺住持華亭念常集《佛祖歷代通載》卷第十三，等諸多文獻可考。

中國禪的思想到了惠能大師除了以《楞伽經》的如來藏又加上了《金剛經》般若的思想；他的法門以「無念、無住、無相」此三法門為中心；而在生活上則以「懺悔、發願、受三皈依戒」為準則，從此禪法走入了活生生的現實環境中。

以惠能大師重頓悟為南宗禪法，相對於北宗倡漸悟的神秀禪法，形成了對立，有「南頓北漸」〔註36〕之說，於是禪宗到了唐朝六祖惠能大師，禪開始呈現出不同於達摩初至中國所傳的印度禪法〔註37〕。到了唐末五代的禪法更發展出五家，那是從惠能門下五位傑出的弟子，南嶽懷讓、青原行思、永嘉玄覺、南陽慧忠、荷澤神會，當中的南嶽懷讓、青原行思二系所發展出的，以下略述南嶽懷讓與青原行思其參惠能大師時的禪機對話。

南嶽懷讓禪師（677～744）陝西金州人，俗性杜，十五歲出家先學律宗，後來不滿所學，便到嵩山拜慧安為師，於是慧安介紹他到曹溪見惠能。懷讓禪師禮拜惠能時有文曰：

> 師曰：「甚處來。」曰：「嵩山。」師曰：「什麼物？恁麼來？」曰：「說似一物即不中。」師曰：「還可修證否？」曰：「修證即不無，污染即不得。」師曰：「只此不污染，諸佛之所護念，汝既如是，吾亦如是，西天般若多羅讖：『汝足下出一馬駒，踏殺天下人』應在汝心，不須速說。」讓豁然契會，遂執侍左右一十五載，日臻玄奧，後往南嶽。大闡禪宗。〔註38〕

懷讓禪師經惠能大師的印證後，於後去了南嶽弘揚禪學，他的弟子中最有名的是大闡南宗禪法人稱神駒的馬祖道一禪師。

〔註36〕 南北二宗禪法本以地域為前因，後因惠能大師圓寂後，他的弟子荷澤神會北上弘揚曹溪禪，在大雲寺與神秀弟子普寂辨論正統，直至神會91歲入滅後，朝廷追封惠能大師為六祖，成立「南頓北漸」之說。

〔註37〕 從達摩初祖以至五祖弘忍等人，可說從隋代到唐代，大致初以《楞嚴經》為主，吸收了《華嚴》、《般若》、《法華》、《維摩》等經典的思想，而提出了：「佛即是心，心外無佛」的世界觀和「藉教悟宗、深信含生、凡聖同一真性，但為客塵所復，不能顯了，若也捨妄歸真，凝住壁觀，無自無他，凡聖等一，堅住不移」的一套整修行論。《楞伽師資記》，《大正新脩大藏經》第 85 冊，頁 1285a。

〔註38〕 〔宋〕宗寶編：《六祖大師法寶壇經》，《大正新脩大藏經》第 48 冊，頁 357b。

青原行思禪師，江西吉州人俗性劉，自小出家賦性沉默，在他初見六祖時，與惠能禪師有一段對話，文：

> 問曰：「當何所務，即不落階級。」師曰：「汝曾作什麼來？」曰：「聖諦亦不爲。」師曰：「落何階級？」曰：「聖諦尚不爲，何階級之有。」師深器之，令思首眾，一日，師謂曰：「汝當分化一方，無令斷絕。」思既得法，遂回吉州青原山，弘法紹化〔註39〕。

惠能被他的見地感動，認爲他是學生中最有成就的一個，便被派到吉州青原山弘揚禪法，發揚了惠能的道統，在他門下只有一位傑出的弟子，就是石頭希遷。有謂「眾角雖多，一麟足矣。」〔註40〕這一位石頭希遷是南宗禪的關鍵性人物，其傑出即足夠將其師禪法傳揚千古。

另外應該提及的是一位，爲惠能大師頓悟禪法，傳承有大功的人，荷澤神會禪師（670～758），神會是湖北襄陽人俗姓高，他對維護惠能的禪法及使禪宗通俗化的貢獻很大，並使得提倡頓悟的南禪壓倒了漸悟的北宗禪。依唐代宗密所言，神會本「先事北宗秀」三年後，神秀奉武則天之命入京，「奉敕追入，和上遂往嶺南和尚。」〔註41〕於是神秀推荐他去南方參惠能，那時他十四歲，惠能問神會是否帶著生命中最根本的東西？是否知道那個主體是什麼？神會答那個東西就是無住，它的主體就是開眼即看。惠能覺得神會辭風敏屬，但在神會巧妙的回答中惠能禪師認爲他並未見眞性，而開示一段啓發他在修行上應落實在生活上〔註42〕，神會聽了大爲感到慚愧，立刻向惠能行禮成爲六祖惠能門下最虔誠的弟子。

在神會四十六歲玄宗先天二年（713）時，惠能宣佈自己將入涅槃，所有弟子都哭了，唯有神會默然不語也不哭泣。

> 法海等聞，悉皆涕泣，惟有神會，神情不動，亦無涕泣。師云：「神會小師，却得善不善等，毀譽不動，哀樂不生，餘者不得。數年山中，竟修何道，汝今悲泣，爲憂阿誰？若憂吾不知去處，吾自知去

〔註39〕《六祖大師法寶壇經》，頁357b。

〔註40〕〔宋〕贊寧撰：《宋高僧傳》卷第九，《大正新脩大藏經》第50冊，頁764a。

〔註41〕〔唐〕宗密撰：《圓覺經大疏釋義鈔》，《卍新纂續藏經》第09冊，頁532b。

〔註42〕《六祖大師法寶壇經》：「吾之所見，常見自心過愆，不見他人是非好惡，是以亦見亦不見。汝言亦痛亦不痛如何？汝若不痛，同其木石，若痛，則同凡夫，即起恚恨，汝向前見、不見是二邊，痛、不痛是生滅，汝自性且不見，敢爾弄人。」頁359b。

處，吾若不知去處，終不預報於汝，汝等悲泣，蓋為不知吾去處，

若知吾去處，即不合悲泣，法性本無生滅去來，汝等盡坐。〔註43〕

說明只有神會體會超越法性不生不滅的道理，於是能做到毀譽不動哀樂不
生。惠能大師入涅槃後，神會在他五十三歲玄宗開元八年（720），北上洛陽
與北宗辯正統。以下考自唐代宗密撰《圓覺經大疏釋義鈔》卷第三〔註44〕，
言：「因洛陽詰北宗傳衣之由，及滑臺演兩宗真偽，與崇遠等，詩論一會，具
在南宗，定是非論中也。」神會在河南滑臺大雲寺與崇遠法師論義，最後贏
了，他為惠能大師爭取得第六代祖，由獨孤沛集為《菩提達摩南宗定是非
論》指神秀門下「師承是傍」於是此後他「便有難起，開法不得」「三度幾
死」但他「殉命忘軀，俠客沙灘」。此後神會不斷地被流放各地，直至在神會
七十九歲時天寶四載（749），有「兵部侍郎宋鼎請入東都，然正道易申，謬
理難固。於是，曹溪了義大播於洛陽，荷澤頓門派流於天下。」但是「北宗
門下，勢力連天，天寶十二年。」神會被北宗門下的官員盧奕毀謗流放至
「弋陽郡，又移武當郡，至十三載，恩命量移襄州，至七月，又敕移荊州開
元寺。」一直到了安史之亂（755）盧奕亡後，神會八十九歲，肅宗至德元年
（756）設壇軍須，在其九十一歲肅宗至德三年（758），請為菩提達摩立諡，
朝廷於是追封達摩為禪宗初祖。神會於九十三歲入滅，上元元年（760）的次
年（761），才請六祖惠能大師的袈裟入內供養。而在貞元十二年（796）「敕
皇太子集諸禪師，楷定禪門宗旨，遂立神會禪師為第七祖，內神龍寺，敕置
碑記見在，又御製七祖讚文，見行於世。」〔註45〕幾經波折神會革命後，南
宗禪法才被世人認可，可惜此時神會大師已然入滅，見不著其奮不顧身所得
不易的成就。

神會不但飽覽儒道群書，更深入佛教三藏，為法忘軀不顧自己的安危護
教，可以說是使南宗法脈成為正統延續至今，一位功不可沒的重要禪師，他
征服了北宗禪使惠能大師的南宗禪法思想大闡其道。

綜上對中國禪宗的朔源，從初祖達摩倡「二入四行」二入：理入與行入；
四行：報怨行、隨緣行、無所求行、稱法行。二祖慧可則透徹達摩的「二入
四行」並依據《楞伽經》主張萬法為一心所現；二見的對立，無非出自於自

〔註43〕《六祖大師法寶壇經》，頁360c。
〔註44〕〔唐〕宗密撰：《圓覺經大疏釋義鈔》卷第三，《卍新纂續藏經》第09冊，頁
532b。
〔註45〕同上註。

心所現的妄想。三祖僧璨創作〈信心銘〉教人修行的方法，主張平等不二就是修行用功的起點。到了四祖道信禪宗成立了教團「擇地開居，營宇立像，存沒有跡，旌榜有聞」，提倡《文殊般若經》的一行三昧；並作〈入道安心要方便門〉有彌補了達摩理入說的不足，他的主要修行方法仍然在止觀的範圍。五祖弘忍開東山法門、倡最上乘論、守本真心，依《楞伽經》所講自性清淨心，如何守住此心不被迷惑達到開悟。

禪宗傳至六祖惠能時，禪的思想除了以《楞伽經》如來藏思想又加上了《金剛經》般若的思想，法門以「無念、無住、無相」三法門為中心，此時禪風以無念得智慧、以無著離煩惱、以無相證佛性；在生活上以懺悔、發願、受三皈依戒為準則，導歸心理實踐的「無相法門」從此中國的禪法，走入活生生的現實環境，而有活在當下的觀念《六祖壇經》云：「心念不起名為坐，念見自性不動名為禪」又云：「外離相名為禪，內不亂為定」〔註46〕來詮釋禪法，此後禪法已經不同於傳統的禪觀思想。六祖惠能以下南宗禪風行，本以地域的前因，後又因六祖弟子荷澤神會北上洛陽爭法統，而形成所謂的南北二宗禪法的分野。

達摩禪法在北朝時，只是禪不太重要的一流〔註47〕。但傳至四祖道信以後，他將達摩禪法大演開來，當時學禪者從而聞風而至，絡繹不絕〔註48〕。後來四祖道信傳法于五祖弘忍，弘忍興禪教其盛況則更勝於道信，受學的多到七百多人〔註49〕。一時傳為盛況，從此達摩的禪法就在黃梅開展興起，黃梅成為了中國當時的禪法中心，又稱為東山法門。在這當中達摩的禪法，從梁入中原開演後到了唐，以至到了唐末五代，當中起了很大的變化，尤其禪宗從印度禪轉化形成有中國特色的中國禪，這當中佛教的極盛時期（公元700～850），是研究唐末五家禪法需要重視的。

〔註46〕〔唐〕宗寶編：《六祖大師法寶壇經》，《大正新脩大藏經》第48冊，頁353b。

〔註47〕印順法師：《中國禪宗史》「但一到唐初達摩禪進入一嶄新的時代。（四祖）道信住蘄州黃梅（今湖北黃梅縣）西北三十多里的破頭山（也名雙峰山），會下有五百人。」新竹：正聞出版社，1998年1月，頁39。（下同則簡註書名頁碼）

〔註48〕〔唐〕釋道宣：《續高僧傳》：「自入山來三十餘載，諸州學道，無遠不至。」《大正新脩大藏經》第50冊，頁606b。原日本東京大藏經刊行會，臺北：中華古籍出版社，台灣福豐圖書承印，2001年（初版）。（本論以下《大正藏》皆同版本，則不再例出版處）

〔註49〕《中國禪宗史》：「弘忍住於黃梅縣北二十五里的憑墓山；憑墓山在破頭山東，所以也叫東山，受學的多到七百多人。」頁39。

　　五祖弘忍後來傳衣法於六祖惠能，並告戒其以後只傳法不可再傳衣〔註50〕，從此六祖惠能以下只傳法於嗣法者。而六祖惠能的禪法後被稱爲「南宗」，是因爲五祖亦有一高足，他就是北宗神秀禪師，當時與惠能禪師各分中國南北二方弘揚禪法，「南宗」之名稱最初是因爲傳法者住地，處於南的關係，完全是因地理原因而名之，而有「南能北秀」稱號〔註51〕。最後南北禪法的一種對立，在互相較勁下，於是激發出有「南頓北漸」之稱謂，從此禪法的流變，形成不同於印度禪風的風格，轉化成爲屬於中國特色的禪風。

　　六祖惠能的禪教在五祖處受益請法，承襲了五祖以《金剛般若經》，開演東山法門〔註52〕，啓發禪學人的心性〔註53〕。如《壇經》所言：「自性平等，眾生是佛。自性邪險，佛是眾生。」〔註54〕說明六祖惠能禪法思想乃主張將佛國從天上移於地上，並且深深地植根於人們的心中，顯發眾生和佛之間沒有不可逾越的鴻溝；愚人、智人其佛性也沒有差別之論，只差在迷悟之間。

　　六祖惠能此時展現了佛性平等的論調〔註55〕，此種論調在後來以《金剛

〔註50〕　〔唐〕宗寶編：《六祖大師法寶壇經》：「祖復曰：昔達摩大師，初來此土，人未之信，故傳此衣以爲信體，代代相承。法則以心傳心，皆令自悟自解，自古佛佛惟傳本體，師師密付本心，衣爲爭端，止汝勿傳，若傳此衣，命如懸絲。」《大正新脩大藏經》第48冊，頁349a。（下同則簡註書名頁碼）

〔註51〕　〔唐〕敦煌本法海集記：《南宗頓教最上大乘摩訶般若波羅蜜經六祖惠能大師於韶州大梵寺施法壇經》：「世人盡傳南宗能，北（宗）秀，未知根本事由。但秀禪師於南荊府堂陽縣玉泉寺住時修行，惠能大師於韶州城東三十五里曹溪山住。法即一宗，人有南比，因此便立南北。」《大正新脩大藏經》第48冊，頁342a～342b。

〔註52〕　《六祖大師法寶壇經》〈行由第一〉有文，惠能送柴時：「見一客誦經。惠能一聞經語，心即開悟。遂問：『客誦何經。』客曰：『金剛經。』復問：『從何所來，持此經典。』客云：『我從蘄州黃梅縣東禪寺來。其寺是五祖忍大師在彼主化，門人一千有餘，我到彼中禮拜，聽受此經。』」頁347c。

〔註53〕　張保勝：〈以梵語文獻爲中心看禪的起源與流變〉：學者張保勝言「禪宗六祖惠能出身貧寒，飽經風霜，深知民間疾苦和民眾擺脫痛苦、追求幸福的迫切需求。所以他心有靈犀，一遇《金剛經》之類的世俗化經典便一拍即合。于是便擯棄以往的舊傳統，著《壇經》以揚『凡聖等一，見性成佛』的新主張。」吳言生主編：《中國禪學》第三卷，北京：中華書局，2004年，頁101。

〔註54〕　〔宋〕宗寶編：《六祖大師法寶壇經》，《大正新脩大藏經》第48冊，頁361c。

〔註55〕　《六祖大師法寶壇經》：「弘忍和尚問惠能曰：『汝何方人，來此山禮拜吾？汝今向吾邊，復求何物？』惠能答曰：『弟子是領南人，新州百姓，今故遠來禮

般若經》爲說心法之要，也呈現出南宗的特色；所謂的特色就是以平民式佛教，發展出了中國最具特色的禪學。惠能禪法以佛性平等論，從此源頭發展出南宗禪法的流行，以惠能門下最著名的有五位禪師，南岳懷讓、青原行思、永嘉玄覺、南陽慧忠、荷澤神會。《壇經》云：「吾本來茲土，傳法救迷情。一華開五葉，結果自然成。」〔註56〕此中「一華」說的是六祖惠能禪師，而「五葉」說的就是由六祖弟子中的南嶽懷讓與青原行思二法系，從此兩系開枝散葉，到了十世紀，被認爲是曹溪的正統，最後在晚唐陸續發展衍生的南禪五家宗門。

六祖惠能的禪法思想在盛唐已達成熟，後又因其弟子們大膽的發揮，在晚唐呈現出相當繁榮興盛。最後在晚唐陸續發展衍生的南禪五家宗門；這五家是潙仰宗、臨濟宗、曹洞宗、雲門宗、法眼宗。從此中國禪宗風格再不同於達摩初來東土的風貌了，尤其南宗禪的風格自從六祖惠能的禪法重在自性的啓發〔註57〕，禪以「見性成佛」、「即心是佛」、「即心即佛」是曹溪門下屬於南宗禪法的核心。唐朝裴休集〈黃蘗希運禪師傳心法要〉對希運禪師的「不立義解，不立宗主，不開戶牖。」〔註58〕說明沿襲曹溪禪，成了六祖法脈相承之禪法特色。以後南宗禪的「不立文字、教外別傳、頓悟見性」等禪的核心意識，更在五家宗門發揮得淋漓盡致。

2、一華開五葉

上文所考六祖惠能大師的五位大弟子當中，南嶽懷讓與青原行思二法系形成後。又以南嶽懷讓衍出有潙仰宗、臨濟宗，另一流脈形成雲門宗、法眼宗；由青原行思所形成的是曹洞宗，此即是禪門五家。中國禪宗在此五家興

拜和尚，不求餘物，唯求佛法作。』大師遂責惠能曰：『汝是領南人，又是獦獠，若爲堪作佛。』惠能答曰：『人即有南北，佛性即無南北，獦獠身與和尚不同，佛性有何差別？』」頁337a。

〔註56〕《六祖大師法寶壇經》：「據先祖達摩大師，付授偈意，衣不合傳。偈曰：『吾本來茲土，傳法救迷情。一華開五葉，結果自然成。』」頁361a。

〔註57〕《六祖大師法寶壇經》云：「善知識！見自性自淨，自修自作，自性法身，自行佛行，自作自成佛道。」頁338a。

〔註58〕〔宋〕道原：《景德傳燈錄》卷第九，河東裴休集：〈黃蘗希運禪師傳心法要〉：「有大禪師號希運，住洪州高安縣黃蘗山鷲峯下。乃曹溪六祖之嫡孫，百丈之子西堂之姪。獨佩最上乘，離文字之印，唯傳一心，更無別法。心體亦空萬緣俱寂，如大日輪升於虛空中照耀，靜無纖埃。證之者，無新舊，無淺深。說之者，不立義解，不立宗主，不開戶牖。直下便是，動念則乖，然後爲本佛。」《大正新脩大藏經》第51冊，頁270b。

盛後，形成了獨特的中國禪特色。此五家代表的是「南宗禪」法的特色。

　　由六祖惠能大師以下出二枝，南嶽懷讓與青原行思，開始一直在南方傳播，後來漸漸向北方發展。在歷史記載唐朝會昌法難，於會昌元年至會昌五年（841～846），唐武宗李炎，因其幼年就不喜佛法，在即位後他親道士，而受道士趙歸眞、鄭元超、劉元靜等人排佛之言影響，又在宰相李德裕的贊同下，開始一連串廢佛動作。直到會昌六年三月，因武宗服事道士所奉金丹而身亡。後宣宗即位逮捕了道士十二人。大中元年（847）三月，昭復天下佛寺。此次拒統計共毀佛寺有 44,600 餘座，迫使 26 萬 5 百僧尼還俗，有招提、蘭若 4 萬多所遭毀，沒收良田數千萬頃，焚燒佛經，沒收佛像法器，金、銀、玉、鐵制等有值佛物皆充公。這是歷史佛教法難（三武一宗）破壞最嚴重的一次。﹝註59﹞

　　中國佛教在會昌法難後大傷元氣，而受其打擊最大的是北宗。北宗因長期與政治有密切關係，受政治的提攜與照顧都比南宗要優渥。也因此當權勢逆轉時，同樣受到的打擊更大，於是在會昌法難後一蹶不振。相反的是南宗禪很快恢復過來，其因有二，一是南方黃河以北許多地方沒有被波及到；另則，南禪在惠能六祖的禪風影響下，修行不重經論。以下引學者張勇之考說：「在南方弘法的惠能徒孫，特別是南岳、青原兩系，能夠自全於會昌法難，原因很多，散住各地山林，與統治者集團保持著一定的距離感；律己較嚴，幾乎沒有受到腐敗之風的侵蝕，一直爲世人眾所景仰；沒有脫離農耕生產，維持著基本的經濟基礎；一直與下層民眾有著密切的關係，有著深固的傳教基礎；不專講義理，受朝廷摧毀佛典的影響也不大；南方的政治環境，相對而言較爲寬鬆，兩浙、宣、鄂、潭、洪、福諸洲和三川地區並沒有徹底貫徹中央政權的旨意，而是『姑務寬容』；……所以，南方禪宗人士不但在會昌法難中受的損失較小，更爲重要的是，他們有實力在法難之後，很快去占領以前『北宗』、其它佛教宗派的弘法區域，在晚唐一躍而爲整個佛教主流，從而在中華大地上創造了一片輝煌。」﹝註60﹞五家禪即是世人所指輝煌的南宗禪這一派，關於神秀的北宗禪，則已湮沒在社會中，以後就少有人聞問了。

﹝註59﹞數據資料根據，張勇：〈晚唐時期中國禪宗南岳系的白話詩〉所考，吳言生主編：《中國禪學》第三卷，北京：中華書局，2004 年，頁 282～283。

﹝註60﹞同上註，頁 283。

（二）《五家語錄》集成

對於本論的主要探考一書《五家語錄》，它有著前承的因緣，以及內容的價值，並及後繼影響也提供予後人有跡可尋，以下概論之。

1、前承

佛教自傳入中國以後，經過六朝的「格義」佛學洗潤後，開始為中國人士喜愛，從上自帝王的發覺，王公貴族的加護後〔註61〕，到後來的士大夫崇佛信仰，本為外來的佛教形象改變成為中國化了，以至到唐代成為平民百姓的心靈依歸。

由天竺佛教中國化的演變中，其中以禪宗更勝於諸宗，禪宗以「教外別傳」的特色開闢了所謂「祖師禪」，此後禪法再不同於過去的僧人在修行上須依律而行持的刻板方式。因倡「祖師禪」的同時，禪宗發展了一種祖師的語錄文體，假方便垂示一言半句，提供後來學習者做為參禪的依據。

語錄文體本起於中國的《論語》，所以可以了解禪宗的《語錄》它具有鮮明的中國特色。語錄體興起於唐，很快就風靡開來。至北宋景德年間僧道原纂修的《傳燈錄》，其中就記載了一千七百人語錄。〔註62〕

2、集成內容

中國禪宗自六祖惠能以下，傳其法者有重要的兩系，南嶽懷讓、青原行思。由南嶽一枝之下出了四葉，並及青原一枝之下出一葉，共成五葉；此五葉（溈仰、臨濟、曹洞、雲門、法眼）五家，成為南宗禪法的代表，在其各家祖師生平弘法及上堂法語與禪機語句，大致皆由其門人記錄流傳下來。

溈仰宗有，明代徑山沙門語風圓信無地地主人郭凝之編集《潭州溈山靈祐禪師語錄》〔註63〕並根據禪宗史資料，記載文偃禪師相關的傳記有《祖堂集》卷十六、《宋高僧傳》卷十一、《景德傳燈錄》卷九、《聯燈會要》卷七、《五燈會元》卷九、《佛祖歷代通載》卷十六，在《全唐文》卷八二○中有，唐咸通三年（862）鄭愚著〈潭州大溈山同慶寺大圓禪師碑銘并序〉。仰山慧寂禪師語錄則有徑山沙門語風圓信無地地主人郭凝之編集《袁州仰山慧寂禪

〔註61〕張伯偉譯：《臨濟錄》題解：「佛教傳入中國，在晉、宋、齊、梁都受到統治者和貴族階級的歡迎和支持，所以各種宗派都依附於當時的統治者。」高雄：佛光文化出版，1997年4月（初版），頁6。

〔註62〕《臨濟錄》題解，頁3。

〔註63〕〔明〕郭凝之編集：《潭州溈山靈祐禪師語錄》，《大正新脩大藏經》第47冊，頁577a～582a。

師語錄》〔註64〕並根據禪宗史文獻資料，記載有仰山禪師相關的傳記有《祖堂集》卷十八、《宋高僧傳》卷十二、《景德傳燈錄》卷十一、《聯燈會要》卷八、《五燈會元》卷九、《佛祖歷代通載》卷十七，及《全唐文》卷八一三有唐陸希聲撰〈仰山通智大師塔銘〉。

臨濟宗有，唐代住三聖嗣法小師慧然集《鎮州臨濟慧照禪師語錄》成書於，永享九年八月十五日板在法性寺東經所。書首有四篇序文，有林泉老人作序：「元貞二年歲次丁未，大都報恩禪寺住持嗣祖，林泉老人從倫，盥手焚香謹序。」〔註65〕郭天錫作序：「大德二年八月，前監察御史郭天錫焚香九拜書。」〔註66〕普秀作序：「開泰退堂襲祖第二十世孫，五峯普秀齋沐焚香拜書。」〔註67〕馬防作序：「延康殿學士金紫光祿大夫，眞定府路安撫使兼馬步軍都總管，兼知成德軍府事，馬防撰」〔註68〕內文類分有堪辨及行錄。

曹洞宗有，日本遠孫沙門慧印校訂《筠州洞山悟本禪師語錄》成書於，寶曆十一年辛巳正月穀旦，書首有宋代贊寧作序。內容有語錄、歌頌，歌頌內容「寶鏡三昧歌、玄中銘、新豐吟。」綱要頌（三首）「敲唱俱行、金鎖玄路、不墮凡聖」五位顯訣竝逐位頌「功勳五位頌、眞讚、自誡。規誡，辭北堂書，頌（二首），後寄北堂書頌，附孃回書。」後附錄有由日本沙門宜默玄契校勘〈洞山悟本禪師語錄之餘〉。元文之戊午百鐘吉旦，住林泉沙門元趾稽首拜題〈洞山悟本大師語錄序〉。歲戊午仲春十五日，日本國沙門玄契筆〈重集洞山悟本大師語要自序〉。元文己未三月之八日，鷹峯源光主人覺城叟請詢和南拜撰〈書洞山語錄尾〉。徑山沙門語風圓信無地地主人郭凝之編集《瑞州洞山良价禪師語錄》〔註69〕。並有曹山語錄，由無地地主人郭凝之編集《撫州曹山本寂禪師語錄》上，下二卷。成書於，元文庚申八月望。書首有，〈曹洞語錄序〉郡山柳澤里恭公美書于綠竹書室南窓，作序文。〈曹山語錄序〉林泉沙門元趾和南拜題。〈重集曹山元證大師語錄自序〉元文五年庚申之冬大日

〔註64〕〔明〕郭凝之編集：《袁州仰山慧寂禪師語錄》，《大正新脩大藏經》第 47 冊，頁 582a～588a。

〔註65〕〔唐〕慧然集：《鎮州臨濟慧照禪師語錄》，《大正新脩大藏經》第 47 冊，頁 495a。

〔註66〕《鎮州臨濟慧照禪師語錄》，頁 495c。

〔註67〕同上，頁 496a。

〔註68〕同上，頁 496a。

〔註69〕〔明〕郭凝之編集：《瑞州洞山良价禪師語錄》，《大正新脩大藏經》第 47 冊，頁 519b～526b。

本國沙門宜默玄契和南拜撰。卷上，內容有曹山本寂禪詩語錄，解釋洞山五位顯訣。卷下，由日本沙門玄契編次，內容有「註釋洞山五位頌，三等之墮，四種異類，八要玄機，五位旨訣。」〔註70〕

雲門宗有，宋代門人明識大師賜紫守堅集《雲門匡真禪師廣錄》三卷，成書於，熙寧丙辰三月二十五日，權發遣兩浙轉運副使公事蘇澥序〔註71〕。卷上，內文有「對機三百二十則、十二時歌、偈頌。」卷中，由其門人明識大師賜紫守堅所集，內容有「室中語要、垂示代語、勘辨、遊方遺錄、大師遺表、遺誡、請疏。」集賢殿雷岳錄〈雲門山光泰禪院匡真大師行錄〉卷下，由其門人住德山圓明大師緣密所述，內容有「頌雲門三句語、函蓋乾坤、截斷眾流、隨波逐浪、三句外別置一頌、褒貶句、辨親疏、辨邪正、通賓主、擡薦商量、提綱商量、據實商量、委曲商量。由福州鼓山圓覺宗演校勘，板在福州鼓山王溢刊。」〔註72〕。

法眼宗有明代徑山沙門語風圓信無地地主人郭凝之所編集《金陵清涼院文益禪師語錄》〔註73〕並其傳記的文獻有《宋高僧傳》卷十三〈文益傳〉、普濟《五燈會元》卷十〈文益傳記語錄〉、《景德傳燈錄・文益傳》、《聯燈會要》卷二十六、《禪林僧寶傳》卷四、七〈文益傳記〉、《續古尊宿語要》卷二〈文益語錄〉。還有文益禪師自著有一部《宗門十規論》，內容是文益禪師對當時禪門的不良風氣與弊端所針對的問題而書。

綜上所考，本由（唐）慧然所集《五家語錄》，到了（明）圓信、郭凝之重訂，而彙成《五家語錄》共五卷。於〈五家語錄序文〉，有曰：「海昌黎眉居士，留心此道有年，不辭辛苦，參訪知識，受用自如。」〔註74〕《教外別傳序》有文曰：「海昌黎眉居士，既從河洛一派，接續子輿氏，傳性命之宗，為長者折枝處，頓證拈花一脈，乃集釋迦而下金色慶喜，已至大鑑振起五宗。迢迢千古格外之英，彙其語而付之梨，各各現千百億身，處處說法，俾人人證而了之，方見黎眉，通身手眼。根根毛孔，放光說法，為先覺宗乘，諸大

〔註70〕同上，頁 526b～544c。

〔註71〕〔宋〕守堅集：《雲門匡真禪師廣錄》，《大正新脩大藏經》第 47 冊，頁 545a。

〔註72〕同上，頁 545a。

〔註73〕〔明〕郭凝之編集：《金陵清涼院文益禪師語錄》，《大正新脩大藏經》第 47 冊，頁 588a～594b。

〔註74〕〔明〕圓信、郭凝之共編：《五家語錄》，高雄：佛光出版社，1994 年 12 月，頁 6。

老中，傑出之英，照映末世，（不肖）矢心此道，力荷有年。」〔註75〕此中可以說明彙編《五家語錄》其因緣乃由海昌，一名爲黎眉的居士，他因屬心於禪法的流通，而成就了彙編之道。

3、後繼影響

佛教盛於大唐帝國，但到了安史之亂以後，大唐帝國的輝煌即刻告吹，佛教在當時許多依附於政治的宗派也即隨其政治的衰退而沒落。相對的禪宗以「一日不作，一日不食」〔註76〕，強調平常心是道，修行於日用中體悟禪法，卻日益興盛。即使唐有韓愈的「僻佛論」寫了兩篇〈原道〉、〈論佛骨表〉以排斥「夷狄之法」，另一方面也想建立儒家道統，但根本他沒有與禪宗對立的，可以從他的作品〈與孟尚書書〉、〈與大顛師書〉反映出。

禪宗發展到了晚唐五代，形成了五家，並皆有其語錄留下，使其朝聖者相繼來到。唐宋以後禪宗相繼傳入朝鮮和日本，他們亦將眾多的中國化禪師語錄翻譯成爲他們自家國度的語言文字，使其流傳。從晚唐五代的五家，到了北宋臨濟宗又發展出黃龍、楊岐兩支派，合稱「五家七宗」。但在南宋孝宗時代，溈仰、法眼、雲門三派相繼斷絕，只有臨濟與曹洞依然發展著。直至晚清時代的禪宗史，臨濟與曹洞成爲並傳的時期，此兩宗的《語錄》也跟隨著勢力日益興盛，尤其在中國與日本禪宗史，都佔有相當重要的地位。

《語錄》乃記載著禪師的思想，與其接引參禪學人的種種方法，語錄文體蘊藏著相當豐富的禪機。所以後人將這些禪師的行禪教化記錄了下來，以供後人有跡可尋。至宋明時「公案」即是將禪師的話頭轉爲文字爲痕跡，留給學習者作爲啓悟的省思資料。在五家中的語錄傳後，有些門人並將其祖師的禪法有系統的歸納出；如臨濟宗的特色有四喝、四料簡、四賓主、四照用、三玄三要等，這些並非於臨濟義玄禪師時代就有如此系統的完整性。還有後來禪師對其宗旨綱要等的發展出詩歌，用來闡發其禪機之義，使其宗派更活潑且多元的發展。

三、唐代禪僧、禪詩與偈頌贊

從達摩到五祖弘忍禪師，中國的禪宗在此開展了，一華五葉的盛況，此盛況皆在唐朝惠能（638～713），以後發展成就，後世把他尊爲禪宗第六祖。

〔註75〕〔明〕法藏撰：《教外別傳序》，頁 157a。
〔註76〕禪宗在唐代的懷海禪師制定《百丈清規》以後，在經濟上保證了自給自足，有「一日不作，一日不食」之說。

惠能對中國禪宗的貢獻極大,可以說是佛教中國化的代表禪師,禪宗從他以後發芽茁壯。依本論議題,若要探討其唐禪僧詩與偈、頌、贊作品,理當針對其禪僧詩的思想略帶爬梳,以明瞭唐代禪僧詩的發展。但限於篇幅,由於本論著眼於南宗禪之五家偈頌思想,對於較早期(六祖以上)禪師的詩偈、頌、贊思想議題則不涉獵。依此本節只溯源自六祖惠能大師的思想,由此處略圖追溯南宗禪的風格與思想,期以掌握其後唐五代南宗禪所發展之五家祖師的禪機思想內涵。

禪宗在唐以前生根於中國,初期雖以印度化的形式展開,但經過一代一代的傳衍過程,而漸減印度本有的思維模式,取而代之的是用中國思維的方式,援用本土的語言形式來闡釋禪機理趣。在過去許多學者對唐禪僧詩作的研究中,他們常將禪僧詩類分爲有開悟詩、示法詩、頌古詩、禪機詩……等等,皆是著重於禪僧詩的悟境。對於唐五代禪僧善作偈頌闡發微妙的禪境理趣,從早期以平鋪直敘賦體方式闡揚禪理,到以近體詩形式呈現,漸漸形成禪意雋永的詩韻。就是說明唐禪僧藉由語言文字爲傳達禪的玄妙旨趣,則善用中國文學的詩作涵養,以中國詩作的體裁手法如比興、隱喻……等,附著於偈頌中,使其呈現出的形式有三言、四言、五言、七言、雜言等多樣,體材則有絕句、五律、七律、古體等,其中不乏有對仗工整且格律精緻的詩化之律詩作品。

中國禪宗自達摩開始,一直發展到了六祖惠能大師以後,面貌爲之一新。惠能禪宗盛行以後,禪師就擅以詩偈寓意,從六祖惠能的體悟偈頌,以至到唐五代五家禪祖師的偈頌,其發展中禪門以詩歌方式,闡揚禪的言外見意的表達方式,在禪家的語錄中處處可見。以六祖惠能「不立文字」的禪學思想,開創了一個展新的南宗禪特色。所謂「不立文字」是以不執著語言文字相爲觀念,希望破除人們心中各種執著。強調禪機要行於日常生活中,落實於當下,其真如本性自然現前。以頓悟自性是佛,真佛不假修習,一念悟,本真實相,當下即與佛同等的禪學思想觀念。這種提倡禪行於生活中,見自性即見真佛,無需假外力,就是即心即佛、自在解脫、識心見性、即能頓悟成佛的方便道。

(一)惠能禪師的無念、無相、無住

以六祖惠能大師所開創的南宗禪思想,其主要的文獻大致出現於《壇經》之中。《壇經》本由其弟子記錄惠能大師生前,開示禪法時情況的禪機語句,

後來經過後代人整理，成爲目前所流通的《壇經》面貌。其中版本雖有不同，內容卻大致雷同。以目前學界常喜研究的版本，大致以敦煌本、惠昕本及契嵩本三種爲準。

在《壇經》中記載著一則最爲人樂道的，是惠能大師的得法偈，此偈對應神秀的悟道偈。有一日五祖希望他的弟子們，呈出對法的體悟偈頌給他，後來神秀上座題了一首悟道之偈於南廊之壁上（此間南廊本爲書畫楞伽變相圖的）。北宗神秀（605～706）唐代禪僧，神秀大師偈云：

> 身是菩提樹，心如明鏡臺。
>
> 時時勤拂拭，勿使惹塵埃。〔註77〕

一般認爲神秀此偈其禪之思想是以老實修行爲原則，開悟是須假漸修累積，才能凝聚日後開悟的資量。當五祖見神秀書此偈後，即命人供奉此偈，並以《金剛經》所云：「凡所有相，皆是虛妄」，不如留此偈令迷人誦。依此修行不墮三惡。依法修行人有大利益〔註78〕。弘忍禪師並對神秀評此偈說：「汝作此偈，見即未到，只到門前，尚未得入。凡夫於此偈修行，即不墮落；作此見解，若覓無上菩提，即未可得。須入得門，見自本姓。」〔註79〕惠能聽聞眾人背誦神秀所作偈頌，也往南廊去見偈，見後惠能亦作一偈，又請得一解書人，於西間壁上提著，呈自本心，不識本心，學法無益，識心見姓，即吾大意。惠能偈曰：

> 菩提本無樹，明鏡亦無臺。
>
> 佛性常清淨，何處有塵埃。〔註80〕

又有文偈曰：

> 心是菩提樹，身爲明鏡臺。
>
> 明鏡本清淨，何處染塵埃。〔註81〕

後來敦煌本的《壇經》將此兩首偈，融通合爲一偈，改爲

> 菩提本無樹，明鏡亦非臺。

〔註77〕〔唐〕法海集記：《南宗頓教最上大乘摩訶般若波羅蜜經六祖惠能大師於韶州大梵寺施法壇經》，《大正新脩大藏經》第48冊，頁337c。

〔註78〕同上，頁337c。

〔註79〕《南宗頓教最上大乘摩訶般若波羅蜜經六祖惠能大師於韶州大梵寺施法壇經》，頁337c。

〔註80〕同上，頁338a。

〔註81〕同上，頁338a。

本來無一物，何處惹塵埃。﹝註82﹞

本以「佛性常清淨」改爲「本來無一物」，更突出了無可執著、無可得之義。惠能此偈是依神秀前偈來闡發其禪境的意義，將神秀所落於「有」的境界予於看破入空的見性之境，認爲自性在凡不減在聖不增的本來面目呈現。此偈後來成爲人人熟悉，喜愛背誦的惠能示悟、得法之偈。此偈發揮了般若無所得、無可執著的思想。因爲心性空寂，佛性即體現在人們自心的念念不斷、念念無著之中，強調世間並沒有一個眞正的清淨物存在。﹝註83﹞

此偈是對應北宗神秀大師的「時時勤拂拭」法偈。可看出惠能大師反對神秀所說的「時時勤拂拭」，認爲他這是有心念、有用意的法偈。依神秀的禪偈，認爲修行是漫長且堅苦的，須要長時間的苦修才能有所成。這與達摩祖師禪的面壁九年，有同等的艱鉅﹝註84﹞。這種修行的方式，不如惠能提倡的直指本心「頓悟」就行了。此中也說明了惠能的禪法思想，是反對執著於有一個佛性或清淨心的。他認爲心與性都是不離於人們當下的念頭，所以提倡禪法修行者，若要追求解脫，並非是要排除所有思慮，或要心住於一境，或是觀心看心的有爲禪法；也絕非是斷絕心念，而是念念不住、念念相續的無著無縛、任心自運。

惠能的禪法常反對有所執著，強調於一切法應要無所執著。認爲迷執的人，才會執著法相。以一行三昧爲法執﹝註85﹞，或執著禪法，常坐不動，若作這種禪法的理解即同無情，都是障道的因緣。當應不起妄心，於「行住坐臥常眞、莫心行諂曲、口說法直、但行眞心、於一切法上無有執著、除妄不起心」這種才謂一行三昧的觀念﹝註86﹞。惠能的禪法依妄心不起，即以「無

﹝註82﹞ ﹝元﹞宗寶編：《六祖大師法寶壇經》，《大正新脩大藏經》第48冊，頁349a。

﹝註83﹞ 洪修平：《中國禪學思想》，臺北：文津出版社，1994年（初版），頁180。

﹝註84﹞ 根據唐宗密說，神秀系的禪法，要求修法要：「著心看靜，舉心外照，攝心內證，凝心入定。」﹝唐﹞實義難陀三譯：《楞伽經宗通》，《卍新纂續藏經》第17冊，頁679c。這種修行的方式，皆有造作的成份在，不如惠能提倡的直指本心的「頓悟」法門，方便簡潔。相對神秀的禪法，就修行而言，就多曲、束縛、折彎難行，不易且漫長。

﹝註85﹞ 惠能大師雖然也講：「一相三昧，一行三昧」，但他強調的是本心，而否定客觀世界。「若於一切處而不住相，於彼相中不生憎愛，亦無取捨，不念利益成壞等事，安閒恬靜，虛融澹泊。此名一相三昧。」，「若於一切處，行住坐臥，純一直心，不動道場，眞成淨土，此名一行三昧。」參酌《六祖大師法寶壇經》，《大正新脩大藏經》第48冊，頁361a。

﹝註86﹞ ﹝唐﹞法海集記：《南宗頓教最上大乘摩訶般若波羅蜜經六祖惠能大師於韶州

念爲宗」、「無相爲體」、「無住爲本」〔註87〕。

　　無念者：「無念者，於念而無念。」〔註88〕強調任心自然不起妄念，妄念
對應的是正念，也就是說要有正念，念念不斷，即是眞如自性，以此觀照般
若，常離法相。此種任心自然，即非妄心，也非同草木的無情百物不思，他是
活活潑潑地任運自然以當下正心爲道。去除一切塵勞之心，正念如來本性。
此眞如自性，非是眼耳鼻舌六根能念，雖有見聞覺知，但當下不染萬境。

　　無相者：「無相者，於相而離相」〔註89〕；「外離一切相，名爲無相。」
〔註90〕強調的是「凡所有相，皆是虛妄。」〔註91〕萬法皆非眞，所以名爲無
相。於萬物境上若有念，凡一切塵勞中的妄想生起，就是起邪見。自性本無
一法可得，若有所得都是妄說禍福。於諸境上心不雜染，能離於一切相即法
體清淨，此是以無相爲體。

　　無住者：「無住者，人之本性，於世間善惡好醜，乃至冤之與親，言語觸
刺欺爭之時，並將爲空，不思酬害，念念之中，不思前境。若前念、今念、
後念，念念相續不斷，名爲繫縛。於諸法上，念念不住，即無縛也，此是以
無住爲本。」〔註92〕萬法無常遷流不止，是以般若性空、無相的法義爲無住
的根本法則。無住則萬物如幻不實，以此爲重心強調心念不可滯留於虛假的
萬法上，但不能執著於妄相之義。

　　惠能的禪法思想，以當下之正念眞心，契悟般若實相，其雖是念念不斷，
卻是強調念念無住，無住則無相，無相則無念，當下方能顯現般若眞心。因
之其法門立「無念爲宗」乃有關於此說。

（二）無住禪師的無憶、無念、莫妄

　　益州保唐寺無住禪師（714～774）唐代禪僧，是六祖大鑒禪師旁出法嗣。

大梵寺施法壇經》有云：「一行三昧者，於一切時中行住座臥常眞，眞心是。
　　《淨名經》云：『眞心是道場，眞心是淨土，莫心行諂曲，口說法直，口說一
　　行三昧，不行眞心，非佛弟子，但行眞心，於一切法上無有執著，名一行三
　　昧。』迷人著法相，執一行三昧。眞心座不動，除妄不起心，即是一行三
　　昧。」《大正新脩大藏經》第48冊，頁338b。
〔註87〕〔元〕宗寶編：《六祖大師法寶壇經》，《大正新脩大藏經》第48冊，頁353a。
〔註88〕同上，頁353a。
〔註89〕同上，頁353a。
〔註90〕同上，頁353a。
〔註91〕同上，頁348c。
〔註92〕同上，頁353a。

無住禪師是陝西鳳翔鄜縣人，俗姓李故又稱李僧、李了法。他修儒術武藝絕倫，初得法於無相大師。居於南陽白崖山專喜修禪，唯以無念爲宗。經過幾年後學禪者漸漸驅近請法於他，雖然常有說法言教，但卻以無念爲宗。無住禪師在空慧寺時，有一相國杜鴻漸出撫坤維，因常仰聞無住禪師名號，而去瞻禮請法，致禮後公問無住禪師曰：

> 弟子聞金和尚說：「無憶、無念、莫妄三句法門，是否？」師曰：「然。」公曰：「此三句是一是三？」師曰：「無憶名戒，無念名定，莫妄名慧。一心不生，具戒定慧，非一非三也。」公曰：「後句『妄』字莫是從心之『忘』乎？」曰：「從『女』者是也。」公曰：「有據否？」師曰：「法句經云：『若起精進心，是妄非精進。若能心不妄，精進無有涯。』」〔註93〕

相國杜鴻漸，聞了無住禪師所解法義，當下心中疑情豁然開朗。此中所說的「無憶」對應三學之「戒」，「無念」對應三學之「定」，「莫妄」對應三學之「慧」。而三句合一用以詮釋「一心不生」則當下三學就具足矣。一即是專一，心是代表堅實性；一心是代表無二之心，也是代表萬有的眞如實體。《華嚴經》云：「三界虛妄，但是心作。」〔註94〕此一心之實體，如同《起信論》所謂的如來藏、無性。心的統一、專心同於精神的禪定，使浮動之心平靜下來。但此處應是大乘所指的，是身心兩忘，雖不見有精進相，但當下即是離妄，當下體悟眞理即是精進，就具足戒、定、慧三學。相國杜鴻漸又問：

> 公又問：「師還以三句示人否？」
>
> 師曰：「初心學人，還令息念，澄停識浪，水清影現。悟無念體，寂滅現前，無念亦不立也。」于時庭樹鴉鳴，
>
> 公問：「師聞否？」
>
> 師曰：「聞。」鴉去已，
>
> 又問：「師聞否？」
>
> 師曰：「聞。」
>
> 公曰：「鴉去無聲，云何言聞？」
>
> 師乃普告大眾曰：「佛世難值，正法難聞，各各諦聽。聞無有聞，非

〔註93〕 〔宋〕悟明集：《聯燈會要》卷三，〈益州保唐無住禪師〉，《卍新纂續藏經》第 79 冊，頁 29b。

〔註94〕 〔東晉〕佛馱跋陀羅譯：《大方廣佛華嚴經》卷二十五，《大正新脩大藏經》第 09 冊，頁 558c。

關聞性。本來不生，何曾有減？有聲之時，是聲塵自生。無聲之時，
是聲塵自滅。而此聞性，不隨聲生，不隨聲滅。悟此聞性，則免聲
塵之所轉。當知聞無生滅，聞無去來。〔註95〕

上文引相國杜鴻漸與無住禪師論說了一段話後，剛好有一隻烏鴉在啼叫。無
住禪師問他「你聽到了沒？」此句中隱含著禪機在裏頭。等烏鴉飛走後禪師
又問他「你還聽到烏鴉的聲音嗎？」相國答「烏鴉飛走了，聽不到他的聲音
了！」可無住禪師卻說「我現在還能聽到烏鴉的聲音。」此說令相國心中納
悶而問「烏鴉已飛走了！為什麼禪師還能聽到烏鴉的聲音呢？」無住禪師答
「有聞無聞，非關聞性。本來不生，何曾有減？有聲之時，是聲塵自生。無
聲之時，是聲塵自滅。而此聞性，不隨聲生，不隨聲滅。悟此聞性，則免聲
塵之所轉。當知聲是無常，聞無生滅，所以烏鴉有去來，而悟入聞性則無去
來。」相國杜鴻漸聽聞無住禪師作此開示後，終於契入禪道。

　　上則公案是在詮釋大乘法義，說明人因有六根而與六塵相應，由於根塵
相逐，使心永遠得不到安寧。六根與六塵是相對之法，世間諸法也皆是由對
待之法產生，烏鴉的啼叫聲音來去、有無。若人不悟其性空，則終日被其六
塵迷惑，而執是執非，心隨境轉終日不安。反之，則外境不能礙於心，以無
性為第一義。據《大乘起信論》云：「當知一切法，從本以來，離言說相，離
名字相，離心緣相，畢竟平等，無有變異，唯有一心，故名真如。」〔註96〕
此句在詮釋真如法義的無住為心，離言相、離一切法執，唯有一心，才名為
真如。

（三）從諗禪師的趙州茶、平常心是道

　　趙州從諗禪師（778～897）唐代禪僧，山東人，俗家姓郝，南泉普願門
下，洪州宗傳人。十八歲參於南泉，五十歲以後雲遊四方，歷訪黃檗、寶樹、
鹽官、夾山等，直到八十歲才止於趙州。從諗禪師在幼年就出家，十八歲時
他參南泉普願禪師，在其門下修行有二十多年，最讓人樂道的是他常以「平
常心是道」〔註97〕，來啟發禪學者之心地。後來他又參訪諸方，一生行腳不

〔註95〕　《大方廣佛華嚴經》卷二十五，頁558b。
〔註96〕　馬鳴菩薩造，〔梁〕真諦譯：《大乘起信論》，《大正新脩大藏經》第32冊，頁
　　　　　576a。
〔註97〕　所謂「平常心」，是禪門將禪理寄寓於日常生活中的普通事務中去觀照，並用
　　　　　禪心看待世道人心，用以說明修道應行於日用中，日用中蘊含有佛法道義。
　　　　　這種思想把傳統佛教遠離人群獨居修行的方式改變了，使修行可以更貼近生

停。八十歲時才受請，住於趙州城東之觀音院，指導教授後進禪學人，當時名震一時，人人尊稱他為「趙州古佛」。

趙州從諗禪師，乃承襲馬祖道一傳下的洪州宗風，特別重視在日常生活中的修行，因為他常以一句「吃茶去」來接引學人，所以有「趙州茶」的稱號。從諗禪師又擅長以機鋒接引學人，留下許多著名公案，平常心是道，即以日常生活為禪道的實踐用功處：

> 師曹州人，姓郝氏，落髮未具戒，便造南泉。泉一見深器之，一日問：「如何是道？」泉云：「平常心是道。」師曰：「還可趣向不？」曰：「擬向即乖。」師曰：「不擬如何知是道？」泉云：「道不屬知不屬不知，知是妄覺，不知是無記，若真達不疑之地，猶如太虛廓然虛豁，豈可強是非耶？」師於言下大悟，自是周旋南泉之門，凡二十年，次遍歷諸方，後歸北地，眾請住趙州觀音古剎。〔註98〕

話說，有一天，趙州請教南泉「什麼是道」，南泉回答「平常心是道」，趙州不解其意，就繼續問「有目標可以遵循嗎？」南泉回「如果你有目標，就會產生偏差。」趙州質疑地問「沒有了目標，會封閉所有的意念，怎麼看得到『道』呢？」普願南泉以馬祖道一的主張「平常心是道」，來回覆趙州的疑問，他說「道」不應在知，或不知的問題上打轉，因為知或不知都已經執著了「物相」，知的相是妄覺，不知的相是麻木，而所謂的「平常心是道」，是說在看似簡單而樸實的日常生活中，能體認到生命的真相，這也即是馬祖禪風所說的「不離生活禪」之意。後來，只要有人請教趙州「什麼是道」時，趙州便請他「吃茶去」。吃茶在禪院裡是件極為平常簡單不過的事情，不管什麼人來拜訪趙州，他皆不分貴賤都請他吃茶去，就是闡明要以平常心來過生活，該吃飯就吃飯該吃茶就吃茶，該睡覺就睡覺，如尋常的生活就是道，所以說，「茶」就是「道」。有一僧去參趙州從諗禪師時，師問「曾到此間麼」？其僧回答：

> 曰：「曾到。」師曰：「喫茶去。」又問僧，僧曰：「不曾到。」師曰：「喫茶去。」後院主問曰：「為甚麼曾到也云喫茶去，不曾到也云喫茶去。」師召院主，主應喏，師曰：「喫茶去。」〔註99〕

活與人間，從而發展出人間佛法。

〔註98〕〔元〕念常集：《佛祖歷代通載》卷十七，《大正新脩大藏經》第 49 冊，頁 649a。

〔註99〕〔宋〕普濟著：《五燈會元》卷第四，〈趙州觀音院，從諗禪師〉，《卍新纂續

這則以茶喻道的公案就是著名的趙州「吃茶去」，趙州從諗禪師不管新學的初到或未曾來到，都叫他們吃茶去。這連寺中的院主都參不透個中玄機而發問，他也叫他去吃茶。於當時禪僧們在接待客人、論禪道、吃飯後、休息時，都要吃茶。吃茶成為禪師生活的一部份，趙州從諗禪師不管來者如何都叫「吃茶去」，所詮釋的是「平常心是道」的法則。此為南宗禪落實生活的禪道思想，禪中有茶味、茶中有禪道。因此趙州從諗禪師獲得「趙州茶」之美麗稱謂。在唐乾寧四年，趙州從諗禪師示寂時，歲有一百二十高齡。

以唐朝六祖惠能大師（638～713），所代表的唐代禪僧，他開創的南宗禪思想，即以「無念為宗」、「無相為體」、「無住為本」。此三種名相所強調的是，任心自然活活潑潑地，當下不染萬境正心為道。去除一切塵勞之心，以正念為如來本性、真如自性，雖有見聞覺知但離一切相。而唐代禪僧，益州保唐寺無住禪師（714～774），乃是六祖大鑑禪師旁出法嗣，他以無執著心行一切的無憶、無念、莫妄，強調「一心不生」的作用下，遠離語言文字相，離名字相。到了唐代趙州從諗禪師（778～897），的趙州茶、平常心是道，更強調出禪不離生活，就是最平常的吃茶，都是禪道的表現。

可以總歸唐代到了六祖以下，南宗禪法的方式，都以般若大乘的法義，詮釋自心本有的空性，並落實於日常生活中的禪道，以離文字言語，開發自性自悟，本真自如的即心即佛，強調眾生與佛同具如來本性。這種只要去除妄想心，將禪心實現在當下，即能成就圓滿無礙的自性佛。反對有心造作的，假以形式的枯坐禪法，馬祖是南嶽懷讓的弟子，在未悟道時常坐禪，後來經過懷讓啟發而悟道，由其弟子所輯錄的《江西馬祖道一禪師語錄》有文：

> 大德坐禪圖什麼？師曰：「圖作佛。」讓乃取一磚，於彼菴前磨。師曰：「磨磚作麼？」讓曰：「磨作鏡。」師曰：「磨磚豈得成鏡。」讓曰：「磨磚既不成鏡，坐禪豈得成佛耶！」師曰：「如何即是。」讓曰：「如牛駕車，車不行，打車即是？打牛即是？」師無對，讓又曰：「汝為學坐禪？為學坐佛？若學坐禪，禪非坐臥。若學坐佛，佛非定相。於無住法，不應取捨，汝若坐佛，即是殺佛。若執坐相，非達其理。」師聞示誨，如飲醍醐。」〔註100〕

馬祖道一當下就頓悟禪法的核心，從此放棄了苦修禪法的枯坐法，他說「沈

藏經》第 80 冊，頁 91b。
〔註100〕《馬祖道一禪師廣錄》（四家語錄卷一），《卍新纂續藏經》第 69 冊，頁 2a。

空滯寂，不見佛性，若是上根眾生，忽爾遇善知識指示，言下領會，更不歷於階級地位，頓悟本性。」〔註101〕這則公案在說明悟道在心，非觀坐與不坐的問題上。這種禪的思想，是還原於惠能南宗禪法的本色，禪在日常行住坐臥中，於念無念、無著，自識本心，自見本性，說明解脫的禪法與成就是落實在生活的日用當中的，禪不離生活則其悟與佛同等的殊勝道。

　　禪宗所強調的明心見性與無念為宗的思想，皆可由以上所列舉南宗禪師，詩作中發揚其禪機妙趣。由惠能南宗禪的發展開始，其禪法由於受到弟子神會極力創導下，南宗禪法開始受到朝廷的尊崇，也因此鞏固了惠能禪法日後漸漸興盛，對盛唐以後的士大夫詩作也形成相當影響力。柳宗元所撰之〈曹溪第六祖賜諡大鑒禪師碑〉有文：「今布天下，凡言禪皆本曹溪。」〔註102〕這種形式使南禪在佛教界佔有優勢，也使整個唐代一般士大夫崇尚禪宗的思想，詩人也開始作禪詩，詩與禪從唐而開始有非常密切的關聯。

　　從盛唐到晚唐，禪僧為詩，詩人學禪，詩人與禪僧互相酬唱往來的詩作下，可證明詩人與禪僧在其兩者互相蘊釀下，成了歷來諸多學者相互探討的議題，而激發出精密細致的論述。對於以禪論詩首倡者，一般認為是宋代嚴羽。根據胡遂：「嚴羽以禪論詩，首標盛唐詩為第一義，謂之為大乘正法眼，他指出：『詩者吟詠情性也。盛唐諸公，唯在興趣』，『大抵禪道唯在妙悟，詩道亦在妙悟而已』。由此出發，他對盛唐詩歌美學特色的描述乃是：『羚羊掛角，無跡可求』『玲瓏透徹，不可湊泊』『不涉理路，不落言筌』『如空中之音，相中之色，水中之月，鏡中之象，言有盡而意無窮。』」〔註103〕此中說明盛唐的禪詩與禪宗思想的不可分離。

　　歷史以「安史之亂」以後，唐王朝進入中盛唐時期。安史之亂，京派禪師受到打擊，而地方禪宗卻興起，南能北秀局面由此開始形成。此時禪宗在以南嶽懷讓系的馬祖道一禪法及青原行思系的石頭希遷的兩個大禪師以下，禪法迅速傳播各地。學者楊曾文〈南宗禪的迅速興起〉有言：「石頭希遷的法系，後世從藥山惟儼－雲岩曇晟一支形成曹洞宗，從天皇道一－龍潭崇信－德山宣鑑的一支形成雲門宗和法眼宗。」〔註104〕而在禪宗發展中從「安史之

〔註101〕同上，頁2c。
〔註102〕〔清〕董浩編：《全唐文》卷587，柳宗元撰：〈曹溪第六祖賜諡大鑒禪師碑〉。
〔註103〕胡遂：《佛教禪宗與唐代詩風之發展演變》，頁89。
〔註104〕楊曾文：《唐五代禪宗史》，北京：中國社會科學出版社，2006年11月（重

亂」以後，到會昌五年的「武宗滅佛」時，佛教又受到另一次的抵制，此時
遭受法難的禪僧有趙州從諗禪師。此後的禪宗漸趨轉向生活禪道，所謂「平
常心是道」的洪州禪法（馬祖道一），都是與當時社會的背景有密切關係的；
其中趙州從諗禪師的「吃茶去」，就是倡導日用是禪機的最佳典範。

　　唐末，在藩鎮之間的兼併與戰爭的加劇，禪宗唯獨在南方比北方稍具安
定的局勢下，才得以發揮，此時的禪宗代表就屬法眼了。楊曾文說「法眼宗
是五宗成立最晚的一宗，因爲開宗者文益禪師與其弟子皆因受到五代時期南
唐李氏和吳越錢氏政權的優遇和大力支持，曾在南方顯赫一時。」〔註105〕因
得到南唐國主的優遇，使得法眼宗得以在金陵一帶，將禪法傳揚的功業形成
一家宗風。

四、文獻回顧與討論

　　文獻回顧首以十六世紀歐美地區對禪學研究開始，至二十世紀的禪學研
究爲探討，期以了解歐美地區的禪學研究成長，此間著重於禪史在進入歐美
與發展概貌。次以日本地區學者，矢吹慶輝、鈴木大拙、宇井伯壽、柳田聖
山、四位禪學專家爲代表，此間對於禪史及其義理詮釋的演變，作爲禪宗在
近代日本傳播演化的轉變。最後對於大陸與臺灣地區範圍，將以胡適先生、
印順法師、楊曾文先生、曾普信先生、聖嚴法師等在禪學界的專家爲代表。

　　考證時間以近代中外文學界禪學論著與教界禪學論著兩種視角作回顧，
此間爲本論議題所牽涉到的重要觀點。一方面藉以文學界專家對禪學史論
點，如何來詮釋一段禪宗史學的流變；另一方面藉以教界的法師對禪宗史的
思想演變來看。從兩者不同身分所考出的不同面向試作比較，期許從兩者之
間的異同處，所呈現出更多的視角，以期達到準確地掌握住禪學家們對禪在
近代的研究發展狀況。

（一）歐美地區

　　對於歐美地區所發展的禪學研究，作者將參酌於龔雋〈歐美禪學的寫作
──一種方法論立場的分析〉〔註106〕一文所研究的相關成就，對於中國禪學

印），頁305。
〔註105〕同上，頁441。
〔註106〕龔雋：〈歐美禪學的寫作──一種方法論立場的分析〉，吳言生主編：《中國禪
　　　　學》第三卷，北京：中華書局出版，2004年。

在歐美地區的一段發展狀況作為回顧。西方禪學從反思中引發出禪學的批判，當中有引出三位人物伯藍特・佛爾（Bernard Faure）、馬客瑞（John R. Mcrae）戴密微（Paul Demiéville，1984～1979）作為代表性。

1、禪學的萌芽時期

依龔雋所考，對於東方禪學早在十六世紀就經由西方傳教士和冒險家的敘述，特別是中國和日本禪的觀念，被作為某種神秘主義和靜默主義的東西進入了「西方的想像」（Western Imagination）。而進入歐美國家是在十九世紀中葉，後來將禪學作為學術化的西方佛學研究，最初乃由英國東印度公司的 Bhhodgeson 在尼泊爾所蒐集的，當時還並不太清楚是屬於佛教的梵、藏文獻，但經 Eugeneburnouf, Twrhys davids, Max muller 等諸大師的相繼努力，到十九世紀末，佛教，特別是南傳巴利佛教的傳統獲得了非常專業化的研究。在十九世紀中尼泊爾禪學者有：B. H. Hodgeson Rhys davids Etienne Lamotte。

2、禪學的發展時期

從上段文中說明國際間貿易的交流促使宗教的散播，從而影響西方歐美人士開始對東方禪學的興趣作出研究，用一種他們懂的方式（浪漫主義）去作探討。學者們一般認為，到了二十世紀初，禪學史上才出現了一次劃時代的轉移（Epochal-shift），即是西方人開始了對於禪宗的了解。而在二十世紀中「被認為是讓西方人真正第一次觸及到禪的精神的鈴木大拙就在這樣的背景下，以多少已經西方化了的概念，向西方廣泛推薦了他所說的具有無限性的，只有東方精神才能夠『洞穿』的禪宗觀念。」〔註 107〕鈴木大拙對禪的敘述，以其博學的知識和洞見，曾在二十世紀中一度將東方禪流行於西方世界。龔雋〈歐美禪學的寫作——一種方法論立場的分析〉一文說：「一般認為，鈴木大拙的老師釋宗演是第一位把禪學帶到西方的人。宗演（1858～1919）是第一位到美國旅行的禪師，他於 1893 年在芝加哥參加了世界宗教大會，並由當時並不出名的鈴木大拙作為翻譯。」〔註 108〕由此因緣開啟了鈴木大拙在西方介紹東方禪學的園地。

在鈴木大拙的影響下，西方人也開始了他們自己的禪學寫作。Alan watts 是西方人中最早系統寫作禪學的學者，他於 1936 年出版了《禪的精蘊》（Spirit

---

〔註 107〕〔日〕鈴木大拙著，謝思煒譯：《禪學入門》，北京：三聯書店，1988 年版，頁 20。

〔註 108〕龔雋：〈歐美禪學的寫作——一種方法論立場的分析〉，頁 2。

of zen）一書，把禪的悖論理解與西方神學歷史上的神秘主義結合了。啟發了
鈴木大拙對禪與西方神秘主義之間進行比較的思路。鈴木大拙將禪與西方理
論主義結合分析，如心理學家容格（Carl g.jung）和佛洛母（Erich fromm）漸
漸融合之間的心理分析學和心理治療互動，對兩者都產生了很大的推進；又
如禪與基督教的「對話」，也促成了「基督教式的禪」（Christian Zen）如此概
念的產生。

　　東方禪在西方的傳播亦如佛教初入中國的發展時期，為求不同文化的人
接受度高就不得不方便借助所謂的格義方式（以其能懂的道理詮釋外來的
術語）。所以 Dale s.wright 的研究以黃檗禪為中心的，在 1959 年，紐約出版
的 John blofeld 所翻譯研究一書《黃檗傳心法要》（The zen teaching of huang
po on the transmission of mind, grove press.）一書。在 Wright 認為，西方 50～
60 年代對於禪的解讀充滿了浪漫主義的色調。其中並涉及以「科學理性主
義」的讀解方法，所謂「現代學」與「後浪漫主義」的方法。這些都是一
種典型的「洋格義」，Wright 還為這些「格義」賦予了文本批判和語言哲學的
含義。

　　可以從上文中得出西方禪學專家的論作，從鈴木大拙到 Watts 又直到
Wright，其中雖然經歷了由前現代到現代，以至於後現代的不斷變化轉移，背
後目的是為了克服詮釋來自不同國籍文化的禪學語言的特殊性質所因應的方
法，但卻都還沒有真正克服方法論上在西方專業化學術與禪的特殊修辭之間
的緊張。

　　從 50 年代間，西方學者對禪的研究，著重於鈴木大拙所著《禪佛教論集》
中為基準，可到了「60 年代當柳田聖山以批判的歷史學方式而出版了關於早
期禪文獻的卓越研究之後，西方禪學界開始對鈴木禪的寫作弱點有了清楚的
認識。他們從柳田聖山歷史學的精確研究中，發現鈴木向他們推薦的禪與禪
的歷史之間存在巨大的差異。於是，他們希望通過批判的歷史學研究，而不
是抽離於歷史脈絡的思想研究，把被鈴木所解釋的超歷史和超理性的禪重新
拉回到歷史和文化場景中加以認識。值得注意的是，這一時期西方出版的嚴
肅的禪學史研究中，重要的議題恰恰都是針對鈴木的影響而作的糾偏，最主
要地表現在對於達摩傳的重新研究和對北宗的反案上。」〔註 109〕這段研究文
可說明，從主觀的角度與客觀的角度產生禪史差異，西方學者開始了對於傳

〔註 109〕同上，頁 7。

統文獻所作的達摩傳的真實性，進行以歷史分析的批判，有法國漢學家伯希和首先對達摩傳進行懷疑。他於 1923 發表的「關於六朝與唐代幾個藝術家的筆記」（Sur quelques artistes des six dynasties et des t'ang）一文中，就注意到魏代楊之在《洛陽伽藍記》卷一「永寧寺」的紀錄中，有段紀錄達摩的最早的文字，這裡的達摩與後來文獻所出關於禪師形象的達摩有很大的差異，因此推論說後出禪文獻有關達摩的傳說都值得懷疑。這種以客觀歷史文獻為研究，可跳脫以宗教信仰者主觀的模糊觀念。

3、禪學的反思

到了 80 年代西方禪學者跳脫鈴木大拙的禪學的觀念後，開始重新理解的西方禪學研究者，關於達摩傳的研究又在日本批判歷史學的基礎上作了推進，當中有 Heinrich dumoulin、John r.mcrae 和 Bernard faure 的研究，不僅擴大了達摩研究的視野，而且對於西方和日本各類型達摩傳的研究方式都進行了重新的批判。

90 年代以後，西方禪學研究者在檢查鈴木禪學寫作的問題時，不但意識到了他的知識敘述缺乏嚴格的歷史批判學的基礎，還有一點，是他們認為鈴木禪背後暗藏著有另一種權力的關係，那就是禪與日本民族主義與帝國主義的聯盟。以「Rene etiemble 則基於西方啟蒙傳統對禪進行新的解釋，他批評了鈴木禪的反智主義和靜默主義的傾向，主張禪有一種道德化和政治參與的積極力量，在性質上更類似一種儒家人文主義的傳統」〔註110〕說明鈴木禪學以「東方禪學」當中表現了一種另類的東方學為立場的，帶有帝國主義的色彩，他以通過禪敘述了一種理想化的和排他主義的日本文化優越論。並舉出以鈴木所著的《日本的靈性》（Japanese Spirituality）與《禪與日本文化》（Zen and Japanese Culture）說明他以闡述禪帝國主義文化的意識都是在戰爭期間表露出，其中隱含了有意識的政治情景。

4、禪學的批判

（1）伯藍特・佛爾（Bernard Faure）

伯藍特・佛爾（Bernard Faure）是法裔美國學者，主要研究東南亞佛教，1978～1983 年期間，佛爾留學日本，先後作為訪問學者和研究生就讀于京都大學人文科學研究所（歷史學京都學派重鎮），從柳田聖山先生研究禪學（柳

〔註110〕龔雋：〈歐美禪學的寫作——一種方法論立場的分析〉，頁 10。

田聖山在此期間任教于京都大學，後曾任人文科學研究所所長，以倡導歷史文獻批評學方法研治禪學而知名）。在禪學研究領域，他發表了大量有影響的學術論文，而最重要的研究主要表現在如下三大「批判」中《無間的修辭：禪佛教之文化批判》（The Rhetoric of Immediacy: A Cultural Cri-tique of Chan / Zen Buddhism. Princenton: Princeton University Press, 1991）、《禪的洞見和溢見：禪傳統之認識論批判》（Chan Insights and Oversights: an Epistemologi-cal Critique of the Chan Tradition, Princetion: Princeton University Press, 1993）以及《正統性的意欲：北宗禪之批判譜系》（The Will to Orthodoxy-A Critical Genealogy of Northern Chan Buddhism, California: Stanford University Press, 1997）。〔註 111〕以上研究提供了禪學思想的新風貌。

（2）馬客瑞（John R.Mcrae）

馬客瑞（John R.Mcrae）曾經師從柳田聖山學習，禪學研究主要以中國北宗禪為主攻，1983 年在耶魯大學 Stanley Meinstein 教授門下完成了博士論文《中國的北宗禪》（The Northern School of Chinese Chan Buddhism）並獲博士學位。事後發表《北宗禪與早期禪的形成》（The Northern School and the Formation of Early Chan Buddhism）一書，此代表作內容大約是探討〈北宗禪與早期禪的形成〉、〈透視禪學：中國禪佛教中的衝突、調適與系譜〉。馬客瑞〈東山法門與菩提達摩思想之分化與承接〉〔註 112〕一文以史料詳盡探討比較，梳理達摩形象如何一步步被後世宗教典範化，如何表現中國禪宗在宗教性上的變化〔註 113〕。這方面馬客瑞（JohnR. Mcrae）和佛爾（Bernard Faure）的研究，不僅擴大了達摩研究的視野，而且對於西方和日本各類型達摩傳的研究方式都進行了重新的批判。

（3）戴密微（Paul Demiéville）

戴密微（Paul Demiéville，1984～1979）生於瑞士（Switzerland），在 1945年起戴密微擔任法國高等實驗研究學院（Ecole Pratique des Hautes Etudes）、法蘭西學院（Academie Fransaise；College deFrance）教授，他除了研究佛教、

〔註111〕楊鋒兵：《禪學研究徑路初探》，北京：綫裝書局，2010 年 3 月（初版），頁 151。

〔註112〕馬客瑞：〈東山法門與菩提達摩思想之分化與承接〉，吳言生主編：《中國禪學》第五卷，中國社會科學出版社，2011 年 05 月 01 日。

〔註113〕同上，頁 157。

禪宗外也涉獵中國文學、先秦哲學〔註114〕。當台灣與日本學者埋首於敦煌漢文禪籍的研究與禪宗史的建立時，遠在法國的戴密微卻近水樓臺先得月，他注意到另一份湮沒在上千份手稿中的敦煌文獻──漢文《頓悟大乘正理決》（P.4646），於 1952 年戴密微出版了為人稱頌的 Le concile de Lhasa〔註115〕。這是一場疑似禪宗入藏、頓漸之爭的公案，不見於漢文史料中，學者也質疑藏文史傳的真實性，直到戴密微的《吐蕃僧諍記》才證實了這場禪宗入藏的歷史〔註116〕。

呂澂先生曾在 1933 年出版的《西藏佛學原論》中提到這場論辯，這位漢僧領袖大乘和尚，「持說近似禪宗，以為直指人心乃得開示佛性，依教修行均唐勞耳。以是流於放逸，全無操持。」〔註117〕這位「大乘和尚」究竟是誰呢？或譯作摩訶衍那。戴密微的《吐蕃僧諍記》根據敦煌 P.4646 號漢文寫本《頓悟大乘正理決》不但解決了這個問題，還改寫了這段禪宗敗北的歷史。

（二）日本地區

日本學者由矢吹慶輝前往英國，並進入大英博物館地下室查閱敦煌遺書，以後促使了鈴木大拙開始研究敦煌禪籍，續而有宇井伯壽根據 1932 年的《大正藏》與矢吹慶輝、久野芳隆找到的資料，發表早期禪宗史論文。並於 1939 年集結出版──《禪宗史研究》，成為日本學者利用敦煌出土禪籍資料完成的第一本禪宗史，後續更有柳田聖山專於中國禪宗史的研究，不但著有敦

〔註114〕 考自王冀青：〈中外著名敦煌學家──戴密微（Paul Demiéville）教授學術生涯略述〉，《敦煌學輯刊》1987 年第 1 期，頁 144～145。

〔註115〕 Le concile de Lhasa（《吐蕃僧諍記》）本譯為《拉薩宗教會議》，因為據 Paul Demiéville 考察此次宗教爭論大約發生在西元 792～794 的拉薩。但自發表以來，關於書名卻引發長期爭議，例如義大利西藏學者杜奇（Giuseppe Tucci）認為這場爭論發生在桑耶寺，應改為《桑耶寺宗教會議》。1970 年戴密微更名為《吐蕃僧諍記》，因為這是一場持續數年通過文字進行的討論，沒有戲劇性的「拉薩僧諍會」對決，也沒有「桑耶寺僧諍會」。（戴密微著，耿昇譯：〈台灣版序言〉，《吐蕃僧諍記》，臺北：商鼎文化，1993 年 3 月，頁 2；今枝由郎著，一民譯：〈有關吐蕃僧諍會的藏文文書〉，《國外藏學研究譯文集》第 2 輯，1987 年，頁 69。）

〔註116〕 張廣達：〈唐代禪宗的傳入吐蕃即有關的敦煌文書〉，《西域史地叢稿初編》，上海：古籍出版社，1995 年 5 月，頁 197～198。

〔註117〕 呂澂：《西藏佛學原論》原於 1933 年 2 月由上海商務印書館出版，本文參考收錄在《現代佛學大系 50・西藏佛學原論》，臺北：彌樂出版社，1984 年 4 月，頁 28～29。

煌出土禪宗燈錄多部,並著有禪學多部,他以批判歷史學的研究方式,進行系統的批判。

1、矢吹慶輝

敦煌藏經洞古寫本早在 1900 年就被發現了,但被西方來的探險家斯坦因(Sir Mark Aurel Stein,1862~1943)與伯希和(Paul Pelliot,1878~1945)將此中國寶貴資料給帶走了,各國學者從 1909 年開始致力於搜尋與研究的工作,開始才有「敦煌學」這一名詞,引起中外學者的研究關注。後有日本學者矢吹慶輝前往英國,並進入大英博物館地下室查閱敦煌遺書,從 1916 年 6 月到 11 月。日本學者矢吹慶輝在獲得資料後,於 1917 年 5 月在宗教大學創立紀念展覽會上,發表他收集的 132 件古逸未傳佛典中,有七份是禪籍〔註118〕。於 1916 年發現,的資料有:《禪要經》(即《禪門經並序》)(S.5532)、《大乘無生方便門》(S.2503)、《大乘北宗論》(S.2581)、《觀心論》(S.2595)、《論一卷》(即《二入四行論長卷子》S.2715)、《菩提達摩禪師觀門》(即《南天竺國菩提達摩禪師觀門》S.2583)、《澄心論》(S.2669)〔註119〕。

在這之前禪宗史大致皆以北宋景德元年(1004)法眼宗道原《景德傳燈錄》南宗燈史為證,敦煌禪籍的出土,提供了新學界的研究資料與方向,從此以後在禪宗史的研究的典籍,有了敦煌禪籍的出土,它提供了禪學研究更多參考資料。

矢吹慶輝的第二次倫敦之行獲益匪淺,1925 年 4 月 19 日於東洋文庫展覽,收錄於《鳴沙餘韻解說》的禪籍〔註 120〕:《楞伽師資記》(75、76-I)(S.2054)、《歷代法寶記》(77、78-I)(S.516)、《無心論》(77、78-I)(S.5619,當時編號 S.296)、《頓悟無生般若頌》(S.5619 後幅,即《顯宗記》古本)、《南天竺國菩提達摩禪觀門》(78-II)(S.2583)、《梁武帝問志公》(即《梁武帝問志公和尚如何修道》)(78-III)(S.3177)、《泉州千佛新著諸祖師頌》(85-I)(S.1635)、《觀心論》(85-III)(S.2595)、《南宗頓教最上大乘摩訶般若波羅蜜

〔註118〕以下所列七種禪籍資料參考自田中良昭著,楊富學譯:〈敦煌漢文禪籍研究略史〉,《敦煌學輯刊》1995 年第 1 期,頁 117。矢吹在 1916 年查閱時敦煌遺書尚未編號,括號中所標註編號是在 1957 年斯坦因本製成微縮膠卷公開之後,由藤枝晃等京都大學人文科學研究所敦煌研究組比對出來的。

〔註119〕黃青萍:〈敦煌禪籍的發現對中國禪宗史研究的影響〉,《成大宗教與文化學報》第八期,2007 年 8 月,頁 70~71。

〔註120〕〔日〕矢吹慶輝:《鳴沙餘韻解說》,東京:岩波書店,1933 年 4 月。

經六祖惠能大師於韶州大梵寺施法壇經》（102、103）（S.5475）〔註 121〕。

矢吹慶輝是第一個發現《楞伽師資記》、《神會錄》與《六祖壇經》的人，不過他卻將心血致力於《三階教之研究》。至於《鳴沙餘韻解說》第二部的〈燉煌出土支那古禪史並に古禪籍関係文獻に就いて〉只論述《楞伽師資記》、《歷代法寶記》、《傳法寶記》等早期禪史的問題，並附錄神尾弌春的《觀心論私考》，關於《六祖壇經》卻隻字未提。

敦煌古逸佛典在梵語當道的主流中，為日本佛教研究開啓了一條嶄新的道路，正如柳田聖山所言，失吹第二次調查的禪籍中，《傳法寶記》、《歷代法寶記》、《楞伽師資記》與《六祖壇經》的新發現成為研究初期禪宗史的基礎資料〔註 122〕。

2、鈴木大拙

鈴木大拙（1870～1966）二十歲就開始參禪了，於 19 世紀末到美國直至 1914 年鈴木大拙開始在英國的《新東方》連載禪學論文，用英文向海外介紹禪佛教（Zen）思想（過程上文已述）。但鈴木大拙曾因胡適先生在 The Times（泰晤士報）發表評論中，直指鈴木在書中過度引用中國舊禪史文本，隨即引來鈴木的注意，因為鈴木真的不知道任何有關敦煌遺書的禪資料。他對於禪宗歷史的認知仍侷限在北宋以來的南宗文獻、禪宗舊史。

胡適於 1927 年投書 The Times 批評鈴木在中國禪宗史的敘述中忽略伯希和發現的敦煌禪籍，但一直到四年後（1931）鈴木才在金九經的幫助下，輾轉得知敦煌出土的《楞伽師資記》鈴木大拙從此就一頭栽進敦煌禪宗遺書的尋找、整理與研究。所以說，鈴木大拙是因為胡適才開始研究敦煌禪籍。

此時的鈴木大拙繼《楞伽師資記》後又致力於校定石井光雄所藏的敦煌本《神會語錄》及日本古傳《興聖寺本六祖壇經》〔註 123〕（1932～1934），然後在 1934 年 5 月赴中國參訪，當北平圖書館於 8 月派遣王重民、向達前往法、英調查敦煌文獻時，鈴木大拙卻在被學者放棄的北平圖書館中，發現

〔註 121〕黃青萍：〈敦煌禪籍的發現對中國禪宗史研究的影響〉，《成大宗教與文化學報》第八期，2007 年 8 月，頁 71。

〔註 122〕〔日〕柳田聖山撰，劉方譯：〈敦煌禪籍總說〉，《敦煌學輯刊》1996 年第 2 期，柳田聖山：《敦煌仏典と禪 I 總說》，頁 19。

〔註 123〕日本古傳《興聖寺本六祖壇經》即亡迭的宋惠昕本系統之刊本。（楊曾文：《敦煌新本六祖壇經》，北京：宗教文化出版社，2005 年 8 月第 3 刷，頁 204 ～205。）

了達摩《二入四行論》等重要禪籍，有：《二入四行論》（宿 99）、《修心要論》（宇 04）、《南陽和尚頓教解脫禪門直了性壇語》（寒 81）、《觀行法無名上士集》（《絕觀論》異本）（潤 84）、《沙門知嵩述》、《寂和尚說偈》（潤 84）、《惠達和上頓悟大乘秘密心契禪門法》（藏文）等（致 86）、《證心論》（裳 75）〔註 124〕。

鈴木大拙並於 1936 年在《校刊少室逸書及解說》中向世人介紹龍谷大學藏，抄有南宗頓教文獻與《法性論》、《證心論》、《修心要論》的《菩提達摩禪觀門法大乘論》連寫本。敦煌禪宗遺書在日本學術界掀起了研究的熱潮，除了針對遺書文本進行校刊與解說外，日本學者也驀然回首，從古寺中挖掘遺唐僧當年帶回來的各典籍古本。除了日本古傳《興聖寺本六祖壇經》外，鈴木大拙也提出日本古傳的《觀心論》金澤文庫本，這一份抄於會昌五年（845）的寫本，多了一份無名僧序。據考，這位無名僧應為神會弟子──無名禪師〔註 125〕。

鈴木大拙自 1927 的 Essays in Zen Budhism-First Series，歷經二十四年才完成他的《禪思想史研究第二──達摩から惠能に至る》（1951／5）。這一本可說是嘔心瀝血之作，奠基於他長年在敦煌禪籍的搜尋與校定，並依此堅持從達摩到惠能的傳法正統，本書除了《二入四行論》、《修心要論》、《絕觀論》、《無心論》之外，他還於附錄中校訂了七篇無法納入禪宗史脈絡，卻似乎很重要的禪籍，敦煌禪籍：《澄心論》（S.2669、S.3558、S.4064）、《法性論》（S.2669，龍谷本）、《三寶問答》（S.2669，龍谷本）、《禪門秘要決》（S.4137、P.2104）、《禪門秘要決》（S.4137、P.2104）、《臥輪禪師看心法》（S.1492，龍谷本）、《師資七祖方便門　摘句抽心錄之如左》（龍谷本）〔註 126〕。

3、宇井伯壽

在矢吹慶輝注意到的資料以外，日本學者久野芳隆他找到的另一份資

〔註 124〕1911 年八月京都大學的「五教授團」在初步考察後判定北京的敦煌遺書大部分都是已知的佛典，與宋代以後的刊本大藏經內容相同，故而轉向英、法搜尋。參考黃青萍〈敦煌禪籍的發現對中國禪宗史研究的影響〉，《成大宗教與文化學報》第八期，頁 75。

〔註 125〕〔日〕鈴木大拙：〈『達摩觀心論』（破相論）四本對校〉，《鈴木大拙全集》卷 32，東京：岩波書店，2005 年，頁 137～207；楊曾文：〈《唐同德寺無名和尚塔銘並序》的發現及其學術價值〉，《佛學研究》2000 年，頁 208～213。

〔註 126〕考自黃青萍〈敦煌禪籍的發現對中國禪宗史研究的影響〉，《成大宗教與文化學報》第八期，2007 年 8 月，頁 78。

料：P.2058、P.2270 的《大乘五方便北宗》。他發現矢吹慶輝找到的《大乘無生方便門》與 P.2058、P.2270 的《大乘五方便北宗》不太一樣，「五方便」文本之間有明顯的變遷與發展，因此他以「流動性」描述這份寫本的特質，發表〈富於流動性的唐代禪籍──敦煌出土南禪北宗的代表作品〉一文。東京帝國大學教授宇井伯壽（1882～1963）在完成《支那仏教史》（1936）後，於 1937 年 6 月在《宗教研究》新 14 卷 3 號，發表〈五祖弘忍的法嗣〉，自此三年內（1937～1939）宇井伯壽根據 1932 年的《大正藏》與矢吹慶輝、久野芳隆找到的資料，發表早期禪宗史論文〔註127〕。並於 1939 年集結出版──《禪宗史研究》，成為日本學者利用敦煌出土禪籍資料完成的第一本禪宗史，而書末附錄的〈北宗殘簡〉，校訂了《大正新修大藏經》與久野芳隆發表的九篇北宗敦煌禪籍：

時間	校定者	敦　煌　禪　籍	
1939	宇井伯壽《禪宗史研究》	第 1 篇	1939 宇井伯壽《楞伽師資記》神秀傳（S.2054，《大正藏》v.85，p.1283）
		第 2 篇	《傳法寶記》（首部）（P.2634，《大正藏》v.85，p.1291）附《楞伽師資記》弘忍傳（S.2054）附《楞伽師資記》序（S.2054）37
		第 5 篇	《大乘北宗論》（S.2581，《大正藏》v.85，p.1281）
		第 6 篇	《大乘無生方便門》（S.25033，《大正藏》v.85，p.1273）
		第 7 篇甲	《大乘五方便北宗》（P.2058、P.2270，久野芳隆《宗教研究》新 14-1、2）
		第 8 篇乙	《無題》（S.25031，矢吹尚未發表）
		第 9 篇	《無題　附讚禪門詩》（S.25033，《大正藏》v.85，p.1291）

※ 圖表引自黃青萍：〈敦煌禪籍的發現對中國禪宗史研究的影響〉，《成大宗教與文化學報》第八期，2007 年 8 月，頁 77～78。

〔註127〕〔日〕久野芳隆的〈富於流動性的唐代禪籍──敦煌出土南禪北宗的代表作品〉《宗教研究》新 14-1、2，1937 年 2 月。（本文參考自伊吹敦：〈早期禪宗史研究之回顧和展望〉，《中國禪學》第二卷，2003 年，頁 284。）

4、柳田聖山

柳田聖山（やなぎだ　せいざん、舊姓：橫井（よこい）、1922 年 12 月 19 日～2006 年 11 月 8 日）出生於臨濟宗水源寺派的寺院，大谷大學出身的柳田原本研究眞宗學，後來受到久松眞一與入矢義高的影響，專於中國禪宗史的研究。1954 發表〈燈史の系譜〉後，陸續有敦煌出土禪宗燈錄《聖胄集》、《傳法寶記》、《禪門經》、《二入四行論》等。於 1966 年，柳田聖山終於將他的《初期禪宗史書の研究──中國初期禪宗史料の成立に関する一考察》脫稿付梓，成爲禪文化研究所的第一份研究報告〔註 128〕。並有禪學著作多部，《禪學叢書》在 1969 年《禪的語錄》、1969 年《達摩之語錄》、1972 年《禪語錄》、1974 年《禪家語錄》。他以批判歷史學的研究方式，進行系統的批判。在此基礎上，對整個禪史傳統的結構和系譜作了顚覆式的重新詮釋。

當胡適在美於 1953 年 6 月所寫的〈宗密的神會略傳〉被柳田聖山認爲是正式研究禪宗史的再出發〔註 129〕。同年 10 月，31 歲的柳田聖山（1922～2006）發表〈《祖堂集》の資料価値〉〔註 130〕，隔年 4 月在《日本仏教學會年報》第 19 號發表〈燈史の系譜〉〔註 131〕。於 1968 年 10 月，鈴木大拙身後出版的《禪思想史研究第三》（鈴木於 1966 年過世）將鈴木遺稿分爲兩部分，第一篇「惠能示寂後の禪思想」根據宗密的《禪門師資承襲圖》介紹北宗神秀、南宗荷澤、淨眾宗無相、無住、牛頭宗法融、洪州宗馬祖及石頭禪。

這兩篇論文是柳田聖山日後構思《初期禪宗史書の研究》投石問路之作，在中國禪宗史的研究上，除了重建中國禪宗史外，也將胡適歷來所注意的禪宗西天二十八祖如何形成的問題，而由柳田聖山完成了。

此時日本禪學者因以西方主義的精神反省，開始跳脫宗教立場以客觀貫徹批判的歷史學研究方法。自宇井伯壽、柳田聖山和關口眞大等學者的禪學著作的問世，把禪學的研究帶入了「客觀主義歷史學」的時代了。

〔註 128〕據 Paul Demiéville，林信明譯：〈再刊の序〉，《初期禪宗史書の研究》（京都：法藏館，2000 年 1 月），頁 iii。

〔註 129〕〔日〕柳田聖山：〈胡適博士與中國初期禪宗史之研究〉，《胡適禪學案》，京都市：中文出版社，1981 年 10 月再版，頁 18。

〔註 130〕《禪學研究》第 44 號，1953 年 1 月。

〔註 131〕據柳田聖山在《初期禪宗史書の研究》中記載，戴密微的稱許是在昭和 33 年（1958）其好友柴田增實留法後的轉述。而胡適則是在入矢義高的書信往來中，於 1960 年獲贈柳田聖山的〈燈史系譜〉，胡適 1961 年 1 月的回信讓柳田聖山受寵若驚。（同上）

（三）臺灣及中國大陸地區

對於中國大陸及臺灣地區禪學研究方面，作者擬以胡適先生、印順法師、楊曾文先生、曾普信先生、聖嚴法師，以上文學界與教界法師都是本世紀中國禪學研究的專家與實踐大師，觀注其著作相關於禪史並五家的議題，依次序併入本論文獻回顧範圍。

1、胡適先生

胡適先生他對禪宗研究，影響後來禪學研究者很大的開拓，對於《禪宗之思想與歷史》曾提出「印度禪變成中國禪，非達摩亦非惠能，乃是道生！他創了幾種很重要的教義，如『頓悟成佛』、『善不受報』、『佛無淨土』等。『善不受報』是反對那買賣式的功德說；『佛無淨土』是推翻他老師慧遠所提倡的淨土教；至於頓悟說，更是他極重要的主張；與頓悟相反的為漸修。……佛教主頓悟的叫頓宗；主漸修的叫漸宗。」〔註132〕其在寫《中國禪宗史》〔註133〕的過程中接觸到神會與北宗辯論的記載，感到如果不寫神會，就難以寫好禪宗史。1926 年，胡適因在巴黎、倫敦相繼發現三卷及一份殘卷，約兩萬字有關神會和尚的資料，也就是《神會和尚語錄》和《菩提達摩南宗定是非論》，又在倫敦發現了神會的《顯宗記》，他不僅「要把禪宗史全部從頭改寫」，而且強調「這位大和尚神會實在是禪宗的真正開山之祖，是《壇經》的原作者」。但後來卻引起了一些學者對胡適的禪宗史研究議論的餘波〔註134〕。胡適將當時禪宗史研究的問題點，由「西天二十八祖」的傳承問題，轉為禪宗革命家本身的問題。

但若無胡適的論斷在先，日本佛教學界不會有如此多的回應和研究成果，中國禪學研究將不可能達到今日之成就。是故臺灣印順法師的研究成果實受惠於胡適的先前貢獻。胡適說：「一千多年中，幾乎沒有人知道神會在禪宗史上的地位，歷史上最不公平的事，莫有過於此事的了」。於是 1974 年日

〔註132〕胡適：《中國禪學之發展》，張曼濤主編：《禪宗之思想與歷史》，臺北：大乘文化出版社，1978 年 9 月（初版），頁 261。

〔註133〕文參《禪宗在中國：它的歷史和方法》，收入於胡適著，黃夏年主編：《胡適集》，中國社會科學出版社，1995 年（第 1 版）。

〔註134〕侯外盧：〈從對待哲學遺產的觀點方法和立場批判胡適怎樣塗沫和污衊中國哲學史〉，見《哲學研究》第七期，北京三聯書店，1955 年。任繼愈：〈胡適思想批判〉、〈漢唐時期佛教哲學思想在中國的傳播和發展〉、〈論胡適在禪宗史研究的謬論〉，見《漢唐佛教思想論集》，北京：人民出版社，1963 年。

本學者柳田聖山收集胡適的講詞、手稿、書信等編成《胡適禪學案》。

　　《胡適禪學案》其前因是，胡適先生在 1926 年 8 月間，奉派到英國參加中英庚子賠款全體委員會會議，順便到大英博物館與巴黎國家圖書館尋找被斯坦因和伯希和拿走的敦煌遺卷裡的禪宗史料。胡適到了巴黎時，當時在德國柏林大學研究的傅斯年也趕來巴黎和胡適住在一起共同研究敦煌遺卷。胡適承認他的很多想法都是受到傅斯年的影響。基本上胡適的禪宗研究就是要肯定北宗神秀的「漸修」學說而否定南宗惠能的「頓悟」說、並且證明所謂《六祖壇經》裡「五祖弘忍傳惠能法衣」的故事只是惠能的弟子神會和尚為了和北宗爭奪皇室的供養所編造出的神話。〔註 135〕於是否定了達摩禪的一貫性傳統的禪宗法統之說，認為禪法世系為達摩→慧可→僧璨→道信→弘忍→神秀〔註 136〕，於是引來一片喧囂及佛教刊物上的人物攻訐。

時間	發　現　者		敦　　煌　　禪　　籍
1926	胡適	收入《神會和尚遺集》	《神會語錄》第一殘卷（P.3047 前幅）
			《神會語錄》第二殘卷（P.3047 後幅，《菩提達摩南宗定是非論》上卷）
			《神會語錄》第三殘卷（P.3488，疑是《菩提達摩南宗定是非論》下卷）
			《頓悟無生般若頌一卷》（S.468，《顯宗記》古本）
			《禪門秘要決　招覺大師一宿覺》（P.2104，《永嘉證道歌》）
		收入《薑園叢書》	《楞伽師資記》（P.3436、S.2054、S.4272）

※ 參酌胡適:〈海外讀書雜記〉,《胡適文存》第三集卷四,臺北:遠東圖書公司,1971
　年 5 月 3 日版,頁 350～361。

　　胡適在大英博物館地下室的八千份手卷中發現藏著一份最早的《六祖壇經》寫本，而且可能是最初古本〔註 137〕。胡適從 1931～32 年，在北大文

〔註 135〕文參《胡適之先生年譜長編初稿》,臺北:聯經出版公司,1984 年 5 月 21 日,
　　　　　頁 647～653。
〔註 136〕胡適:《中國禪學之發展》認為禪法世系為達摩→慧可→僧璨→道信→弘忍→
　　　　　神秀,張曼濤主編:《禪宗思想與歷史》,臺北:大乘文化出版社,1978 年 9
　　　　　月（初版）,頁 266。
〔註 137〕胡適:〈神會和尚遺集序〉,《胡適文存》第四集卷二,頁 290 根據榮新江的整
　　　　　理,敦煌出土的《六祖壇經》除了現存敦煌市博物館的任子宜收藏本──敦

學院「中國中古思想史」的課程講義中，早已大量採用敦煌禪籍的研究成果
〔註138〕。

2、印順法師

印順法師曾為，臺灣60年代發生一場圍著繞著討論《壇經》是否如胡適
所說是神會所造的，而引起一波議論，在《中央日報》有「《壇經》是否為六
祖所說」的討論，引起論辯的熱潮。

當時胡適的演講內容刊於《中央日報》1953年1月12日後，東初法師
（1907～1977）以筆名「般若」在自創佛教雜誌《人生》中發表〈評胡適博
士「禪宗史的一個新看法」〉，日後形成了所謂胡適禪學論戰（1969）中反胡
適的先趨〔註139〕。並在1969年的胡適禪學論戰，引起臺灣學術界一陣波
瀾，也引起印順法師的注意，當時法師並無參加討論，但覺得這是個大問
題，值得研究。他認為要解決論戰中的問題，不能只孤立於《壇經》與神會
之間，必須從禪宗發展的歷史中去考察。所以他花了一年時間去認識禪宗，
根據胡適《神會和尚遺集》、《胡適文存》、《胡適手稿》，及日本學者宇井伯壽
《中國禪宗史研究》三卷，〔註140〕關口眞大《達摩大師之研究》、《中國禪學
思想史》、《達摩論之研究》〔註141〕與柳田聖山《中國初期禪宗史書之研究》
〔註142〕等書。並依據敦煌寫本、日本古傳資料、金石資料及燈史，以《壇
經》為軸心，溯源東山弘忍、雙峰道信至達摩去觀察《壇經》；再從《壇經》
審視曹溪門下各宗的發展。

博077號，尚有北京圖書館岡字48號、旅順博物館舊藏本，等四件寫本。（榮
新江：〈有關敦博本禪籍的幾個問題〉，《鳴沙集——敦煌學學術史和方法論的
探討》，臺北：新文豐，1999年9月，頁147～177。）

〔註138〕 胡適：《中國中古思想小史》，收於《胡適文集》（6），北京：北京大學出版社，
1998年11月，頁629～670。

〔註139〕 江燦騰：〈胡適禪學研究公案〉，《當代》第101期，1994年9月，頁114～
116。

〔註140〕 即宇井伯壽：《禪宗史研究》（1939）、《第二禪宗史研究》（1941）、《第三禪宗
史研究》（1943）、關口眞大《達摩大師之研究》、《中國禪學思想史》、《達摩
論之研究》（即關口眞大：《達摩大師の研究》（1957）、《禪宗思想史》（1964）、
《達摩の研究》（1967）。

〔註141〕 即關口眞大：《達摩大師の研究》（1957）、《禪宗思想史》（1964）、《達摩の研
究》（1967）。

〔註142〕 即柳田聖山：《初期禪宗史書の研究——中國初期禪宗史料の成立に関する
一考察》，1966年。

　　印順法師本爲解決《壇經》作者的問題，意外的完成了一部《中國禪宗史》〔註143〕，節節考證中其結論是推翻胡適所說的誤謬。他在 1971 年〈神會與壇經——評定胡適禪宗史的一個重要問題〉中一一檢討胡適的「證據」，認爲敦煌本《壇經》應該有其「曹溪原本」，慧忠時已添糅爲「南方宗旨本」，然後再經神會門下增補法統、稟承，以爲依約傳宗的敦煌本《壇經》〔註144〕。

　　當中議題是考證中國禪法的傳承脈絡，本論以印順法師求證胡適所說的誤謬，作爲推翻胡適否定六祖的地位與達摩禪的一貫性的佐參資料。因此本論對於惠能六祖的禪法傳承說法，依然承襲傳統一貫的脈絡說（達摩→慧可→僧璨→道信→弘忍→惠能）。

　　3、楊曾文先生

　　楊曾文先生，在禪宗史的研究專著中有《唐五代禪宗史》〔註145〕，此《唐五代禪宗史》，涉及禪宗興起到五家分宗的最重要歷史時期，此書中詳細分析了禪宗的演化過程，及印度禪思想發展成中國禪思想的特色，他從歷史考辨重要的史料，概述了唐五代時期最重要的禪家人物和思想的源流。〔註146〕其中以第八章中〈禪門五宗的形成及其早期傳播〉是爲本論的關注參考重要章節。內容涉及五家宗風特色及其義理的分析明朗清楚，用以對照本論對五家特色的考證，實爲提供了互相參佐的寶貴資料。

　　4、曾普信先生

　　在曾普信所著《中國禪學小史》中，曾先生將中國禪學史分爲三個時代六個時期，第一傳來時代，類分(1)禪經傳譯期（148～519）三七一年間；(2)正傳參禪期（520～675）一五六年間，上二期共有五二七年。第二興盛時代，類分(1)分派期（676～959）二八四年間；(2)持續期（960～1279）三二

〔註143〕印順法師：《中國禪宗史》其內容以四種方法回應胡適的問題，(1)方法論、(2)關於楞伽宗與初期禪史的結構圖式、(3)關於《壇經》與胡適、(4)印度禪與中國禪，節節考證其結論是推翻胡適所說的誤謬。新竹：正聞出版社，1998年 1 月。

〔註144〕印順法師：〈神會與壇經——評定胡適禪宗史的一個重要問題〉，發表於《南洋佛教》第 23、26、27、28 期，1971 年 3、6、7、8 月。後收入《六祖壇經研究論集》（臺北：大乘文化出版社，1976 年 10 月），頁 109～153。

〔註145〕楊曾文：《唐五代禪宗史》，北京：中國社會科學出版，2006 年。

〔註146〕參酌《唐五代禪宗史》內文。

零年間，上二期有六零四年。第三衰退時代，類分(1)漸衰期（1280～1616）三三七年間；(2)衰頹期（1617～1912）二九六年間，上二期為六三三年間。〔註147〕若以曾先生所作禪史的分期，那麼本論所考禪宗五家時代是為禪宗的興盛時代且在分派時期中。

5、聖嚴法師

聖嚴法師乃是當今佛教界中對禪學專研方面的大師，本在臺北農禪寺接任主持引渡學人，後又在臺灣金山建立了傳法道場，佛學重於禪學方面，並著有一系列的禪學專著。在《禪的體驗‧禪的開示》〔註148〕一書中對於禪五家的思想內文有精闢的分析，對於禪學史的分析他以四段分期。從初祖菩提達摩到中國開始迄於六祖惠能的這段時期稱為純禪時代（638～713）約一百九十年間。而從六祖惠能以下到唐末五代五家禪法成立指稱為禪機時期（714～959）五代最後一年，約有二百五十年間。之後的宋明時期（960～）至清代成了守舊稱為爛禪時期，最後以清代至民國稱為禪的復興時代。對於爛禪時期法師表示此時禪宗也開始參禪念佛了。

相對於禪機時期在爛禪時期法師表示：「參禪者多落於扮演而少實修實證，只知依樣畫葫蘆似地模仿著左喝右棒，豎拳舉佛，張口揚眉。往往是言超佛祖之見，行墮禽獸之下，所以真正的禪宗精神已不多見。因此到了南宋時代，便有公案禪與默照禪之爭議產生，乃是為了挽救時弊，而起的禪宗復興運動。」並對於臨濟義玄禪師有一段評文：「自幼聰穎，秉賦異常，以孝聞……臨濟宗旨，即是祖師用來降龍伏虎、應機接人、開爐鍛鍊學人的方法或手段的一些原則。各家宗師均各有各自的準則，所以稱為諸家的宗旨。後世的禪門，大都僅存門戶宗旨而少有實質的鍛鍊，所以各家祖師留下的宗旨，反而成了徒有其表的閒家具了。」諸家的宗旨為何，此正應和著本論的主要討論重點。而本論所關懷的唐末五代禪法，則就聖嚴法師所謂的「禪機時代」說為準則。

以上回顧西方禪學研究情形來看，打從日本學者鈴木大拙將東方禪學思想帶入了西方，從西方探險家斯坦因（Sir Mark Aurel Stein，1862～1943）與

〔註147〕曾普信：《中國禪學小史》，臺北：大乘文化出版社，1978 年 9 月（初版），頁 233。

〔註148〕聖嚴法師：《禪的體驗‧禪的開示》，臺北：法鼓文化出版社，2000 年 7 月 1 日（三版 6 刷）。

伯希和（Paul Pelliot，1878～1945）將中國敦煌寶貴資料給帶走後，引發中外學者從 1909 年開始致力於搜尋與研究的工作，始有「敦煌學」這一聞名中外的研究範疇，西方禪學又從柳田禪史角度反思鈴木帝國主義的禪觀。自從胡適在 1926～1927 年發現神會語錄與楞伽師資記等文獻後，則又引發日本學者的注意。鈴木大拙正是在胡適的批評下認識敦煌禪籍，並進而產生興趣，鈴木大拙雖然積極地研究敦煌禪籍，但第一個根據敦煌文獻完成禪宗史的卻是宇井伯壽。宇井伯壽利用當年《大正藏》收錄矢吹慶輝的禪籍，早一步出版《禪宗史研究》。敦煌禪籍與其他經典一樣，都有偽造的問題，天台僧侶關口眞大考證了幾篇題名菩提達摩論的寫本，釐清文獻的作者。這份批判的精神到了六十年代，由柳田聖山發揮的淋漓盡致，於《初期禪宗史書の研究》論述敦煌文獻中祖統說的起源與發展，並提出「西天二十八祖」的原型出自《法如行狀》。

又於 1969 年錢穆先生一場關於惠能大師的演講論文引發了台日兩地的禪學論戰，討論的焦點正是，當胡適提出《壇經》作者的質疑，此一論戰醞釀出印順法師的《中國禪宗史》。

歐美禪學從十六世紀的萌芽起，一路的發展啟發了禪學的反思。十九世紀期間禪學並有了批判性，從法裔美國學者伯藍特・佛爾（Bernard Faure），而有馬客瑞（John R.Mcrae），戴密微（Paul Demiéville，1984～1979）根據敦煌文獻的追蹤與研究呈現出不同以往禪學的一貫性思維。並從胡適開始敲響近代禪史文學的爭議，這時敦煌禪籍搜集與研究才開始興起。產生了以下具有代表性的著作依序有日本學者宇井伯壽《禪宗史研究》（1939）、鈴木大拙《禪思想史研究》（一）、（二）（1951、1968）、關口眞大《達摩大師の研究》（1957）、柳田聖山《初期禪宗史書の研究》（1966）及篠原壽雄、田中良昭共編《敦煌仏典と禪》（1980）。還有西方學者戴密微《吐蕃僧諍記》（1952），並有臺灣印順法師《中國禪宗史》（1971）。以上典籍成了近代研究禪宗史與禪學思想不能忽略的重要參考論著，對於作者研究禪宗思想都提供了很實質的訊息。並可看出東西方在不斷迴繞激盪出禪學研究者更輝煌的成果。

第二節　選題之義界與說明

上文曾在唐代禪僧、禪師與偈頌讚中舉出無住禪師的無憶、無念、莫妄以呼應惠能禪師的無念、無相、無住思想，舉從諗禪師的趙州茶以證馬祖道

一所倡平常心是道的思想。

　　馬祖道一大師所倡「不假修道坐禪」是從懷讓所示「禪非關坐臥」，以平常心是道、即心即佛，從此南宗禪不同於六祖的禪道只是當下之心，禪行主要以心行無念、無住的任心自運，到了馬祖道一的禪道更強調當下的一舉一動、一言一行去證悟佛性，這種禪法更平民化，也更具中國化，並開創了後世的禪機時代。此後約在唐代（700）至唐末（937）年中形成了五家是代表南宗禪的禪機時代特色。

　　禪機時代說的是從惠能入滅以後到五代末期（959）最後一年，大約 250年的期間，禪宗的大師輩出，由六祖的大弟子們，漸漸輾轉相傳，形成了有五家不同的風格宗派。此間禪師不談戒定慧三原則，而用棒打喝罵，因時因地制宜，端適機而用，以不同的活潑方式啓發學生。

一、禪僧詩的形式與特性

　　中國詩文學的特徵有一套標準稱爲「對仗」是中國詩的術語，也就是中國詩（《詩經》，儒家六經之一，今文學家將其列爲群經之首，是中國最早的詩文集。）的創作手法與修辭規則。「對」字在此做動詞，意謂著將兩兩一對的東西放在一起。「仗」字則來自古代儀式往往由兩人一組來舉行，有「儀仗」的「仗」意。對仗有時也稱爲對偶。對於禪僧詩的寫作時空背景，依唐代這種詩作的風氣，是否也間接著影響佛教禪師們的詩偈、頌、贊作品形式。

（一）中國詩歌形式

　　在中國初唐宮廷詩的寫作形式演化成對仗，可從上官儀所倡的上官體開始，中國詩歌的作法發展成了一套嚴格的對仗形式。因有上官儀歸納六朝以來詩歌中對仗方法，的「六對」、〔註149〕「八對」〔註150〕之說，詩作有了一定的規則典範。所謂六對、八對的修辭手法，這種修辭法非常細膩的將詩嚴

〔註149〕　〔唐〕上官儀曰：「詩有六對。一曰正名，天地、日月是也；二曰同類，花葉、草芽是也；三曰連珠，蕭蕭、赫赫是也；四曰雙聲，黃槐、綠柳是也；五曰疊韻，彷徨、放曠是也；六曰雙擬，春樹、秋池是也。」參考胡遂著：《佛教禪宗與唐代詩風之發展演變》，北京：中華書局，2007 年 4 月，頁 40。

〔註150〕　八對爲：「地名對：送酒東南去，迎琴西北來。異類對：風纖池間樹，蟲穿草上文。雙聲對：秋露香佳菊，春風馥麗蘭。疊韻對：放蕩千般意，遷延一介心。聯綿對：殘河若帶，初月若眉。雙擬對：議月眉欺月，論花頰勝花。回文對：情新因意得，意得逐情新。隔句對：相思復相憶，夜夜淚沾衣；空歎復空泣，朝朝君未歸。」同上註。

格化，成了所謂律詩的定型。因爲上官儀當時的地位名望以及其才華文藻皆優秀，並受當時皇帝的寵信，因此當時他的詩作品也成了詩人仿傚的法則，而有所謂上官體。這種對仗形式亦稱「對偶」或「儷詞」，即是將相似或相反之意思，用相同之字數和筆法從而構成華美之詞句。上官儀作〈高密長公主挽歌〉：「湘渚韜靈跡，娥臺靜瑞音。鳳逐清簫遠，鸞隨幽鏡沈。霜處華芙落，風前銀燭侵。寂寞平陽宅，月冷洞房深。」〔註151〕此爲五言律詩，當中的名詞「鳳」、「鸞」，動詞「逐」、「隨」，形容詞「清」、「幽」，動名詞「簫遠」、「鏡沈」，可說對偶相當工整，且詞美句雅。中國之漢文的特點爲方塊文字，並且一字一音，最適宜構成相對之詞句。從而詩的對仗形式，也成爲中國文學修詞方法的特色。

承襲中國文學詩的形式與講求對仗的風貌，詩、賦、詞、曲或四六駢文，在對仗形式上皆佔有非常重要的地位。劉勰《文心雕龍》〈儷辭篇〉開宗明義即言：「造化賦形，肢體必雙，神理爲用，事不孤立。夫心生文辭，運裁百慮，高下相須，自然成對」〔註152〕。說明詩作若以人體之四肢來形容對偶之相稱，當最爲準確不過。在其對仗之好處爲勻稱、平衡、圓滿及兼具映襯的效用。中國從唐朝發展的律詩作法中，講求「頷、頸」兩聯，在原則上必須要有對仗，此作法是爲避免詩作八句中語氣過於雷同。也說明律詩的發展中所形成的規律，原意就是強調詩作的美感。

（二）禪僧詩寫作背景與特性

相對禪僧詩的寫作時空背景，本不能與朝代風氣絕對的分離，依唐代這種詩作的風氣，當然也直接影響佛教禪宗禪師們的詩偈、頌、贊作品。若是以此作爲標準，從而可發現在禪宗詩偈、頌、贊作品中，不但發揮了禪意，並有了中國律詩的形式風格。以唐僧皎然有〈訪陸鴻漸不遇〉一首云：「移家雖帶郭，野徑入桑麻；近種籬邊菊，秋來未著花；到門無犬吠，欲去問西家；報道山中去，歸來每日斜」〔註153〕。此則是五言律的詩作。唐朝貫休有詩〈喜不思上人來〉云：「沃州那不住，一別許多時。幾度懷君夜，相逢出夢遲。瓶

〔註151〕〔清〕乾隆御定：《全唐詩》冊二，卷四十，臺北：中華書局出版，1985年，頁508。（下同則簡註書名頁碼）
〔註152〕〔梁〕劉勰著，羅立乾注譯：《新譯文心雕龍》，臺北：三民書局，2003年6月（二刷），頁544。（下同則簡註書名頁碼）
〔註153〕《全唐詩》卷八百三十一，頁29。

擔千丈瀑，偈是七言詩。若向羅浮去，伊餘亦願隨。」〔註154〕此則詩作不但可表明唐代僧人善作律詩，當中一句「偈是七言詩」，也說明佛教之「偈」與中國「詩」的相通性。

　　而禪僧，於佛教來說，本是專指修禪的比丘，在《三德指歸》卷一有言：「修心靜慮曰禪師」〔註155〕。但在中國，有兩種用法，一是君王對於比丘的褒賞，比如陳宣帝大建元年，尊崇南岳慧思和尚爲大禪師；又如唐中宗神龍二年，賜神秀和尚以大通禪師之諡號。另一則是後來的禪僧對於前輩稱爲禪師。到了後來，凡是禪門的比丘，只要略具名氣，均被稱爲禪師了。本論中之禪僧在時代乃以，中國禪宗從達摩東來傳法至六祖惠能以下開展出的五家禪宗祖師。本論藉明代郭擬之所編集《五家語錄》所載五家祖師所留作詩偈、頌、贊作品，定爲本論禪僧詩的義界。

　　佛教的禪師作詩又如何？從達摩東來傳法至五祖弘忍，時間歷經了一個世紀，在這時候禪宗開始了有很大的變化。那位轉化印度禪風爲中國禪風的禪師，就是五祖嗣法下的六祖惠能（638～713）大師。當惠能大師在五祖門下還是個碓房的踏碓學法人時，傳因以一首偈：

　　　菩提本無樹，明鏡亦非臺。

　　　本來無一物，何處惹塵埃。〔註156〕

因此揭開了中國禪宗的新氣象（南宗禪）。他主張自心是佛，一切萬物皆由自心生，心既能生萬法，萬法亦是一心所現。所以一切外在本無物可染，是爲自心清淨。既無塵埃亦無染汙，因此修禪只要指向本心即能頓悟成佛。這樣的禪風，也成爲南宗禪的特色。從六祖惠能大師，普潤法雨，法嗣下有南嶽懷讓禪師與青原行思。真如種子遇合從此開枝散葉，成就了南禪五家「我今說法，猶如時雨，普潤大地。汝等佛性，譬諸種子，遇茲霑洽，悉得發生。承吾旨者，決獲菩提。依吾行者，定證妙果。」〔註157〕而說偈曰：

　　　心地含諸種，普雨悉皆萌。

　　　頓悟華情已，菩提果自成。〔註158〕

惠能六祖的禪法強調道心本自清淨，無有諸相，所以不用觀靜及空其心，因

〔註154〕《全唐詩》卷八百三十一，頁11。

〔註155〕〔宋〕釋智圓述：《涅槃經疏三德指歸》，《卍新纂續藏經》第37冊，頁310b。

〔註156〕〔元〕宗寶編：《六祖大師法寶壇經》，《大正新脩大藏經》第48冊，頁349a。

〔註157〕《六祖大師法寶壇經》，頁361a。

〔註158〕同上，頁361b。

爲本來清淨，所以一切法無可取捨。這種禪法的傳承一直延續，至於其後發展的南禪五家。於景德間，吳僧道原集《傳燈錄》三十卷〔註159〕。自曹溪下列爲兩派一日南嶽讓，讓出馬大師。一日青原思，思出石頭遷。自兩派下又分五宗。（此段可參本論第 5 頁所附，禪宗五家法系表）。

　　從六祖惠能大師開始禪宗在唐朝後期迅速的傳播開來，於唐末五代時期開始發芽茁壯的五個禪流，即稱爲禪門五家。這五家就是上述的溈仰宗、臨濟宗、曹洞宗、雲門宗、法眼宗。五家雖然皆爲六祖惠能大師法脈所屬的南宗禪，但各家在演繹禪法的微妙處，所用的語言及因隨機的方便而激發出萬種風情的當各有其差異在。

　　對於五家的祖師，本論探討其詩、偈、頌、贊在唐律詩的規範下是否合律？在中國詩作的多元性，不但有律詩，還有古體詩、雜言詩等。以禪師的詩偈作品本當應是以闡釋禪機爲目的，對於《語錄》中的詩、偈、頌、贊，扮演者對禪理開發有著很重要的地位，它對禪機有著補強與提點作用。也就是說，在《語錄》中的詩、偈、頌、贊，它成爲了語錄中畫龍點睛的作用，用詩化的意象將繁瑣的語體文，化爲精簡巧妙的文字，這樣可使讀者不會過於執著於文字。詩偈既是《語錄》中畫龍點睛的作用，也只是以精簡的文字成詩句，來作爲禪理的補強。《五家語錄》既然是語錄體，爲避免解詩有錯謬，因此作者當亦難免在研究五家禪師之詩、偈、頌、贊前，對禪師的語錄要義先作分析，以呼應禪師的詩、偈、頌、贊作品眞諦，求其更爲精確地分析，來闡發其詩偈內在禪趣之神韻。

二、文學中頌、贊體裁釋義

　　中國「文體」一體，是一個涵蘊豐富的術語，他是指文章的體裁、體製或式樣。而「文體」與「文章」乃同步成長，文章作品出現得越多，文體種類則愈豐富多樣，從而產生文體分類的議題。中國文體論家從周秦漢開始有劉歆、班固等，魏晉南北朝有曹丕、摯虞、劉勰、蕭統等，唐有韓愈、司空圖、皎然等，宋有姚鉉、呂祖謙等，元明有吳訥、徐師曾等，清有沈德潛、姚鼐、曾國藩等〔註160〕。歷代文體論家對中國文學作品，留下了不少辨析與

〔註159〕〔宋〕道原纂：《景德傳燈錄》，高雄：佛光出版社，1994 年 12 月（初版），參閱目錄，頁 1～149。
〔註160〕金振邦：《文章體裁辭典》參閱於十一、文體論家，皆略舉。高雄：麗文文化事業，1995 年 9 月，頁 459～469。

分類，資料相當的豐富。若深入探討，至少還包括：「體類之體」（體裁、文類、體製）、「體性之體」（語勢）與「體貌之體」（風格）三個涵意。本文則採以「體類之體」追溯歷代相關著作所涉及文章體裁之「頌、贊」二文體來探討，並從文獻中追朔中國歷代學者對「頌、贊」文體所作釋名，以期相應本論所探究之禪詩、偈、頌、贊研究。

　　探索之源，首先以《詩經》「頌」體之涵意，《詩經》中有〈周頌〉31篇、〈魯頌〉4篇、〈商頌〉5篇，共40篇，合稱「三頌」。《詩經》乃是中國第一部詩歌總集，此中之頌詩最能代表「頌」文體的源頭，在本節論文中引以為首探。而梁劉勰《文心雕龍》堪稱中國古代最傑出的「文體論」，作者劉勰在《文心雕龍‧序志篇》提及四個討論文體的架構「原始以表末」（探論文體的源流與變遷）、「釋名以章意」（解釋各文體的命名及涵意）、「選文以定篇」（舉出各體文章的代表作家與作品）、「敷理以舉統」其內容中論及有「頌、贊」二文體〔註161〕。最後再以中國文章著作中探索「頌、贊」之義論。

　　中國文章體裁多樣分類各有異同。在此列舉文著中有「頌、贊」二體的大抵有西晉的摯虞《文章流別論》「文體」內容有「頌」文體〔註162〕。漢代司馬遷在《史記》一書有「史贊」文體〔註163〕。梁時昭明太子蕭統所輯《昭明文選》，是中國古代第一部按文體編纂的詩文總集，收錄三十八種文體，分別有「頌、贊、史述贊」文體〔註164〕。唐代以後有，宋代姚鉉〔註165〕《唐文粹》

〔註161〕《文心雕龍》論及「文體」內容有：詩、樂府、賦、頌、贊、祝、盟、銘、箴、誄、碑、哀、弔、雜文、諧、隱、史、傳、諸子、論、說、詔、策、檄、移、封禪、章、表、奏、啟、議、對、書、記等三十四種文章體裁。見《新譯文心雕龍》，頁19～20。

〔註162〕〔西晉〕摯虞：《文章流別志論》論及「文體」內容有頌、詩、七辭、賦、箴、銘、誄、哀辭、文、圖讖、碑銘等十一種文體。參見清‧嚴可均《全晉文》五七卷，所輯西晉‧摯虞《文章流別志論》，臺北：新文豐出版，頁807～808。

〔註163〕〔清〕顏可均：《全上古三代秦漢三國六朝文》序文：「史論，史述贊典。」，《續修四庫全書》據民國十九年影印清光緒二十年黃岡王氏科本影印原書版框一五〇毫米寬二一〇毫米，頁6。

〔註164〕〔梁〕昭明太子蕭統所輯《昭明文選》，是中國古代第一部按文體編纂的詩文總集。收錄三十八種文體，分別是：賦、詩、騷、七、詔、冊、令、教、策文、表、上書、啟、彈事、牋、奏記、書、移、檄、對問、設論、辭、序、頌、贊、符命、史論、史述贊、論、連珠、箴、銘、誄、哀、碑文、墓誌、行狀、弔文、祭文。唐‧李善注：《文選》，臺北：藝文印書管印行，2007年8月，頁4～20。

文類共分十六類〔註166〕，中有「頌、贊」二文體。還有呂祖謙〔註167〕編《宋文鑑》文體有五十二種〔註168〕，中有「頌、贊」文體。至明代吳訥〔註169〕《文章辨體》，是一部分體文選，共分四十九體編錄〔註170〕，每一文體，都附加〈序說〉，其《內集》五十卷，第四十三卷有「頌贊」體。最末清代嚴可均輯《全上古三代秦漢三國六朝文》序文中對文體總列有六十九類〔註171〕，其

〔註165〕姚鉉，字寶之（一作寶臣），廬州合肥（今安徽省合肥市）人。生於北宋乾德六年（968）。太平興國八年（983）中甲科進士。淳化五年（994）直史館。歷官京西轉運使、右正言、右司諫、河東轉運使、兩浙轉運使。在兩浙轉運使任上，與杭州太守薛映有隙，薛以事劾之，貶爲連州文學。大中祥府五年（1012），遇赦，先後任官於岳州、舒州，被授以舒州團練副使之職。卒於天禧四年（1020），年五十三。見張宏生譯注：《唐文粹》，臺北：錦繡出版事業股份有限公司，1992年12月，頁12。

〔註166〕參見張宏生譯注：《唐文粹》：「共分一六類，依次爲古賦、詩、頌、贊、表奏書疏、文、論、議、古文、碑、銘、記、箴誡銘、書、序、傳錄記事。」臺北：錦繡出版事業股份有限公司，1992年12月，頁20～21。

〔註167〕〔南宋〕呂祖謙編：《宋文鑑》齊治平前言：「呂祖謙（1137～1181），字伯恭，浙江金華人，學者稱東萊先生。……主張爲學要體用兼賅，而尤重在用，這正是浙東學派的特色。呂祖謙主張治經史以致用……」北京：中華書局，1992年3月，頁1～2。

〔註168〕〔南宋〕呂祖謙編：《宋文鑑》文體目有：賦、詩、騷、詔、勅、冊、御札、批答、制、誥、奏疏、表、牋、箴、銘、頌、贊、碑文、記、序、論、義、策、議、說、戒、制策、說書、經義、書、啓、策問、雜著、對問、移文、連珠、琴操、上梁文、書判、題跋、樂語、哀辭諫附、祭文、謚議、行狀、墓誌、墓表、神道碑表、神道碑銘、神道碑、傳、露布等。呂祖謙編，齊治平點校：《宋文鑑》，北京：中華書局，1992年3月，頁1～102。

〔註169〕〔明〕吳訥（生卒年不詳），字敏德，號思庵，常熟人，是明初賢臣。王直〈吳敏德象贊〉說他：「持敬愼之心，秉廉直之節。議論舉措，有前賢之遺風。」明成祖永樂（1403～1424）中，以醫學素養而受薦。仁宗方爲太子時，即聞其名聲，要他教導功臣子弟。仁宗洪熙元年（1425），吳訥擢任監察御史，官至右都御史，謚文恪。《明史》卷一四百，有傳。吳訥傳世的著作，以輯錄者居多；先後輯有《小學集解》、《文章辨體》等書。其中又以《文章辨體》的價值較高。《續修四庫全書》，《明史》卷一四六，上海：古籍出版社，頁580。

〔註170〕〔明〕吳納輯：《文章辨體》總目：古歌謠辭、賦、樂府、詩、諭告、璽書、批答、詔、冊、制、誥、制策、表、露布、論諫、奏疏、議、彈文、檄、書、記、序、論；說、解、辨、原、戒、題跋、雜著、箴、銘、頌贊、七體、問對、傳、行狀、謚法、謚議、碑、墓碑、墓碣、墓表、墓誌、墓記、埋銘、誄辭、哀辭、祭文等四十九類文體，頁144。

〔註171〕〔清〕顏可均《全上古三代秦漢三國六朝文》序文中對文體分類目有六十九類：「賦、騷、制、誥、詔、敕、璽書、下書、賜書、冊、策命、策問、令、

中有「頌、贊」體。

　　而辨明文章體裁之說，本文考，明代徐師曾〔註172〕《文體明辨》在文章體裁方面，作深入探討。尤其《文章辨體》、《文體明辨》兩書所附〈序說〉，堪稱集古代文體論之大成。最後以唐古文大家韓愈之作〈子產不毀鄉校頌〉、〈伯夷頌〉、〈高君畫贊〉代表本文所析論「頌、贊」體作相輝映。

（一）文學釋「頌」名義

　　依中國第一部詩歌總集《詩經》，以此為首來探「頌」文體的源頭。續而探討，梁代劉勰《文心雕龍》對「頌」體之說，對於「頌」體，在中國文章中的用法如何？並考中國文學家對「頌」體說。對於晉時摯虞《文章流別論》、元時阮元《揅經室集》得些消息，至唐韓愈文章中《伯夷頌》以證「頌」之變體文。

1、《詩經》「頌」文體說

　　根據《詩經》「頌者宗廟之樂歌。」〔註173〕所組成的部分，包括〈周頌〉、〈魯頌〉、〈商頌〉，合稱「三頌」。〈周頌〉大部分是西周初年周王朝的祭祀樂章，也有追至昭王時的作品。〈魯頌〉是春秋時期魯國的頌歌。〈商頌〉是春秋時期宋人追述祖業（宋為殷商後裔）之作。對於「頌」的解釋最早見於《詩·大序》：「頌者，美盛德之形容，以其成功告於神明者也。」〔註174〕表示頌揚

教、誓、盟文、對策、對詔、章、表、封事、疏、上書、上言、奏、議、駁、檄、移、符、牒、判、啟、牋、奏記、書、答、對問、設論、設、難、釋難、辨、考、七、記、序、頌、贊、連珠、箴、銘、誡、敘傳、別傳、約、券、誄、哀冊、哀辭、墓誌銘、碑、靈表、行狀、弔文、祭文、祝文、題後、雜著。」《續修四庫全書》據民國十九年影印清光緒二十年黃岡王氏科本影印原書，頁6。

〔註172〕徐師曾，字伯魯，吳江人。明世宗嘉靖三十二年（1553）進士，曾任庶吉士、兵科給事中、左給事中，穆宗隆慶中致仕。據明·王世懋〈徐魯庵先生墓表〉所載推測，其生活年代約當明世宗嘉靖二十五年至明神宗萬曆三十八年間。徐師曾著述甚富，著有《周易演義》、《禮記集注》、《正蒙章句》、《世統紀年》、《湖上集》。所纂集之作，有《文體明辨》、《詠物詩編》、《臨川文粹》、《大明文鈔》、《宦學見聞》、《六科仕籍》、《吳江縣志》、《小學史斷》、《經絡全書》，共數百卷行於世。〔清〕黃宗羲編：《明文海》，臺北：臺灣商務印書館，1988年2月，《景印文淵閣四庫全書》，第1458冊，卷437，頁15～17。

〔註173〕〔漢〕鄭元（箋）、〔唐〕孔穎達等（正義）：《詩經正義》，臺北：藝文印書館《十三經注疏》，1982年，頁703。（以下重出簡註《毛詩傳箋》頁數）。

〔註174〕〔宋〕朱熹集註：《詩經集註》，臺北：萬卷樓發行，1996年，頁34。（以下重出簡註《詩經集註》頁數）

美德或成功後祭告於神明。

　　孔穎達疏《毛詩周頌》:「頌之言容,歌成功之容狀也。」又言:「頌者述盛德之容至美之名。」又言:「頌者之下省略了容也二字」〔註175〕。根據朱熹《詩經集註》:「蓋頌與容古字通用。」〔註176〕據清代阮元〔註177〕《揅經室集‧釋頌》的解釋:「容,的意思是舞容,『美盛德之形容』,是贊美『盛德』的舞蹈動作。」〔註178〕如《周頌‧維清》是祭祀文王的樂歌,《小序》說:「奏象舞也。」鄭玄《毛詩傳箋》說:「象舞,象用兵時刺伐之舞。」〔註179〕是把周文王用兵征討刺伐時的情節、動作,用舞蹈的形式表現出來,這也可以證明祭祀宗廟時不僅有歌,而且有舞,「載歌載舞」可以說是宗廟樂歌的特點。

　　綜上可說明「頌」主要是周王和諸侯用於祭祀或其他重大典禮的樂歌,其內容多以宣揚天命,贊頌祖先的功德。如〈周頌〉中的大武舞曲就是頌揚周文王、周武王、周公、召功績的頌歌舞曲〔註180〕。

　　2、《文心雕龍》「頌」文體說

　　《文心雕龍》堪稱中國古代最傑出的「文體論」,作者劉勰〔註181〕在《文心雕龍‧序志篇》提及四個討論文體的架構「原始以表末」(探論文體的源流與變遷)、「釋名以章義」(解釋各文體的命名及意義)、「選文以定篇」(舉出各體文章的代表作家與作品)、「敷理以舉統」(闡述各體文章的作法與特徵)。自此,論文體之方法,無出其右〔註182〕。以至於今我輩等探討中國文章體裁非涉獵不可。

〔註175〕同上註。

〔註176〕《詩經集註》,頁 175。

〔註177〕〔清〕阮元,字伯元,號雲台,生於乾隆二十九年(1764),頁 15。

〔註178〕〔清〕阮元著,王雲五主編:《揅經室集‧釋頌》,臺北:臺灣商務印書館印行,頁 15。

〔註179〕《毛詩傳箋》,頁 709。

〔註180〕《毛詩傳箋》:「武奏大武也。於皇武王,無競維烈。允文文王,克開厥後。嗣武受之,勝殷遏劉,耆定爾功。」頁 737。

〔註181〕《新譯文心雕龍》:「劉勰,字彥和,原籍東莞郡莒縣(今山東莒縣);西晉末年永嘉之亂,他的祖先避難南遷,世代居住在京口(今江蘇省鎮江縣)。他的生卒年代,《梁書》和《南史》都沒有確切記載,范文瀾《文心雕龍注》中依據一些史料推斷為:大約生於宋明帝泰始元年(西元 465 年)前後,卒於梁武帝普通元、二年(西元 520~521 年)間,一生跨越宋、齊、梁三個朝代,頁 2。

〔註182〕《新譯文心雕龍》,頁 140。

「頌」之類別《文心雕龍・頌贊》篇，其文首開就說明「頌」原乃是《詩經》中之「風、小雅、大雅、頌」此四種至理之一，並說明「頌」在此四種至理之中為最極至之理。

> 四始之至，頌居其極。頌者，容也，所以美盛德而述形容也。〔註183〕

文中說明了「頌」體是用來描述形貌儀容，用來讚美有大功大德的，文體是用以描述形貌儀容的。並強調，描述形態儀容並用來祭祀祖先的詩，才能稱為「頌」。夫化偃一國謂之風，風正四方謂之雅，容告神明謂之頌〔註184〕。頌主告神義必純美。而列舉〈魯頌〉開始於因魯國之周公旦的功勳才按次序編成的〔註185〕。後來「頌」體，發展成用於人事，在春秋晉國人民用「原田每每」用以讚美晉軍。屈原之〈橘頌〉是寄托情意，自秦始皇的石刻讚嘆自己的功德。從上之引文中列出時代各家的「頌」之作品，他們都是用來讚美功德，顯發儀容，且在法則規範都是一樣的。

經考《文心雕龍・頌贊》對「頌」體裁，可以了解「頌」的本義是形貌儀容，說明乃是通過描述形貌儀容，目的是用來祭祀讚美有大功大德的先祖。也就是「頌」之義，原是用來讚頌，有功於後代的先祖宗親的一種樂舞歌辭。雖後來發展成「褒德顯容」的一種文章體，劉勰認為那是不合實際的議論，主張此體應只有讚美。

對於「頌」體，在中國文章中的用法，劉勰於《文心雕龍・頌讚》所明「頌」體之用法，指出：

> 原夫頌惟典雅，辭必清鑠，敷寫似賦，而不入華侈之區；敬慎如銘，
>
> 而異乎規戒之域；揄揚以發藻，汪洋以樹義，唯纖曲巧致，情而變，
>
> 其大體所底，如斯而已。〔註186〕

對於「頌」體之寫作用法指出，內容一定要典雅，文辭一定要明麗，描述雖近似賦，但絕非像賦一般的華麗。他的嚴謹雖像似銘體，但絕非是規勸的文體範圍。稱讚的語言材料是乃廣泛引用之，以符合內容大義。文采纖細巧妙，

〔註183〕〔梁〕劉勰撰：《文心雕龍》景印，《文淵閣四庫全書》第1478冊，臺北：臺灣商務印書館，1983年6月，頁14。（以下重出者簡註書名《文心雕龍》頁碼）

〔註184〕《文心雕龍》，頁140。

〔註185〕《文心雕龍》：「至於秦政刻文，爰頌其德。漢之惠景，亦有述容，沿世並作，相繼於時矣。若夫子雲之表充國，孟堅之序戴侯，武仲之美顯宗，史岑之述熹，或擬清廟，或範駉那，雖淺深不同，詳略各異，其德顯容，典章一也。」頁14。

〔註186〕《文心雕龍》，頁14。

都是符合「頌」體的寫作要求的。

3、歷代學者「頌」體說

中國文章體材論及「頌」體的，除了《文心雕龍》外，還有各家之說。大意說明「頌」文體乃是歌頌有功之王，並告於鬼神之說。《元文類》序文中，對於文章的辨體有云：「物有體，體以生義，以寓勸戒褒述箴銘頌贊」〔註187〕。此說「頌」之義卻和上文之說有所差異。「頌」之本義，可以從元·阮元著：《揅經室集》得些消息：

> 詩分風雅頌，頌之訓爲美盛德者，餘義也。頌之訓爲形容者，本義
> 也。且頌字即容字也〔註188〕。

此說「頌」的本義，乃爲形容貌。而後用以頌美盛德，像《詩經》中「頌」類，是爲延申義之說。明代吳訥《文章辨體》論及「頌」文體內容，認爲「頌」之名是出於詩〔註189〕。他認爲《詩經》商頌爲頌之正體是爲源流。明代賀復徵對吳訥所言，作解「按後世所作諸頌皆變體也，其體不一，有謠體，有賦體，有騷體，有箴銘體，有散文體，不能各分或注題下一二使讀者自別云」〔註190〕，此所謂變體是多種的。而明代徐師曾《文體明辨》論及「頌」文體內容，後世所作，皆是朔源於詩經六義而爲變體的，其詞或用散文或用韻語二種。這種說法乃回歸《詩經》以〈周頌〉爲正體，而《魯頌》等篇爲變體。至於後世所作散文式的「頌」體，有用韻的及不用韻的都是變體。甚麼是「頌」之變體，韓愈文章中《伯夷頌》〔註191〕雖是以頌爲篇名，但亦有認爲此篇名爲頌而實非頌者。作者認爲此亦是頌美盛德文章，其內容稱道伯

〔註187〕〔元〕蘇天爵編：《元文類》第 1367 冊，《景印文淵閣四庫全書》集部三〇六總集類，臺北：臺灣商務印書館，1988 年 2 月，頁 3。

〔註188〕〔清〕阮元著，王雲五主編：《揅經室集》對上文的解釋，有云：「頌，正字。容，假借字。詩譜：頌字言容。釋名：頌，容也；並以假借字釋正字。説文：容訓盛，與頌字義別，後人專以送爲歌功頌德字，而頌之本義失矣。」臺北：臺灣商務印書館，頁 15。

〔註189〕〔明〕吳納，賀復徵編：《文章辨體》：「詩大序曰：詩有六義，六曰頌。頌者，美盛德之形容，以告神明者也。嘗考莊子天運篇，稱黃帝章咸池之樂焱氏爲頌。斯蓋寓言爾。故頌之名寔出於詩，若商之那，周之清廟諸什皆以告神爲頌體之正。至如魯頌之駉閟等篇，則當時用以祝頌僖公爲頌之變。故先儒胡氏有曰後世文人獻頌特效魯頌而已。」臺北：臺灣商務印書館，1983 年 6 月，頁 587。（下同則簡註書名及頁碼）

〔註190〕《文章辨體》，頁 588。

〔註191〕《文章辨體》，頁 2741。

夷與叔齊互讓王位的美德。在司馬遷〈伯夷列傳〉：「孔子曰：『伯夷、叔齊，不念舊惡，怨是用希。』『求仁得仁，又何怨乎？』余悲伯夷之意，睹軼詩可異焉。」〔註192〕以〈伯夷列傳〉所言，則韓愈文章中《伯夷頌》亦爲頌揚伯夷美德也，此則即是「頌」之變體也。

　　綜上本文考中國文獻及歷代諸家對「頌」一文體所作的歸納應有字義及作用兩點。（一）字義上有兩點，（1）名詞：形聲、容貌、《詩經》六藝之一、占兆之詞、文體之一（歌功頌德），（2）動詞：歌頌、祝頌、朗讀。（二）作用上有四點，（1）贊揚的歌詞，用來祝頌的歌詞。（2）頌揚祖國的文章歌詞，頌揚戰功，表彰功績。（3）古代祭典所用的舞曲。（4）有用韻與不用韻。

（二）文學釋「贊」名義

　　文章體裁「贊」類別，有附於史傳後的評論稱爲「論贊」。也有爲稱美之辭，爲議論之文稱爲「贊論」。而論贊之一又稱爲「述贊」。若是記人生平簡歷後的贊語則稱爲「序贊」。在此文中所要探討的是與「頌」體有關的「贊」體。以《文心雕龍・頌贊》爲主，再以明代吳訥《文章辨體》及徐師曾《文體明辨》論及「贊」文體內容相輔，作爲此文對「贊」文體裁的探析。

1、《文心雕龍》「贊」體說

（1）《文心雕龍》「贊」類別

　　以《文心雕龍・頌贊》對「贊」體類與「頌」體合爲一章，對此明顯可知此二體類別相近。但爲清楚探討「贊」體說，本文還是獨立分節以明其文體之作用。「頌、贊」之分別，劉勰云：

　　　　贊者，明也，助也。昔虞舜之祀，樂正重讚，蓋唱發之辭也。及益
　　　　讚於禹，伊陟讚於巫咸，並颺言以明事，嗟歎以助辭也。〔註193〕

這裡是劉勰爲恐後學者有所誤會，所以特別對「贊」字下了明確的定義。文中說明「贊」與「頌」兩字以何爲明？何爲助？彭慶環對此問題有注述：「紀傳之事有未備，則於贊中備之，此助之義也。褒貶之事有未盡，則於贊中盡之，此明之義也。」〔註194〕這說明此體於史傳中最後的「贊曰」，是備助之義；對於褒貶未盡者則有剖析明白之義。

〔註192〕楊鴻銘：《歷代古文析評》，臺北：文史哲出版社，1992年3月，頁79。
〔註193〕《文心雕龍》，頁14。
〔註194〕〔梁〕劉勰著，彭慶環注述：《文心雕龍》，臺北：華星出版社1971年11月（再版），頁88。（以下同則簡註，彭慶環注述：《文心雕龍》頁碼）

劉勰又舉了史書說明「相如屬筆，始贊荊軻」〔註195〕是對於「贊」體的
解釋。舉《漢書・藝文志》司馬相如寫作，論戰國荊軻為刺客，是為燕國太
子丹去刺殺秦王政的，事未成，後被處死；司馬相如之〈荊軻論〉，此文中則
有讚美荊軻的讚詞。在李詳黃注補正「漢書藝文志雜家有荊軻傳五篇，班固
自注：『軻為燕刺秦王不成兒死，司馬相如等論之』。又在文章緣起，又言：
『司馬相如荊軻贊，世已不傳。厥後班孟堅漢史以論為贊，至宋范曄，更以
韻語』」〔註196〕。這裡對「贊」體之說，則是為讚美之意「遷史固書，脫讚褒
貶」〔註197〕史記在記傳之後，皆有「太史公曰」這是作者自己最後對文章的
評語，而漢書每篇最後則有「贊曰」此贊有明、助二義，是記傳中事未詳備
的，則在此贊中詳備之，這也就是助的意義。說明史記中褒貶的有未詳備的，
則在贊中詳備盡善之，這就是明的意義。如《文心雕龍》中每篇文後皆有評
語，則稱「贊曰」。

> 而仲洽流別，謬稱為述，失之遠矣。及景純注雅，動植必讚，義兼
> 美惡，亦猶頌之變耳。〔註198〕

《漢書・敘傳》顏師古注云：「自『皇矣漢祖』以下諸敘，皆班固自論撰《漢
書》意，此亦依仿《史記》之敘木耳，史遷則云，為某事作某本紀，某列傳，
班固謙不言，然而改言述，蓋避作者之謂聖，而取述者之謂明也。但後之學
者，不曉此為《漢書》敘目，見有述字，因謂此文追述《漢書》之事，乃呼
為《漢書述》，失之遠矣，摯虞尚有此惑，其餘曷足怪忽？」〔註199〕由此段文
敘述，可以清楚所謂「贊」其定義，並非絕對是讚美而已，以漢書為例，「贊
曰」則它還有貶義，所以依此為明，則「贊」有褒貶兩義。

（2）《文心雕龍》「贊」用法之說

對於「贊」的用法，劉勰《文心雕龍・頌贊》篇，的最後幾行文字，可
以用來探討得之。

> 然本其為義，事生獎歎，所以古來篇體，促而不廣。必結言於四字之
> 句，盤桓乎數韻之辭，約舉以盡情，昭灼以送文，此其體也。〔註200〕

〔註195〕《文心雕龍》，頁14。
〔註196〕彭慶環注述：《文心雕龍》，頁88。
〔註197〕《文心雕龍》，頁14。
〔註198〕《文心雕龍》，頁14。
〔註199〕彭慶環注述：《文心雕龍》，頁88～89。
〔註200〕《文心雕龍》，頁15。

若追朔「贊」體作爲文章體裁本義，本由於褒貶讚嘆來的。所以自古以來「贊」
體篇幅都短小。用法大致以四字爲句，有用韻及不用韻的。且環繞在十多句
中，內容都是簡易扼要，明白的闡述文意「發源雖遠，而致用蓋寡」〔註201〕，
這即是「贊」的體裁。此中表明「頌」有稱頌功德的義，而「贊」則無。有
時雖頌贊同用，但在細分之後又有不同，如同在上面引文有「贊者，明也，
助也。」在劉勰文中指出，用明與助來訓其義是爲求分別。而若頌贊同義則
如贊揚國主或功臣用頌贊，又言「至於陸士衡的高祖功臣頌、與三國名臣贊
同體，郭景純的山海經圖讚、與江文通閩中草木頌同體，可知頌贊也有通用
之處。」〔註202〕此中可證「頌」與「贊」有時同義有時又別義，則端看出於
何處則用法有別有同。

　　2、歷代學者「贊」體說

　　中國歷代學者談文章體制者，有論及「贊」體的有許多，此文只列舉明、
清。明代吳訥《文章辨體》論及「贊」文體內容，其云：

> 案贊者，贊美之詞。文章緣起，曰：漢司馬相如作荊軻贊世，已不
> 傳。厥後，班孟堅漢史以論爲贊。至宋，范曄更以韻語。唐建中
> 試進士以箴論表贊代詩賦，而無頌題。迨後復置博學宏詞科，則贊
> 頌二題皆出矣。西山云：贊頌體式相似，貴乎瞻麗宏肆，而有雍容
> 俯仰頓挫起伏之態，乃爲佳作。大抵贊有二體，若作散文，當祖班
> 氏史評，若作韻語，當宗東方朔畫像贊。金樓子有云：班固碩學尚
> 云贊頌相似，詎不信然。〔註203〕

吳訥以爲「贊」爲贊美之詞，指出漢代司馬相如作〈荊軻贊〉就是褒美的讚
嘆詞，雖然其作失傳，但後人依循司馬相如爲「贊」文體之祖，而著作相當
多。到唐時用以試士，則其爲世人所尚久矣。「雜贊」是贊文章或贊畫者，如
韓愈有〈高君畫贊〉。「衣贊」是哀述王者之德。「史贊」如《史記》每篇後皆
附有述贊，這種詞則含有褒貶。依此說「贊」作爲文體，其中以盛讚美德爲
主，不管人或物，是要爲其述明如擬事物一般使人見之清楚。試舉唐古文大
家，韓愈〈高君畫讚〉爲例：

〔註201〕《文心雕龍》，頁15。
〔註202〕彭慶環注述：《文心雕龍》，頁91。
〔註203〕〔明〕吳納著，賀復徵編：《文章辨體》景印，《文淵閣四庫全書》第 1407
　　　　冊，臺北：臺灣商務印書館，1983年6月，頁652。

君子溫閑，骨氣委和。迹不拒物，心不揚波。澄源卷璞，含白瑳瑳。

遺紙一張，德音不忘。」〔註204〕

此文是爲了讚美而作。舉世混濁，何不隨其流而揚其波，此意中多有褒其德如美玉般鮮白不雜染，爲此而讚揚其德。

綜上本文考文獻及歷代諸家對「贊」一文體所作的歸納應有幾點。(1)贊有明、助二義，是輔助的意義（史記中褒貶的未詳備）。(2)頌、贊連用者（贊揚國主或功臣）。(3)是贊美辭。(4)作法瞻麗宏肆。(5)有用韻與不用韻者。

本節從歷代文章所考，對於「頌」文體所釋名義之說，頌之言容，歌成功之容狀也、歌頌天子矣、頌者述盛德之容至美之名、頌秦功德、用之以告神明。以上這幾點中可結出「頌」大致是用於褒揚美德，歌功頌德用，應以四字爲句，用韻才符合「頌」文體的文章用法。而韓愈〈伯夷頌〉乃以散文代替一般頌文體，亦不講究用韻，這是後來「頌」之變體〔註205〕。對於「贊」在文體所釋名義之說。有贊美之詞、有褒貶不一的，則可清楚「贊」非完全用於讚美之詞，就像史書中的「贊曰」則是論述前文中未盡詳之詞，就稱爲「述贊」。所以「頌、贊」文體，有些文體論家把兩類合併一起〔註206〕，有些又分開，可見兩類不盡相同。

綜上對於頌贊二文體的統結，頌贊二類文學與箴銘很類似，都是有韻之文體。但是箴銘多半參有規戒的意味〔註207〕，而頌贊則意取揄揚（功德），

〔註204〕 屈守元，常思春主編《韓愈全集校注》，成都：四川大學出版社，1996 年，頁 2780。

〔註205〕 〈韓愈頌贊、哀祭類變體研探〉：「箴銘、頌贊、賦辭、哀祭等類是比較不屬於古文體類，……我們要注意的是，以古文形式表出的文章」見第八章，頁 1。王基倫認爲：「這些體類成型較早，已有規定的「韻文」規格；……韓愈對此現象的作法有二：（一）或盡量避免不作。（二）或嘗試以古文形式表出。例如〈伯夷頌〉、〈祭十二郎文〉、〈歐陽生哀辭〉皆以散語寫出，遂爲千古絕唱。」頁 81。

〔註206〕 〔日〕佐藤一郎：《中國文章論》：「姚鼐十三類中，包含了以辭、賦爲首的昭令、箴銘：哀祭、頌贊那樣的屬于韻文的體裁，……」上海：上海古籍出版社，1988 年 5 月，頁 29～30。

〔註207〕 褚斌杰《中國古代文體概論》箴銘文：「古人有箴文、戒文、規文一類文章，其內容均屬規勸、告戒的性質，後世一般統稱之爲箴體。箴，這一名稱，是由古代用針石治病轉借來的（古代針用竹制，後用金屬，故『箴』即古『針』字，但作爲文體的名稱，向來只用『箴』字）。所以劉勰《文心雕龍‧銘箴》篇說：「箴者，諫誨之詞，若鍼（『針』的異體字）之療疾，故明箴」，北京：北京大學出版社，1997 年 12 月，頁 416。

實則都屬於古詩之一流。另有將此體和箴銘併入詞賦類中，就是因爲他們都
屬於「有韻」之文，而頌之源就是「詩」，贊之源就是「評述」一爲頌揚功
德，一爲評述，歸結此二點說法，亦可清楚頌贊二文體，在文學中的體裁使
用功能。

三、佛教經籍中偈、頌、贊釋義

本論主旨並非是，以探討「偈、頌、贊」字義爲主軸，但因本論所採取
資料範疇，爲《五家語錄》的資料，並著重於唐末五代南禪五家開創祖師，
禪師所留下的「偈、頌、贊」作品，於《五家語錄》中所載之「偈、頌、贊」
詩。因而在進入主題前，爲期清楚了解論文所涉及「偈、頌、贊」於佛家經
典的定義，則需對「偈、頌、贊」字義，略考其源說。對於佛教經籍的詩偈
作品一般性皆以「偈頌」一詞含蘊其中，爲此以下且以佛教「偈、頌」語種
類及「偈、頌」語用法爲探，考自原典籍中的理論。

（一）佛教經籍「偈、頌」語類別

「偈」是梵音（gatha）〔註208〕之音寫，譯成中文爲歌、詩句。亦是「讚
歌」，是在佛教經典中詩句的部分之一〔註209〕，或是「頌文」是佛教經文中的
長行〔註210〕。在佛教經典中有韻律的一種，其中有名爲「句、頌、諷頌、
攝、記名經」等詞。最常出現在佛教典籍中是「四句偈」，是佛經中歌詠佛教
法義的一種方式〔註211〕，又可名爲正經、歌詠、記說、偈他，或譯爲伽他、
迦陀、伽陀、偈、詩偈。此中「伽陀」之名亦是佛教經典中所說的十二部經
名之一〔註212〕，也就是「偈頌」辭。而「四句頌」說的是歌頌句，說偈句音

〔註208〕林光明、林怡馨合編：《梵漢大詞典》，臺北：嘉豐出版社，2005 年 4 月（初
版），頁 452。

〔註209〕〔元魏〕慧覺等譯：《賢愚經》「爾時太子，素多伎能，歌頌文辭，極善巧妙；
即於陌宕，激聲歌頌，彈琴以和，音甚清雅。」《大正新脩大藏經》第 04 冊，
頁 410a。

〔註210〕〔唐〕釋遁倫集撰：《瑜伽論記》「次長行屬當頌文。」《大正新脩大藏經》第
42 冊，頁 378b。

〔註211〕東晉罽賓三藏瞿曇僧伽提婆譯：《中阿含經》卷第四十五：「世尊告曰：比丘，
我所說甚多，謂正經、歌詠、記說、偈他、因緣、撰錄、本起、此說、生處、
廣解、未曾有法及說義。比丘，若有族姓子，我所說四句偈，知義知法，趣
法向法，趣順梵行，比丘，說多聞比丘無復過是。比丘，如是多聞比丘，如
來如是施設多聞比丘。」《大正新脩大藏經》第 01 冊，頁 709b。

〔註212〕〔宋〕求那跋陀羅譯：《雜阿含經》卷第四十一：「佛告二比丘：汝等持我所

是以偈音韻發辭。如《大般若波羅蜜經》經中所說的「四句頌」，頌文是「如星翳燈幻，露泡夢電雲。於一切有爲，應作如是觀」〔註213〕《大寶積經》佛說梵天王，諦樂道法，於臥夢中聽聞是四句頌，而無放逸，當時以偈歡頌曰：「快哉安上樂，得法藏無盡。當充滿眾生，諸貧天人民。」〔註214〕取其這一則，佛教經典中出現的四句頌出處很多，類繁不及備載。

　　「偈」本是梵語所翻義，隋代吉藏〔註215〕《法華義疏》對此說曾有舉《涅槃經》云：「四句爲偈，是名句世，句世者，世間流布以四句爲偈也。句世有二種，一、伽陀，謂孤起偈亦名不等頌。二、路伽，謂頌長行偈。有人言外國稱祇夜或名偈夜，今略彼夜字，直稱爲偈，此間翻爲句也、頌也。有人言偈是此間語，以其明義竭盡故稱爲偈也。」〔註216〕在《仁王護國般若經疏》卷第四，天台智者大師說：

　　　　偈者，竭也。攝義竭盡，故名爲偈。句有三四五七等差別。〔註217〕

佛教經典中的「偈」就是要用來闡明經義的，他有不等的句數用法。而對於「偈」之字數多寡爲類，之準則吉藏又有云：「一、首盧偈，凡三十二字，蓋是外國數經之法，數經之法者，莫問長行與偈，但具三十二字便名一首盧也。二、結句偈，要以四句備足，然後爲偈，莫問四言，乃至七言，必須四句。」〔註218〕

　　　　說修多羅、祇夜、受記、伽陀、優陀那、尼陀那、阿波陀那、伊帝目多伽、闍多伽、毘富羅、阿浮多達摩、優波提舍等法。而共靜論，各言，汝來試共論議，誰多誰勝耶。」《大正新脩大藏經》第 02 冊，頁 300c。

〔註213〕〔唐〕玄奘譯：《大般若波羅蜜多經》卷第五百七十六：「有善男子善女人等，於此般若波羅蜜多，乃至受持一四句頌，爲他開示無開示想，是善男子善女人等，所獲福聚甚多於前。爾時世尊，而說頌曰：『如星翳燈幻，露泡夢電雲。於一切有爲，應作如是觀。』」《大正新脩大藏經》第 07 冊，頁 979b。

〔註214〕〔西晉〕竺法護譯：《大寶積經》卷第十四：「佛自憶念，梵天王，過去曾生爲王太子，名曰意行，生於王家，以是見教，諦樂道法，時臥夢中聞是四句頌，本行放逸無脫路，以眾生故，志於道心在山空閑隨順念，無所貪受本悉安。佛語梵天，彼時聞是頌教，從夢中覺，思惟了了，惟是忻然大悅，心中解暢，即時以偈而歡頌曰：『快哉安上樂，得法藏無盡。當充滿眾生，諸貧天人民。』」《大正新脩大藏經》第 11 冊，頁 80a。

〔註215〕吉藏法師爲陳隋時代（549～623）（六世紀末至七世紀初）三論學統的代表人物。

〔註216〕〔隋〕吉藏撰：《法華義疏》，《大正新脩大藏經》第 34 冊，頁 472b。

〔註217〕〔隋〕智者大師說，灌頂記：《仁王護國般若經疏》卷第四，《大正新脩大藏經》第 33 冊，頁 273a。

〔註218〕《法華義疏》，頁 472b。

　　對於「偈」字類別綜合上文所考，則有「四句偈」、「句世」、「伽陀（孤起偈）」、「路伽（長行偈）」、「祇夜」、「偈夜」、「讚歌」、「偈頌」、「四句頌」等類名。依此類明，佛教經典中之「偈」則爲「頌」，而「偈、頌」等同「讚歌」文；也就是說「偈、頌、贊」之語類功能是相同的。而「偈」之字數，則有三十二字，且必以四句爲準則，此四句中或四言、七言皆可以爲偈。

（二）佛教經籍「偈、頌」語用法

　　「偈」在於佛教經律論三藏中的使用相當多，種類略分應有兩種「孤起偈（gatha）與重頌偈（geya）」。「孤起偈」由四句組成的偈誦，不依長行直接作偈頌之句的經文；也就是表示在偈文之前的散文處並未提及。「重頌偈」，是在散文後以韻文複述散文內容的〔註219〕。亦有在散文前出現的，他的功能都是爲輔助明白經義加深認知的。吉藏還有一則問答自云：「何故諸經，有長行與偈？」〔註220〕而答其義是「長行與偈，略明十體五例。」〔註221〕所言十體者爲何，舉龍樹十地毘婆沙云：

> 一者，隨國法不同，如震旦有序銘之文，天竺有散華貫華之說也。
> 二者，好樂爲異，彼論云：或有樂長行，或有樂偈頌，或有樂雜說，莊嚴章句者。所好各不同，我隨而不捨。三者，取悟非一，或有聞長行不了，聞偈便悟。或各聞俱迷，或合聞方解，故雙明之。四者，示根有利鈍，利根之人一聞即悟，鈍根不了，再說方解。五者，欲表諸佛尊重正法，懇懃之至，一言之中而覆再說也。六者，使後人於經生信，尋長行不解，或恐經謬，見後偈同前方知自惑。七者，欲易奪言辭，轉勢說法：其猶將息病人，故迴變食味也。八者，示義味無量故，長行已明其一，而偈頌復顯其二。九者，表至人內有無礙之智，外有無方之說故，能卷舒自在，散束適緣也。十者，明眾集前後，故有長行與偈。〔註222〕

文義是說明，偈與長行是互相輔助明白經義的。如「重頌偈」因讀經人的納受習慣方法不同，可能有因閱讀長行而不能了解經義的，那麼偈頌的簡潔卻

〔註219〕〔唐〕窺基撰：《妙法蓮華經玄贊》：「贊曰：下第三段雙申兩意發問先因，有二，初長行後重頌。」《大正新脩大藏經》第34冊，頁683c。
〔註220〕〔隋〕吉藏撰：《法華義疏》，《大正新脩大藏經》第34冊，頁472a。
〔註221〕《法華義疏》，頁472a。
〔註222〕《法華義疏》，頁472a。

可以幫助簡化經義，縮短繁雜散文使其易明經義。而若是先起「孤起偈」不能清楚經義，則偈後面的長行，卻可以更白話的說清楚經義。

但此處有一點須明白，即是「長行」並非一定比「偈、頌」文長，換句話說「偈、頌」絕非短於「長文」的。他們是質文相間的，有時以偈解長文，有時又以長文解偈。《法華義疏》卷第二又對「偈頌」、「長行」的字數廣略，有以下五例者：

> 一者、廣略四句，長行廣而偈略，爲易持故；長行略而偈廣，爲解義故，長行與偈俱廣俱略，爲鈍根人重說故，及爲後來眾故。二者、有無四句，長行有而偈無，長行無而偈有，長行與偈俱有俱無也；如長行略而偈中廣，自有長行全無，而偈方有也。三者、離合四句，長行合而偈離，長行離而偈合，長行與偈俱合俱離也。四者、前後四句，長行明義在前，偈明之在後；長行明義在後，而偈辨之在前，長行與偈俱前俱後也。五者、質文四句，長行質而偈文，長行文而偈質，俱文俱質，欲以文質相間使聽者心悦也。」〔註223〕

有時長行比偈長，是因爲其經義簡易明白；而長行若比偈簡略，則是爲解散文之義。若是長行與偈同爲簡短或是都爲繁複，則是爲頓根器人所說，或爲後來人所說的。也有經文只有長行而無偈，或是只有偈而無長行。又有偈與長行意義相合或相離的。也有長行先闡明經義，偈在後而輔其經義的。或是偈先明其經義，長行再輔其偈義的。所以總結「偈、頌」的用法，不管是「孤起偈」或「重頌偈」，都是與經文中的散文相互輔佐以明經義。

綜上文所考，對佛教「偈、頌」的類別與用法所作說明，可歸納以下幾點：

1. 音讀：「偈 gatha 之音寫。又音寫作伽陀，詩或譯爲頌。敘述佛之教法的詩句。稱讚佛菩薩之德的詩句。偈類是一種韻文，有四句所成的孤起偈與重頌偈二種。」

2. 句數：「每一首有四句，每句八音節的詩。」

3. 作用：「敘述佛之教法的漢文詩。」

4. 類別：「某種詩句的韻律，阿律耶調。」其中並說明在梵文文獻中，依音節數目及長短所構成的韻文。使用於佛教經律論中，有眾多的種類，佛典中最常見的是：「(1)由二行十六音節（八音節一句，有二句）

〔註223〕《法華義疏》，頁 472a。

組成的首盧迦 sloka。（2）由二行二十二～二十四音節（十一到十二音節一句，有二句）組合成的三重讚歌 tristubh。（3）沒有音節數目之限制，由八句（四短音量七句與一音節等）二行組成的阿利耶 arya 等。」在這些資料中除了可了解「偈」是梵音的轉讀，正如中國文學中的「頌」歌，且他的用字、句數不等外，「偈、頌」亦是能歌誦的。

以上所考可說明「偈」，可譯為「詩」或譯為「頌」。是敘述佛之教法的漢文詩句，也是稱讚佛菩薩之德的詩句。換言之，是一種以詩句方式來表述佛之教法的，即可稱他為「偈」或「頌」。且其句數不等，沒有音節數目之限制。在佛教「頌」之用法有「孤起偈」、「重頌偈」。並說明頌者，美歌。伽陀者，聯美辭而歌頌之者，故譯曰頌。又偈訓為竭，竭也，攝盡其義之意。是敘述佛之教法的漢文詩句，也是稱讚佛菩薩之德的詩句。

綜觀文學中的偈頌讚體裁與佛教偈頌讚體裁之異同以下表列之：

功能 體材	韻文	句式	頌揚 功德	貶義	作用	種類	併入 詞賦
文學 頌讚體	○	不等	○	○	1.詩 2.評述 3.頌揚功德	1.箴銘 2.變體 3.能歌誦	○
佛教 頌讚體	○	不等	○	×	1.聯美辭 2.敘佛教法漢詩 3.頌揚佛功德	1.阿律耶 2.轉讀 3.能歌誦	○

以上表所列可以很清楚文學中的頌讚體材與佛教中的偈頌讚體材，它們的功能相同處可以併合的較多，其中差異處只有源流的不同，但其共通點都是頌揚功德，只是對象的不同罷了。

第三節　資料取材與研究方法

本節資料取材主要以禪宗典籍《五家語錄》內容為考述的重點，並且參考禪門公案集、禪藏古籍、禪宗燈錄、禪源諸詮集，索閱這些禪籍所提供相關的資料，再併入中國古籍以探其時代佐證相應的文學性。研究方法以文本為主軸，次而略述論文形式的架構如何分其章節。

一、資料取材

（一）五家語錄

資料取材主要是以《五家語錄》一書，內容載南宗禪五家：潙仰、臨濟、曹洞、雲門、法眼等，五家祖師之生平語錄，作爲本論探討的關鍵內容，以唐代慧然所集，後由明代圓明、郭凝之重訂，爲本論參考主軸資料。

（二）禪門公案集

《人天眼目》是一部完整介紹禪宗五家的綱宗要領專書，此書成於南宋淳西熙戊申（1188）年，編著者是越山晦岩智昭禪師。此書內容將五家成立時間先後分別爲潙仰宗、臨濟宗、曹洞宗、雲門宗、法眼宗五大家，有系統的介紹歷代祖師有關五家綱宗的專著，資料豐富。本論欲就其詩偈選出代表性作品略作評析，作爲印證五家祖師詩偈頌讚形成的各家特色。

（三）禪藏古籍

本論中以禪宗議題爲主軸，因此將併及佛教《禪藏》典籍，如《禪家龜鑑》、《禪門寶藏錄》、《正法眼藏》、《五宗原》、《祖庭事苑》、《禪宗指掌》、《禪燈世譜》、《禪苑蒙求瑤林》、《禪林僧寶傳》、《禪林寶訓音義》、《指月錄》、《禪門諸祖師偈頌》舉凡相關禪宗典籍等，內容涉入與研究五家禪的資料皆列爲佐參要籍。

（四）禪宗燈錄

禪宗燈錄以唐宋間典籍爲重點，有《傳燈錄》，全名稱爲《景德傳燈錄》，景德是北宋眞宗年號，本書原題名爲《佛祖同參集》，在中國佛教禪宗史書，共 30 卷，宋景德元年（1004）東吳僧道原所撰，被收入《大正藏》中。「傳燈錄」只限於禪宗，屬記言體及按世次記載的譜錄體。《傳燈錄》載自過去七佛、第一祖摩訶迦葉、至第二十七祖般若多羅、東土六祖，至法眼宗文益禪師法嗣的禪宗傳法世系，共 1701 人的機緣語句，載明各禪師之俗姓、籍貫、修行經歷、住地、示寂年代、世壽、法臘、諡號等。另附語錄 951 人。本論以研究唐末五代時禪宗五家祖師偈、頌、讚作品爲重點，《景德傳燈錄》此書禪僧傳記內容的豐富及詳實不啻更勝於《新唐書》、《五代史》，是本論研究五家祖師探其禪宗師承及旁及禪宗歷代相關禪師的重要燈錄。

傳燈錄產生了廣泛的影響，並引出了禪宗一系列的燈錄著述，如《天聖

廣燈錄》、《續傳燈錄》。在《寶林傳》及成書於五代南唐保大十年（952）的
《祖堂集》，尚未重新爲世人發現之前，《景德傳燈錄》是禪宗最早的一部史
書，位居「五燈」（即《傳燈錄》、《廣燈錄》、《續燈錄》、《聯燈會要》、《普燈
錄》）之首，是研究禪宗史的重要資料。自上述二書（《寶林傳》、《祖堂集》）
於二十世紀上半葉被發現後，得知本書曾受其影響，且多所取材。根據事實，
在本書完成前的唐末、五代時，已有多種禪宗史書出現。在內容上，《景德傳
燈錄》即是以這些史書爲基礎，並進一步搜集資料，經篩選潤色而成。因之
除了《景德傳燈錄》之外，上文所提列之重要禪宗燈錄亦是本論列入研究的
參考文獻資料。

（五）禪源諸詮集都序

　　唐朝宗密《禪源諸詮集都序》者，是寫錄諸家所述，詮表禪門根源道理，
其中對禪家的文字句偈作集，是作爲研究禪門的一部不可缺少的參考資料。
其中對諸禪家各有所長；古聖今賢各有所利。所以集諸禪家之善記，其宗徒
有不安者亦不改易。但在遺闕意義者則註而圓之；在文字繁重者則註而辨之。
關於「評」，宗密則於每一家之首皆註評大意。這種「評」，既是對內容的提
要，又是對該派系思想的論述。利於本論探討五家禪思想的考據，因之例爲
參考的文獻資料。

　　禪宗典籍除了上述所列之外，近代並有敦煌禪集出現，無論中外學者都
有熱絡的討論文獻，期盼用以輔助本論禪學史的相關思想議題。

（六）中國古籍

　　本論研究之禪師朝代皆在唐末、五代間，故欲併合史書，如唐史有五代
後晉時官修的《舊唐書》，是現存最早的有系統記錄唐代歷史的一部史籍。本
書原稱《唐書》，後來爲了區別于北宋歐陽修、宋祁等人編撰的新唐書，故稱
《舊唐書》，成書於嘉祐五年（1060）的《新唐書》，完成於北宋端拱元年（988）
的《宋高僧傳》。這些正史可以輔佐本論求證唐禪僧的傳記之說。並根據清康
熙年代彭定求等人所編《全唐詩》考五家禪師作品的收入多寡。及《詩韻集
成》考定禪師作品押韻問題，是否符合詩作規範。

　　《宋高僧傳》或稱《大宋高僧傳》共有三十卷，宋代釋贊寧著。端拱七
年（982）贊寧任右街副僧錄時，奉令回杭州編纂《大宋高僧傳》，撰成於端
拱元年（988），前後歷時七年，宋太宗令僧錄司編入大藏經，賜絹三千匹。

至道二年（996），又重新整理。這部雖名爲宋高僧傳，但內容卻撰有許多唐末、五代高僧傳。如〈唐大潙山靈祐傳〉、〈唐眞定府臨濟院義玄傳〉、〈唐洪州洞山良价傳〉、〈唐袁州仰山慧寂傳〉、〈梁撫州曹山本寂傳〉、〈周清涼文益傳〉〔註224〕從 280 至 314 頁中，皆列入本論檢索的參考文獻。

《欽定全唐文》是清代董浩編，簡稱《全唐文》是在清朝嘉慶十二年（1807）清仁宗取得內府舊藏《唐文》一百六十冊，認爲該書「體例未協，選擇不精」，於是命詞臣加以重輯。《全唐文》正式輯纂始於嘉慶十三年（1808），敕令開設「全唐文館」，由文華殿大學士董誥領銜，由廷臣學者共 107 人入館編校，以《唐文》爲基礎，取《四庫全書》內的唐人別集，以及《文苑英華》、《唐文粹》、《唐大詔令集》、《古文苑》、《崇古文訣》、《文章辨體彙選》等總集，並搜羅《永樂大典》所載之殘篇，「散見於史子雜家記載、志乘金石碑版者」。至嘉慶十九年（1814）閏二月成書進呈欽定、御製序文後即交由內府、督理兩淮鹽政阿克當阿等負責刊刻，嘉慶二十四年（1819）刊成，即揚州官本。光緒年間有廣州重刻本。這部唐五代史料典籍，內文收有唐代人爲五家禪師所撰的碑銘，併入本論所考之資料中，是本論列入重要的參考史籍。並及《新唐書》、《舊唐書》其中皆有牽涉到本論研究相關的資料，並入爲資料取材。

爲應本論探討禪師偈頌贊作品是否合乎唐詩歌的標準及其收入在《全唐詩》問題，本論除了取材自中國古籍文獻《全唐文》，並及唐律詩專書《詩韻集成》爲參考依據，並以近代禪學專家所作專書及專論，綜觀海內外禪學專家之論作以祈本論更臻完善。

二、研究方法與章節架構

（一）研究方法

本論擬定以禪籍文本爲主要研究方法，內容篇章中透過禪師詩偈頌贊作品，依序剖析闡述要義，著重以禪家義理。次而運用文學要義，闡明五家祖師生平所涉獵的學養，如何應用其在宣傳教法中，展現特色的要義偈頌，形式所呈現出的文學意象。

主要以南禪五家語錄的偈頌贊爲重點研究，冀望透過公案語錄及禪師著

〔註224〕〔宋〕贊寧著，范祥雍點校：《宋高僧傳》，臺北：文津出版社，1988 年 7 月。

作文本中，去解析偈頌贊它是如何地彰顯佛教教義。並藉以偈頌贊的分析了解五家各宗旨的特色，包含內容透露的各家體系及各家祖師風格型態的差異。並取其五家祖師的作品與當時中國律詩的文學性形式，禪師透過「言外見意」，是如何運用詩歌來抒發禪境，冀其能解決唐末五家禪師的作品與詩文學的結合程度。

唐代從初盛唐開始佛經翻譯的活動顯得特別發展，由當時許多精通漢語與梵語的僧人著述。且當時佛教的講唱也興盛，這時音韻之學在佛門發展開來，如僧人慧琳著《一切經因義》〔註 225〕，陸續出現許多音韻學著作，詩僧開始有遵循音韻學作詩的風氣，此時的近體詩規範即是其遵循的典範。本論檢視五家祖師的偈頌贊作品，是否合乎唐詩的規範準則，即是依據近體詩規範為標準。

（二）章節架構

本論乃承襲禪宗史中所謂「一華開五葉」，由中國禪宗六祖惠能之兩位弟子，南嶽懷讓與青原行思兩系再傳所開展出的五家，依歷史的年代記錄以為序。溈仰最先建立，於「會昌法難」前後（854），由當時裴休宰相大力支持下，而門庭興盛。次有臨濟是在唐宣宗後期（847～859）至唐懿宗咸通年間（859～874）所創立，在河北一帶受到藩鎮軍閥的支持而漸壯大。再而有曹洞，此宗是在洞山唐宣宗大中十三年圓寂後（860）至咸通十年（869）間，由曹山本寂發揚光大。此溈仰、臨濟、曹洞三家到了晚唐都非常興盛。續而有雲門是在唐哀帝四年（907）唐末時創立，雲門在初創時並不有多大建樹，一直到了五代時期才形成勢力。其五家中的法眼是最晚成立，時間大約於五代時（937）才成立，受到五代南唐時李氏和錢氏政權支持下而顯赫一時，才漸形突出。

〔註 225〕據傳有兩種版本：第一個版本為唐朝釋玄應（？～649～661 年）所著，稱為《大唐眾經音義》，共二十五卷。第二個版本是由釋慧琳（737～820 年）所著，又稱呼為《慧琳音義》，共 100 卷。慧琳是南朝劉宋僧，秦縣（陝西）人，俗姓劉，道淵之弟子。學通內外，尤善老莊，好語笑俳諧，長於著作。還指疏勒國人，俗姓裴。師事不空三藏，內持密藏，外究儒學，精通印度之聲明及中國之訓詁。南朝劉宋僧慧琳之綽號。慧琳於南北朝時，得宋文帝之寵信，與聞政治，以其著黑色僧衣，故時人稱之為黑衣宰相。（梁高僧傳卷七道潤傳之附傳、隆興佛教編年通論卷五），頁 5381，摘自慈怡法師主編：《佛光大辭典》，高雄：佛光出版社，1998 年（初版）。

　　緣其五家成立時序，爲本論處理的過程方法，主要架構分爲七個章節。分別爲：第一章、緒論、第二章、潙仰宗與靈祐、慧寂兩禪師的詩偈、第三章、臨濟宗與義玄禪師的偈頌贊、第四章、曹洞宗與良价本寂兩禪師的偈頌、第五章、雲門宗與文偃禪師的偈頌、第六章、法眼宗與文益禪師的偈頌、第七章、結論。

　　第一章緒論，略敘本論所探討內容之目的與其預期所將得到的結果。第一節論題的提出與文獻回顧，略述唐代禪宗與《五家語錄》、唐代禪僧禪詩與偈頌贊的關係、並作文獻回顧。第二節說明選題之義界，針對中國文學中的偈頌贊相較於佛教經籍中所言的差異。第三節說明研究方法與資料取材來處。考五家的禪法及其宗旨特色，在「一華開五葉」形成五家之後，後代禪師用詩歌表現，對五家的綱宗、綱要、綱領的表達，用以闡釋五家的特色。當中所表現的文學性乃通過藝術形象闡發五家禪的思想與特色，用詩的意象組合，其中有矛盾性、跳宕性、空靈性，詩境非但闡述了五家禪理，也呈現出五家禪法的意境與悟境。這些詩歌的形式不但生動地闡釋禪的精髓也揭發出詩的美學特徵。

　　以下爲，第二章、潙仰宗與靈祐、慧寂兩禪師的詩偈，第三章、臨濟宗與義玄禪師的偈頌贊、第一節中探討義玄禪師生平學述，第二節舉例義玄禪師偈頌贊作品探討其要義，第三節探討義玄禪師偈頌的聲律與禪機，第四節探討臨濟宗詩偈頌贊的文學性，第五節探討臨濟宗旨的特色。第四章、曹洞宗與良价本寂兩禪師的偈頌，第五章、雲門宗與文偃禪師的偈頌，第六章、法眼宗與文益禪師的偈頌。以上五宗所作探討之節文內容大致循時序漸進，方式略同。第七章結論，希望透過研究中五家禪宗祖師的偈頌贊，分析各家之禪法的特色與差異，並及其偈頌的聲律與禪機。第七章、結論。

第二章　溈仰宗與靈祐、慧寂兩禪師的偈頌

　　溈仰宗是五家中最先立宗的一家，此宗由靈祐禪師創宗，後來由其弟子慧寂禪師先後在潭州的溈山、袁州的仰山發揚光大，後世就稱此家為溈仰宗。本節欲就靈祐禪師生平學述，探討其涉及的經典及師承的脈絡，以期明瞭靈祐禪師在義理方面的宣講是以何面貌起義出此宗的獨特性。

　　此章並論及此宗的嗣法弟子香嚴禪師，香嚴是青州人因為厭倦世俗而求出離，後來他四處參道，曾在百丈門下參學，百丈入滅後他又轉依溈山，經幾番呈道偈後，最後由於仰山慧寂禪師印證成為佳話，研究此宗的詩偈頌贊不得不提及此禪師。

　　而慧寂禪師在嗣法於靈祐禪師前的法參經過，直至他止於靈祐禪師座下，他是如何傳承此宗的要義，以何禪機將此宗發揚光大。在此溈仰宗的禪詩妙偈，後來禪家又如何歸納溈仰的三種生、圓相因起、暗機、義海等義，呈現出無心為道場的禪詩美學意象。對於此宗的家風特色，本論主要著重於詩偈頌贊的呈現，用以呼應主題禪師詩偈頌贊的研究。

第一節　溈山靈祐禪師生平學述

　　根據禪宗史資料，記載相關於文偃禪師的傳記有《祖堂集》卷十六、《宋高僧傳》卷十一、《景德傳燈錄》卷九、《聯燈會要》卷七、《五燈會元》卷九、《佛祖歷代通載》卷十六，在《全唐文》卷八二○中有，唐咸通三年（862）鄭愚著〈潭州大溈山同慶寺大圓禪師碑銘并序〉。

一、溈山靈祐禪師生平

溈山靈祐禪師（771～853），法脈源於曹溪惠能→南嶽懷讓→馬祖道一→百丈懷海→溈山靈祐。〔註1〕從追源上的資料可以了解，靈祐禪師嗣百丈這位制定叢林清規的改革大師，是南宗一派直傳的法脈。在《釋氏稽古略》卷三，中有載明其生平文獻。

> 潭州溈山禪師，名靈祐，福州長谿人，姓趙氏，年十五出家。依本郡建善寺法常律師剃髮受具於杭州龍興寺，究大小乘教，二十三遊江三遊江西。參百丈海禪師悟明心法。〔註2〕

溈山禪師是百丈懷海的弟子，在潭州，法名靈祐，是福州長溪縣人（今之福建霞浦南）俗姓趙。十五歲時依本郡建善寺法常律師出家，於杭州龍興寺受具足戒。從小對大小乘佛典皆有涉獵，但更對大乘佛典十分精通，在他二十三歲時遊江西去參百丈。有一天他感嘆「諸佛至論，雖則妙理淵深，畢竟終未是吾棲神之地。」〔註3〕說明他對當時所學的已感其不足以啟明心惑，於是他開始四處游學，曾到天台山禮拜智者大師的遺跡。在遊學的途中遇見隱逸高人寒山子，並得其指示「逢潭則止，遇溈則住。」〔註4〕後又至國清寺曾獲拾得特別偏重而預言「此是一千五百人善知識，不同常矣。」〔註5〕後來溈山禪師果如其預言，終於在同慶寺大闡法義。事有前因，其師百丈懷海曾有位司馬頭陀自湖南來向他預言：「溈山一千五百人善知識所居之地也，師於百丈會中應命而往。」〔註6〕四處遊學的靈祐終於依止在百丈懷海那裡，不再到處遊學了。於元和末（820）他遵懷海之囑到潭州溈山（今湖南省寧鄉縣西）並興建道場「營構梵宇」〔註7〕開演禪法。可是卻遭逢會昌武宗毀佛教〔註8〕，當時靈祐禪師只好暫隱於民間「值武宗毀教，裹頭隱於民。」〔註9〕

〔註1〕 釋聖嚴：《禪門麗珠集》，臺北：東初出版社，1993年，頁157。

〔註2〕 〔元〕釋覺岸：《釋氏稽古略》卷三，《大正新脩大藏經》第49冊，頁839c。（以下若同則略註《釋氏稽古略》卷三）

〔註3〕 〔五代〕靜、筠二師編：《祖堂集》二，《佛光大藏經禪藏》，高雄：佛光出版社，1994年12月（初版），頁809。（以下若同則略註《祖堂集》頁碼）

〔註4〕 《祖堂集》二，頁810。

〔註5〕 《祖堂集》二，頁810。

〔註6〕 《釋氏稽古略》卷三，頁839c。

〔註7〕 《釋氏稽古略》卷三，頁839c。

〔註8〕 武宗毀佛有一個前因，在宋‧沙門志磐撰：《佛祖統紀》，《大正新脩大藏經》第49冊，有文曰：「唐高祖武德九年，太史令傅奕乞廢佛法，凡七上疏，詔僧道戒行虧闕者悉令罷道。……」又文：「玄宗開元二年，宰相姚崇奏，沙汰

但後來幸蒙護法者裴休迎請復出「大中初，觀察使裴休請師復至所居，連帥李景讓奏額曰同慶寺，禪會特盛緇侶輻輳。」〔註10〕靈祐於是重振佛法，開演法義有四十多年，當時同慶寺常住僧眾多達一千五百多人，法嗣十餘人，果真應驗，渡化無數人，成為千人之上的善知識「師敷揚宗教凡四十餘年，達其道者不可勝數，入室弟子四十一人。」〔註11〕其中仰山慧寂與香嚴智閑為上首弟子，在《禪家龜鑑》對溈仰宗有文：「百丈傍傳，曰溈山靈祐，曰仰山慧寂，曰香嚴智閑，曰南塔光漏，曰芭蕉慧清，曰霍山景通，曰無著文喜禪師等。」〔註12〕溈山靈祐與仰山慧寂，是百丈懷海法脈下正傳的法嗣，香嚴智閑並成為其溈仰宗法脈一路傳承下去的重要法嗣。

靈祐禪師十五歲出家而二十三歲開始遊方參學，但靈祐何時受戒不見有文可考，在《景德傳燈錄》云：「潭州溈山靈祐禪師者，福州長谿人也，姓趙氏。年十五辭親出家，依本郡建善寺法常律師剃髮，於杭州龍興寺受戒，究大小乘教經律。」〔註13〕由《景德傳燈錄》文獻，此中也只見到「於杭州龍興寺受戒」但不得知何歲受戒。《五家語錄》載文雷同「潭州溈山靈祐禪師，福州長谿趙氏子。年十五出家，依本郡建善寺法常律師剃髮，於杭州龍興寺究大小乘教。二十三，遊江西，參百丈。丈一見，許之入室，遂居參學之。」〔註14〕在《人天眼目》文曰：「師諱靈祐，福州長溪趙氏子，得法於百丈海和

僧尼偽濫者萬二千人，並令還俗，禁度僧建寺鑄佛寫經。」頁471b。又在：「開元十五年，勅天下村坊佛堂小者，並拆除之，……大像亦被殘毀。」續又文：「文宗太和九年，翰林李訓請，沙汰僧尼毀大內靈像。」最大規模是在「武宗會昌五年，用道士趙歸真宰相李德裕謀，毀拆天下寺院，僧尼歸俗者二十六萬人，……」因之，佛教史皆稱為武宗會昌法難。直至會昌六年《古今圖書集成・神異典二氏部彙考》卷上，《卍新纂續藏經》第88冊，有文：「宣宗即位，以道士劉元靖等，排毀釋氏誅之。按舊唐書宣宗本紀，會昌六年三月，帝即位，五月誅道士劉元靖等十二人，以其說惑武宗，排毀釋氏故也。」頁469a。當時宣宗即位，逮捕趙歸真等十三人誅之，李德裕貶死崖州。此時佛難才告終止，但佛教已大傷元氣。不過也由於此難，使得禪宗修行者開始反思，追求不同以往的修行模式，重新呈現不同風貌的型態。

〔註 9〕《釋氏稽古略》卷三，頁839c。
〔註10〕同上，頁839c。
〔註11〕同上，頁839c。
〔註12〕〔朝鮮〕退隱述：《禪家龜鑑》，《卍新纂續藏經》第63冊，頁744a。
〔註13〕〔北宋〕道原：《景德傳燈》，《佛光經典叢書》，高雄：佛光出版，1997年，頁201。
〔註14〕〔明〕瞿汝稷編集：《指月錄》，《佛光經典叢書》，高雄：佛光出版，1997年，頁239。

尚。初至大潙，木食澗飲，十餘年始得仰山慧寂禪師，相與振興其道，故諸方共稱曰潙仰宗。」〔註15〕此則文獻很清楚指出禪師得法於百丈懷海禪師，仰山慧寂禪師為其嗣法弟子，但皆未論及受戒之確切年歲。而以《宋高僧傳》中云：「祐以椎髻短褐，依本郡法恆律師執勞，每倍於役，冠年剃髮，三年具戒。」〔註16〕根據楊曾文所著《唐五代禪宗史》對靈祐禪師的生平考「20歲從本州法恆律師出家，23歲受具足戒。」〔註17〕的說法。相對於《釋氏稽古略》資料落差很大，其說是十五出家，三年後受具戒，其受戒時歲是否為十八歲呢？此考據是否詳準也不確定。

靈祐禪師之生平，為考詳其出家及受戒確定年歲，以下列出《宋高僧傳》靈祐禪師生平之詳細全文獻。

> 釋靈祐，俗姓趙，祖父俱福州長溪人也。祐丱年戲于前庭，仰見瑞氣祥雲，徘徊盤鬱，又如天樂清奏，真身降靈，衢巷諦觀，耆艾莫測。俄有華巔之叟，狀類罽賓之人，謂家老曰：「此群靈眾聖標異。此童，佛之真子也，必當重光佛法。」久之，彈指數四而去。祐以椎髻短褐，依本郡法恆律師執勞，每倍於役，冠年剃髮，三年具戒。時有錢塘上士義賓授其律科。及入天台遇寒山子於途中，乃謂祐曰：「千山萬水，遇潭即止。獲無價寶，賑卹諸子。」祐順途而念，危坐以思，旋造國清寺，遇異人拾得申繫前意，信若合符。遂詣泐潭謁大智師，頓了祖意。元和末，隨緣長沙，因過大潙山，遂欲棲止。山與郡郭十舍而遙，夐無人煙，此為獸窟。乃雜猿猱之間，橡栗充食。浹旬，有山民見之，群信共營梵宇。時襄陽連率李景讓統攝湘潭，願預良緣，乃奏請山門號同慶寺。後相國裴公相親道合。祐為遭會昌之澄汰，又遇相國崔愼由崇重加禮，以大中癸酉歲正月九日盥漱畢，敷座瞑目而歸滅焉。享年八十三，僧臘五十九。遷葬于山之右梔子園也。四鎮北庭行軍進涇原等州節度使、右散騎常侍盧簡求為碑，李商隱題額焉。〔註18〕

〔註15〕〔宋〕晦巖智昭編集：《人天眼目》，《佛光經典叢書》，高雄：佛光出版1997年，頁311。

〔註16〕〔宋〕贊寧著，范祥雍點校：《宋高僧傳》，臺北：文津出版社，1988年7月，頁246。

〔註17〕楊曾文：《唐五代禪宗史》，北京：中國社會科學出版，2006年11月（重印），頁379。

〔註18〕《宋高僧傳》，頁246。

《宋高僧傳》中對靈祐禪師的生平，依「冠年剃髮，三年具戒」則如楊曾文所說無異。並道出禪師宿具慧命，且說明法緣殊勝得遇寒山的指示曰：「余生有緣，老而益光，逢潭則止，遇溈則住。」及拾得曰：「此是一千五百人善知識，不同常矣。」〔註19〕並經苦修而得成就聖業。但「享年八十三，僧臘五十九」若以此資料則可得知靈祐禪師受戒應是在其二十四歲，是在他雲遊參方以後的事，但《傳燈錄》與《五家語錄》文：「大中七年正月九日，盥漱敷坐，怡然而寂，壽八十三，臘六十四。塔於本山，謚大圓禪師，塔曰清淨。」〔註20〕靈祐禪師壽享八十三減去僧臘六十四，是於十九歲即受戒。兩則文獻皆為「臘六十四」則受戒應是十九歲才正確。《釋氏稽古略》卷三，文：「至是大中七年正月九日。盥漱趺坐怡然而逝。」〔註21〕年「壽八十三。」〔註22〕戒「臘六十四。」〔註23〕靈「塔於本山。」〔註24〕載其圓寂後的勅謚號曰：「大圓禪師。」〔註25〕塔號「曰清淨」〔註26〕是「相國鄭愚為碑。」〔註27〕靈祐是「嗣百丈海禪師」〔註28〕而懷海乃「嗣馬祖一禪師。」〔註29〕在唐武宗會昌五年（845）毀佛時溈山因時局而隱。根據《舊唐書・宣宗紀》於大唐宣宗即位時，在大中元年（847），又下令恢復佛教。後來在公元（849）年間，又逢唐丞相裴休迎來一紙御旨，恭請溈山靈祐禪師復出，一時四方眾僧雲集禪法大振。根據《宋高僧傳・靈祐傳》有文：「時襄陽連率李景讓統攝湘潭，願預良緣，乃奏請山門號同慶寺。」〔註30〕靈祐禪師的寺院自此名為同慶寺。而溈山之陰的密印寺據說是相國裴休為靈祐禪師所建造，

〔註19〕寒山、拾得皆是唐代的詩僧，兩師生卒年不詳，但後人有集著：《寒山子詩集》流傳。

〔註20〕〔明〕沙門語風圓信，無地地主人郭凝之編集：《五家語錄》卷二，〈潭州溈山靈祐禪師〉，頁117。《佛光大藏經禪藏・語錄》，高雄：佛光出版社，1994年12月。（下同則簡註書名頁數）

〔註21〕〔元〕釋覺岸：《釋氏稽古略》卷三，《大正新脩大藏經》第49冊，頁839c。（下同則簡註書名頁數）

〔註22〕同上，頁839c。

〔註23〕同上，頁839c。

〔註24〕同上，頁839c。

〔註25〕同上，頁839c。

〔註26〕同上，頁839c。

〔註27〕同上，頁839c。

〔註28〕同上，頁839c。

〔註29〕同上，頁839c。

〔註30〕〔宋〕贊寧著：《宋高僧傳》卷十一，《大正新脩大藏經》第50冊，頁777c。

「後相國裴公相親道合，祐爲遭會昌之澄汰，又遇相國崔公慎由，崇重加禮。」〔註 31〕可說那時是他輝煌的時刻。以後，究竟他將如何以禪心慧海鑄下文字般若於歷史中？

二、潙山靈祐禪師與佛教經典

關於靈祐禪師的禪學思想是建立在哪些經典理論上呢？下段依其語錄考之求其學述的基準，此段根據他的語錄所載來探討。靈祐禪師曾在爲其弟子慧寂開示三種生的道理時，就舉了《楞嚴經》云：「想相爲塵，識情爲垢，二俱遠離，則汝法眼應時清明。云何不成無上知覺？」〔註 32〕來爲慧寂做解說。

潙山曾問仰山說：「《涅槃經》多少是佛說？多少是魔說？」仰山曰：「總是魔說。」〔註 33〕此是在師徒談論佛性機鋒之下後的對答，其中隱含著破我執的禪理在。

從其《語錄》當中檢閱，根據潙山生前說法所涉及的經典有《楞嚴經》、《涅盤經》。這表示潙山禪法雖強調經典爲魔說的議論，其意旨乃重在去法執，並非眞正的反對讀經，實際是有讀經的。否則他作《潙山警策》一書，目的不也是求其轉讀流通，方能施展其禪學思想。

三、潙山靈祐禪師傳承之說

根據《宋高僧傳》記載靈祐禪師在二十歲時從本州法恆律師出家，「祐以椎髻短褐，依本郡法恆律師執勞，每倍於役，冠年剃髮，三年具戒。」〔註 34〕三年之後受具足戒，又親近錢塘義賓學習律典，「時有錢塘上士義賓授其律科。」〔註 35〕因爲對教理心中產生疑惑不解，而又雲遊到了天台山，禮天台宗智者大師的遺跡。最後到江西建昌西南的馬祖道一的靈塔地，石門山泐潭寺，「遂詣泐潭謁大智師，頓了祖意。」〔註 36〕，終於遇見了機緣相投的百丈懷海，於是在百丈懷海處開悟的，靈祐禪師從此專心一意修習禪法。

靈祐禪師從最初入佛門開始學習戒律，以至大小乘經典，雖然有佛法潤

〔註 31〕《宋高僧傳》卷十一，頁 777c。
〔註 32〕《人天眼目》卷四，頁 321b。
〔註 33〕《五家語錄》卷二，〈潭州潙山靈祐禪師〉，頁 91。
〔註 34〕《宋高僧傳》，頁 246。
〔註 35〕同上，頁 246。
〔註 36〕同上，頁 246。

心，但未得開發古佛真心。自古以來深埋意識的本源，縱使閱遍佛教典籍，終究還是有迷茫在。《祖堂集・靈祐傳》他感慨說：「諸佛至論，雖則妙理淵深，畢竟終未是吾棲神之地。」〔註37〕最後在百丈懷海處啓發的禪悟，才認識了本心本源之境界。

靈祐禪師乃南嶽懷讓禪師直系，從六祖惠能大師法嗣，第一世。南嶽懷讓禪師，南嶽第二世。江西道一禪師，第三世。百丈懷海禪師，第四世。至溈山靈祐，爲第五世。依《正宗分家略傳上》序曰：「正宗至第六祖大鑒禪師，其法益廣，師弟子不復一一相傳，故後世得各以爲家。然承其家之風以爲學者，又後世愈繁。然周於天下，其事之本末已詳於傳燈廣燈二錄宋高僧傳，吾不復列之此。而書者蓋次其所出之世系耳。故分家傳起自大鑒，而終於智達，凡一千三百有四人也。」〔註38〕此則說明以「南宗禪」派系，依六祖大鑒禪師爲第一世。以下依此列出《佛祖統紀》卷第四十一，簡述靈祐禪師法承上之三世祖，並簡列其法嗣弟子。

第二世，南嶽懷讓「姓杜，金州人，唐高宗儀鳳二年四月八日降誕，感白氣應于玄象。在安康之分，太史奏聞，帝問何祥。對曰：國之法器，不染世榮，帝勅大守親慰其家。後果于曹溪悟旨受大記莂，以玄宗天寶三年八月十一日圓寂。諡太慧，塔曰最勝輪，派裔別見。」〔註39〕於玄宗天寶三載。「千福寺建多寶塔成，感五色雲籠塔上，萬眾瞻禮。楚金復集大德於塔下行法華三昧，感獲舍利三千七十粒，勅諸郡開元寺鑄皇帝等身金銅佛像，召司空山本淨禪師。至闕，問禪宗要旨。勅住白蓮寺，南岳懷讓禪師示寂，諡大慧禪師最勝輪之塔，師得法於六祖。」〔註40〕

第三世，江西馬祖道一禪師，於德宗貞元四年「江西馬祖道一禪師亡，師得法於南岳讓禪師，其後五世派爲二家。曰溈仰，曰臨濟」〔註41〕

第四世，百丈懷海禪師，於憲宗九年「百丈懷海禪師亡，師得法於馬祖，自少林以來多居律寺說法。師始創禪居稱，長老上堂升座，主賓問酬激

〔註37〕 《祖堂集・靈祐傳》，頁809。
〔註38〕 〔宋〕釋契嵩編修：《傳法正宗記》，《大正新脩大藏經》第51冊，頁749a。
〔註39〕 〔明〕比丘道忞編修、吳侗集：《禪燈世譜》，《卍新纂續藏經》第86冊，頁324a。
〔註40〕 〔宋〕志磐撰：《佛祖統紀》卷第四十一，《大正新脩大藏經》第49冊，頁375b。
〔註41〕 《佛祖統紀》卷第四十一，頁379c。

揚宗要，學者依臘次入僧堂。設長連床施椸（音移）、架挂搭道具、置十務寮舍，以營眾事。後世從而廣之名禪院清規，法師智辯，多所著述。而聽徒絕少，因棄講居衡岳寺。一日有耆宿至閱師所著曰：汝所述頗符佛意而闕人緣，可辦食施飛走（辦見周禮辨俗）却後二十年眾當自集。辯遂鬻衣易米，日炊飯散郊外，感群烏來集。辯祝之曰：食吾飯者願為法侶，後二十年往鄴城開講，座下千眾皆年少。」〔註42〕

　　第五世，溈山靈祐禪師，於宣宗七年「潭州溈山靈祐禪師示寂，諡大圓禪師（見百丈）。」〔註43〕後來有唐代鄭愚〔註44〕為溈山撰碑銘并序，有〈潭州大溈山同慶寺大圓禪師碑銘〉（并序）：「然至於盪情累，外生死，出於有無之間，然獨得。言像不可以擬議，勝妙不可以意況。則浮屠氏之言禪者，庶幾乎盡也。有口無所用其辯，巧歷無所用其數。愈得者愈失，愈是者愈非。」〔註45〕闡釋溈山的禪機妙法在於去語言文字的巧辯，無得無失，隨遇而安的自在，文中對靈祐禪師的思想作有詳細的闡揚。

　　根據《景德傳燈錄》卷第十一，有資料潭州溈山靈祐禪師法嗣四十三人，十一人留有語錄，三十三人無語錄。他們是：袁州仰山慧寂禪師、鄧州香嚴寺智閑禪師、襄州延慶法端禪師（十二卷又收在香嚴下何也）、杭州徑山洪諲禪師、福州靈雲志勤禪師、益州應天和尚、福州九峯慈慧禪師、京兆米和尚、晉州霍山和尚、福州雙峯和尚、襄州王敬初常侍，已上十一人見錄。長延圓鑑禪師、志和禪師、洪州西山道方禪師、溈山如真禪師、并州元順禪師、興元府崇皓禪師、鄂州全諗禪師、嵩山神劍禪師、許州弘進禪師、餘杭文立禪師、越州光相禪師、蘇州文約禪師、上元智滿禪師、金州法朗禪師、

〔註42〕《佛祖統紀》卷第四十一，頁 381b。
〔註43〕《佛祖統紀》卷第四十一，頁 387c。
〔註44〕〔清〕董浩編：《全唐文》卷八百二十，有文：「愚，番禺人。咸通初官監察御史商州刺史桂管觀察使，召為禮部侍郎，掌嶺南西道節度使。終尚書左僕射。」
〔註45〕《全唐文》卷八百二十，有文：「天下之言道術者多矣，各用所宗為是。而五常教化人事，不外於性命精神之際。史氏以為道家之言，故老莊之類是也。其書具存，然至於盪情累，外生死，出於有無之間，然獨得。言像不可以擬議，勝妙不可以意況。則浮屠氏之言禪者，庶幾乎盡也。有口無所用其辯，巧歷無所用其數。愈得者愈失，愈是者愈非。我則我矣，不知我者誰氏。知則知矣，不知知者何以。無其無不能盡，空其空不能了。是者無所不是，得者無所不得。山林不必寂，城市不必喧。無春夏秋冬四時之行，無得失是非去來之跡。非盡無也，冥於順也。遇所即而安，故不介於時。」

鄂州黃鶴山超達大師、白鹿從約禪師、西堂復禪師、溫州靈空禪師、大溈簡禪師、荊南智朗禪師、溈山普潤禪師、溈山法眞禪師、黑山和尙、滁州定山神英禪師、霜山和尙、南源和尙、溈山冲逸禪師、溈山彥禪師、蘄州三角山法遇禪師、鄧州志詮禪師、荊州弘珪禪師、巖背道曠禪師，已上三十三人無機緣語句不錄。

　　溈山靈祐禪師四十幾位弟子，當中最得意弟子當屬仰山慧寂，除了慧寂禪師還有大安、智閑等優秀的弟子。他們分別在湖南、江西、福建、浙江、江蘇、湖北、陝西、河南等地弘傳禪法。

第二節　溈山靈祐禪師偈頌的要義與聲律

　　溈山靈祐禪師在他禪心慧海的經營禪法下，究竟給後人留下了怎樣的禪機？若以禪宗不立文字，教外別傳的標誌，要如何解他在歷史文獻中所留下來的那些文字般若，偈頌精神呢？本節以溈山靈祐〈業識茫茫〉，及其〈悟道偈〉作品來探其精神。

一、〈業識茫茫〉的要義

　　「業識」一詞乃是佛家的名相中術語一詞，意思是說有情眾生的流轉之根本識，依根本無明，而一如之眞心，初生動作之念者。《起信論》曰：「一者名爲業識。謂無明力不覺心動故。」〔註46〕一日靈祐禪師開示大眾云：

　　　驅耕夫之牛，拽迴鼻孔，

　　　奪肌人之食，把訂咽喉。〔註47〕

此偈「牛」、「喉」爲下平聲十一尤韻，「孔」爲上聲一董韻，兩韻古不通轉。此作特色是前句五言與後句四言共四句的特殊組合，一、四句押韻。

　　詩文中「驅耕夫之牛」是比喻要去除人們的情識執著，此句本是臨濟義玄所說。靈祐禪師引此說明業識的作用，並闡明「非唯業識茫茫，亦乃無本可據。」〔註48〕說明業識它不但無邊無際，也是沒有可依憑的本體在。此偈

〔註46〕馬鳴菩薩造，〔梁〕眞諦譯：《大乘起信論》卷一，《大正新脩大藏經》第 32 冊，頁 577b。

〔註47〕〔元〕萬松行秀：《從容錄》，《佛光經典叢書》，高雄：佛光出版 1997 年，頁 214。

〔註48〕同上，頁 214。

頌雖只兩句，卻是前後呼應，當中亦有詩味。下例一七言頌：

> 一喚回頭識我不？依稀蘿月又成鉤。
>
> 千金之子才流落，漠漠窮途有許愁。〔註49〕

此偈「不」、「鉤」、「愁」皆為下平聲十一尤韻，首句入韻。此作以七言四句詩呈現，且講求押韻整齊，是成熟的七絕模式。

此偈頌大義是說明眾生的智識是相等的，不論是童子與修行的僧人都具有徹底的不動智，修與不修從一開始就處在無邊的業識之中，誰能辨得清楚誰就見性。

而所說的人人本具的佛之不動智慧，為何到了眾生成茫然不知的業識？結語一首「到一切眾生分上，喚作業識茫茫？早知燈是火，飯熟已多時。」〔註50〕意指點著燈就有火，而飯早就可以做熟了。業識原來就在它點著與否，這是詮釋佛與眾生皆具有靈明的本心，差別在明與暗的道理。

二、〈悟道偈〉的要義

在禪門之中的悟道，有時可在語言的對談之中得到啟發。而有時卻是觀察宇宙自然萬物的自然生機，若善觀察其自然之中奧妙即能啟示道的真諦。靈祐初參溈山時因見桃花悟道。而受到溈山視其為大根器。其偈云：

> 三十年來尋劍客，幾回落葉又抽枝。
>
> 自從一見桃華後，直至如今更不疑。〔註51〕

首句「客」為入聲十一陌韻，「枝」、「疑」為上平聲四支韻，七言四句以完整的詩作表現出詩歌之美。

詩中說明尋道的過程是多迂迴曲折的，但磨練於中並不能說是浪費光陰。若是沒有先前的歷程（磨練）鞏固了撐底的道基，亦建不起高樓（開悟自性）的。此偈的悟境之意令人讀來，似有回到本家情懷的親切感覺。

三、溈山靈祐禪師的聲律

依考〈業識茫茫〉首偈的特色是五言與四言呈四句的組合，雖非是押韻的卻頗具特色成為雜體詩式。而次首「一喚回頭識我不？依稀蘿月又成鉤。千金之子才流落，漠漠窮途有許愁。」此詩，偈頌以七言四句作法，且押

〔註49〕同上，頁215。
〔註50〕同上，頁215。
〔註51〕《五家語錄》卷二，〈潭州溈山靈祐禪師〉，頁108。

韻，是成熟的七絕模式。〈悟道偈〉七言四句以完整的詩作表現出，爲上平聲
四支韻是首押韻的詩偈。

第三節　仰山慧寂禪師生平學述

　　根據禪宗史文獻資料，記載有仰山禪師相關的傳記有《祖堂集》卷十八、
《宋高僧傳》卷十二、《景德傳燈錄》卷十一、《聯燈會要》卷八、《五燈會元》
卷九、《佛祖歷代通載》卷十七，及《全唐文》卷八一三有唐陸希聲撰〈仰山
通智大師塔銘〉。

一、仰山慧寂禪師生平

　　仰山禪師（814～890）法號：慧寂，俗姓葉，韶州懷化（今廣東懷集縣）
人，九歲於廣州和安寺禮通禪師出家〔註52〕。禪師在九歲即入佛門，後來其
父母帶他回去欲逼他成婚，仰山竟以斷指明其心志，父母見其心堅才又放其
行，隨其心志修行去。在他還沒受具足戒就到處參學了，於初參耽源禪師時
即受有圓相○圖義一書。「初謁耽源，已悟玄旨。後參溈山，遂升堂奧。」
〔註53〕最後他投於溈山靈祐禪師，並嗣法其下，侍奉靈祐禪師前後十五年，
與靈祐禪師共創溈仰一宗。

（一）斷指明其心志

　　仰山慧寂是溈山靈祐的法嗣，在其生平有文「師諱慧寂，韶州懷化葉氏
子。年九歲，於廣州和安寺投通禪師出家。」〔註54〕可在他長大之後其父
母卻帶他回去，想逼他重過俗家人娶妻的生活：「十四歲父母取歸，欲與婚
媾。」〔註55〕但宿具慧根的仰山並不依從，而以斷其手指誓盟出離眞心：「師
不從，遂斷手二指，跪至父母前，誓求正法，以答劬勞。父母乃許，再詣通
處，而得披剃。未登具，即游方。初謁耽源，已悟玄旨，後參溈山，遂升堂
奧。」〔註56〕在獲得其雙親的認同下，仰山又恢復出家人身份，開始遊學去

〔註52〕〔明〕沙門圓信、郭凝之編集：《袁州仰山慧寂禪師語錄》：「師，諱慧寂，韶
　　　　州懷化葉氏子。」《大正新脩大藏經》第47冊，頁582a。（下同則簡註書名頁
　　　　數）
〔註53〕《袁州仰山慧寂禪師語錄》，頁582a。
〔註54〕《袁州仰山慧寂禪師語錄》，頁582a。
〔註55〕同上，頁582a。
〔註56〕同上，頁582a。

初到耽源處參學，後又到潙山成爲潙山靈祐的弟子。他是此宗開創者之一，在得靈祐禪師心印之後，即率領徒眾住於王莽山，後來又遷到袁州仰山（今江西省宜春縣南），度眾無數，之後又遷至觀音山，「接機利物，爲宗門標準。」〔註57〕，從此發展開了潙山之道。所謂「潙仰宗」之號則是合稱潙山與仰山二名而成。近代高僧太虛大師說「潙山、仰山，父唱子和，深邃奧密之宗風。」〔註58〕說明若非仰山之深邃，則無能顯潙山之奧密禪法。

在《釋氏稽古略》卷三，此中有一段佳話：「即遊方初謁耽源，耽忠國師侍者應眞也，已悟玄旨。耽源曰：國師當時傳得圓相，九十七箇，乃六代祖師所留也。授與老僧記之日：吾滅後三十年，南方有一沙彌到來，大興此教，次第傳授無令斷絕，今適子來當以付之無令斷絕。師既領玄旨，後參潙山遂陞堂奧。」〔註59〕潙仰宗弘法的特色是用各種圓相○圖指示禪機，當中說明以九十七個○圖相傳法，其中各有它的意函在。而其文中所預言的沙彌即是仰山，仰山不但傳此法義並且大興此宗。

（二）小釋迦封號

仰山和尚常在上堂時告戒大眾修持當反觀心靈，向內在自心尋覓。仰山指示向他參學者不要只記得他的話語，也就是勿隨其外在的語言型式而起執著分別，這樣對所謂的禪法才能領會，於《祖堂集》：「仰山上堂：『汝等諸人，各自迴光返照，莫記吾言。汝無始劫來背明投暗，妄想根深，卒難頓拔，所以假設方便，奪汝麤識，如將黃葉止啼，有甚麼是處。亦如人將百種貨物，與金寶作一舖貨賣，秖擬輕重來機，所以道：石頭是眞金舖，我這裏是雜貨舖，有人來覓鼠糞，我亦拈與他，來覓眞金，我亦拈與他。』」〔註60〕此亦說明傳法所用的語言文字相是不可執取，而此宗所用的圓相○圖亦是假設方便而已。有一日仰山神遊彌勒內院居第二座：「師臥次夢入天宮彌勒內院居第二座。有一尊者白槌云：今當第二座說法。」〔註61〕醒時告於大眾說應離四句

〔註57〕同上，頁588a。
〔註58〕太虛大師：《中國佛學・中國特質在禪》，中國佛教協會、中國佛教文化研究所，1989年9月，頁47。
〔註59〕〔元〕釋覺岸：《釋氏稽古略》卷三，《大正新脩大藏經》第49冊，頁839c～840a。（下若同則簡註書名頁數）
〔註60〕〔五代〕靜、筠二師：《祖堂集》卷二，《佛光大臟經》，高雄：佛光出版社，1994年12月（初版），頁984。
〔註61〕《釋氏稽古略》卷三，頁840a。

絕百非「摩訶衍法離四句絕百非，諦聽諦聽眾皆散去。」〔註62〕當中亦有表示仰山的空性覺悟已然達成，有一日「忽有梵僧從空而至，師問曰：『近離甚麼？』曰：『西天。』曰幾時離彼，梵曰：『今早。』師曰：『太遲生。』曰：『遊山翫水。』師曰：『神通遊戲則不無闍黎。』梵曰：『特來東土禮文殊，却遇小釋迦。』遂出梵書貝多葉數十與師，作禮乘空而去，自此號師小釋迦焉。」〔註63〕在得到了此梵僧的印證之後，仰山遂得號名為小釋迦。

（三）智通禪師妙光之塔諡號

　　一期生命倏忽顯示出短暫的現象，以四大的假體悟入如來性海，才是出家修行的本心本願。而其所謂如來性海是淨明無住的三昧法，仰山曾為參學者講解三昧的出入意涵，《祖堂集》仰山云：「人人如無受，即法眼三昧起，離外取受。人性如無受，即佛眼三昧起，即離內取受。入一體如無受，即智眼三昧起，即離中間取受，亦云不著無取受。自入上來所解三昧，一切悉空，即惠眼所起。入無無三昧，即道眼所起，即玄通無礙也。譬如虛空，諸眼不立，絕無眼翳。」〔註64〕禪若不倚立文字語言說法，則學人無從依循，但雖立種種文字語言為方便，禪師卻常提示告戒學人，禪的真諦但不可依附文字語言種種相而不放。因為這些無非皆空義，《祖堂集》仰山云：「如將空拳誘小兒，都無實處。」〔註65〕這種空拳之義在《寶積經》卷九十，有言：「如以空拳誘小兒，示言有物令歡喜，開手拳空無所見，小兒於此復號啼。」〔註66〕說明一切的法義論說只是權巧方便指示而已。在《智度論》卷二十，有文說明「諸法無所有如空拳」〔註67〕這有隱喻諸法乃為方便之說而已。

　　仰山禪師一生之法化無論其權巧如何終將歸於空。於梁貞明二年丙子歲，師再遷東平。說偈「年滿七十七。無常在今日。」言訖以兩手抱膝而終。

〔註62〕同上，頁840a。
〔註63〕同上，頁840a。
〔註64〕《組堂集》卷二，頁920。
〔註65〕同上，頁920。
〔註66〕〔唐〕菩提流志譯：《大寶積經》卷九十：「如以空拳誘小兒，示言有物令歡喜，開手拳空無所見，小兒於此復號啼。」《大正新脩大藏經》第11冊，頁519a。
〔註67〕龍樹菩薩造，〔後秦〕鳩摩羅什譯：《大智度論》卷十九：「信諸法無所有如空拳誑小兒。」《大正新脩大藏經》第25冊，頁203c。

至次年嗣法弟子南塔光涌禪師遷其靈骨歸仰山，塔于集雲峰下，勅諡智通禪師妙光之塔。師嗣溈山祐禪師，法道盛化當時人皆宗之曰溈仰宗，寂初住王莽山。僖宗乾符六年有山神請曰：「東南有大仰山，福地也，師乃遷焉。」〔註68〕後來唐代陸希聲因前在嶺南為官，曾遇仰山大師於洪州石亭觀音院，向他求法問道，當下契悟佛旨。前因有此遇緣，在禪師圓寂後為仰山撰〈仰山通智大師塔銘〉〔註69〕對仰山慧寂禪師留下了寶貴的生平資料。

二、仰山慧寂禪師與佛教經典

對於仰山慧寂禪師生平《語錄》的記載，並沒有尋得有哪些經典是慧寂禪師所專研的。因此在這裡只能從其《語錄》中依其法語所涉，來分析相關法義的出處。考察《語錄》「摩訶衍法，離四句絕百非，諦聽諦聽。」〔註70〕「摩訶衍」是 maha-yana〔註71〕之音寫，義同於大乘、無上乘。在《六度集經》、《道行般若經》、《理趣經》、《大智度論》、《起信論》、《摩訶止觀》諸經論皆有出現。

仰山慧寂禪師常作各種圓相○圖示禪機「師侍溈山行次，忽見前面塵起，溈山云：『面前是甚麼？』師近前看了，却作此 ⊕ 相，溈山點頭。」〔註72〕此是仰山用畫圓○形作為證悟的意象。為了表示禪的第一義，即畫一圓形。象徵眾生與生俱來之心其本性平等。或用筆在紙上畫，或以拂塵，或者其他法具在空中畫。圓相起因於《宗門十規論》：「師乃作此○相，以手拓呈了却，拋向背後，遂展兩手。」〔註73〕這是溈仰宗最常用的一種禪機手勢。

仰山省親後回溈山處，有一段文「師住王莽山，因歸省觀。溈山問：子

〔註68〕〔元〕釋覺岸：《釋氏稽古略》卷三，《大正新脩大藏經》第49冊，頁840a。

〔註69〕〔清〕董浩編：《全唐文》卷八一三：「陸希聲　希聲，蘇州吳人。商州刺史鄭愚表屬爲屬，召爲右拾遺，擢景歙州刺史。昭宗時入爲給事中，拜戶部侍郎同中書門下平章事，以太子少師罷。卒贈尚書左僕射，諡曰文。」「仰山通智大師塔銘　　自文宗朝，有大溈山大圓禪師居士養道，以曹溪心地，直指學人，使入玄理。天下從霧集，常數千人。然承其宗旨者，三人而已。一曰仰山，二曰大安，三曰香嚴。希聲頃因從事嶺南，遇仰山大師於洪州石亭觀音院，洗心求道，言下契悟元旨。」

〔註70〕《大正藏》第47冊，《袁州仰山慧寂禪師語錄》，頁583a。

〔註71〕林光明、林怡馨編譯：《梵漢大詞典》（上），臺北：嘉豐出版社，2005年4月，頁688。

〔註72〕《袁州仰山慧寂禪師語錄》，頁583a。

〔註73〕同上，頁583a。

既稱善知識，爭辨得諸方來者。知有不知有，有師承無師承，是義學是玄學。」〔註74〕此中提到的「義」在佛法中有表示東西、對象、事物、自體、實體等所詮的意思。「玄」也就相對於對象物質的玄義。到後來，仰山禪師說「和尚，這個便是業識茫茫無本可據。」〔註75〕此中「業識」是佛教術名，表示流轉於迷界而起的意識茫茫。不能如實覺知真如之法，本來平等一味無差別，所以在不覺中而妄想心起動，是五欲之一，出處於《起信論》。

有一位陸希聲相公去謁仰山禪師，向他請示，看《涅槃經》如何斷絕煩惱？「師却問：承聞相公看經得悟，是否？云：弟子因看涅槃經，有云：『不斷煩惱，而入涅槃，得箇安樂處』。師豎起拂子云：祇如這箇，作麼生入？云：入之一字，也不消得。師云：入之一字，不爲相公。公便起去」〔註76〕此則出現的是《大般涅槃經》大乘經典。

一日仰山上堂，說法時：「我若東說西說，則爭頭向前采拾，如將空拳誑小兒，都無實處。」〔註77〕「空拳誑小兒」乃出自《妙法蓮華經玄義》：「非權非實空拳誑小兒，誘度於一切方便說權。」〔註78〕空拳表示本無一物，表示禪機所使用的方式只是權巧方便，其中並無一物可得。

從以上這些《語錄》中考其仰山所涉及的經典，其中「摩訶衍法」因所出處涉及的經典多，所以並不能清楚肯定於那部經典。而畫圓相，此點確定仰山的《宗門十規論》。「業識茫茫」雖出自《起信論》，但只可以說此處只是善用說法譬喻而已。而《大般涅槃經》此大乘經典確立，似乎是禪家必研之經典。由「空拳誑小兒」出自《妙法蓮華經玄義》乃在講解無相的禪理是很合理的。

仰山曾住於觀音寺，其時有「出牓云：看經次，不得問事，有僧來問訊。見師看經，旁立而待。師卷却經問：會麼？」〔註79〕此則說明，到底禪師還是研究經典的，只是看經不隨經轉，更顯禪家的無相無心之禪妙。有一詩偈是贊頌了心之旨「若要了心，無心可了。無了之心，是名真了。」〔註80〕無

〔註74〕同上，頁584a。
〔註75〕同上，頁584a。
〔註76〕《袁州仰山慧寂禪師語錄》，頁584c。
〔註77〕同上，頁585c。
〔註78〕天台智者大師說：《妙法蓮華經玄義》，《大正新脩大藏經》第33冊，頁709c。
〔註79〕《袁州仰山慧寂禪師語錄》，頁587a。
〔註80〕同上，頁584b。

心可了，覓心了不得，表現的是真正的無相。

三、仰山慧寂禪師傳承之說

仰山慧寂禪師是承溈山靈祐法嗣的，於本論其上在溈山靈祐師承已明列出，在此不復贅論。《傳法正宗記》卷第七，有文曰：「大鑒之五世，曰潭州溈山靈祐禪師，其所出法嗣凡四十二人。一曰仰山慧寂者，一曰香嚴智閑者，一曰延慶法端者。……至，嚴背道曠禪師止。」〔註81〕《五家宗旨纂要》：「溈仰宗風，父子一家，師資唱和，語默不露，明暗交馳，體用雙彰，無舌人為宗，圓相明之。」〔註82〕說明仰山承溈山之教風，語默動靜中透露其圓相之風格。當代禪師正果也指出「溈仰宗的家風，審細密切，師資唱和，事理並行，體用語似真而默契。」〔註83〕都是說明溈仰之間的默契圓融無間，依此可明何以仰山能傳承靈祐之禪法，意在其中。

對於其嗣法弟子，根據《景德傳燈錄》所載袁州仰山慧寂禪師法嗣十人，六人留有語錄，四人無語錄。他們是，袁州仰山西塔光穆禪師、晉州霍山景通禪師、杭州龍泉文喜禪師、新羅國順支禪師、袁州仰山南塔光涌禪師、袁州仰山東塔和尚，以上六人見錄。洪州觀音常關大師、福州東禪慧茂大師、福州明月山道崇大師、處州遂昌禪師，以上四人無機緣語錄。

仰山慧寂禪師弟子當中有光穆禪師，他繼承了仰山的教法，以畫圓相傳達禪法，並擔任了仰山圓寂之後的住持之職。而景通禪師、文喜禪師是分別於晉州霍山、餘杭龍泉弘揚仰山禪法。光涌禪師在仰山慧寂圓寂之後，他到靈隱寺居住傳法。溈仰宗創於仰山慧寂禪師之後到了仰山光涌僅僅兩代興隆，此後溈仰宗就逐漸衰微。

第四節　香嚴與仰山禪師詩偈要義與聲律

鄧州香嚴山智閑禪師同仰山皆為溈山靈祐大圓禪師的首坐弟子，但對於香嚴智閑禪道所頌出的悟道偈，卻是由其仰山慧寂印證後才得到認可的。本節探討香嚴智閑的偈頌，意圖藉以突出仰山的禪機見解。

〔註81〕〔宋〕釋契嵩編修：《傳法正宗記》卷第七，《大正新脩大藏經》第51冊，頁753b。

〔註82〕《五家宗旨纂要》，頁276c。

〔註83〕正果：《禪宗大意》，中國佛教協會，1990年10月，頁58。

一、香嚴智閑禪師〈悟道偈〉要義

　　師之教與徒之學，當中一是被動，一是主動，通常應相互穿插著才能收到效益，禪師的指點啓迷通常也只是點到爲止，悟與不悟且看學子的慧根而定，非是一味的教授，尤其是禪家的心性啓發中在行動上有時看似不合道理，其中卻有富含禪機的啓發作用。

（一）日用是道禪機

　　有一日潙山禪師問香嚴「我聞你在百丈先師處，問一答十，問十答百，此是汝聰明靈利，意解識想，生死根本。父母未生時，試道一句看。」〔註84〕香嚴當下被問得茫然，於是他將平日看過的文字從頭索閱，要找一句酬對之詞，卻找不得。因而自嘆云：「畫餅不可充饑！」〔註85〕屢次向潙山禪師請教指示之，師云：「我若說似汝，汝已後罵我去。我說底是我底，終不干汝事。」〔註86〕香嚴聞後即將平日所看文字全燒毀，並說：「此生不學佛法也！且做個長行粥飯僧，免役心神。」〔註87〕就辭潙山而去。一直到南陽，參拜慧忠禪師的遺跡，才憩止息。有一日香嚴在作務中芟除草木，偶然將瓦礫抛出擊中竹子而出聲響，當下香嚴忽然頓悟，父母未生前的本來面目。當即回到室中，沐浴焚香遙禮潙山，香嚴云：「和尚大慈，恩逾父母，當時若爲我說破，何有今日之事？」〔註88〕此則禪法的教育就在不全然的給予，卻在適機的言語暗示啓蒙中，禪師就像出考題一般，而會與不會也要看學子的根器。此時香嚴了悟禪法全賴潙山禪師善導之，才有香嚴自嘆此遭頓悟之功乃歸其師恩，如再造父母，並作有一頌〈悟道偈〉云：

> 一擊忘所知，更不假修持。
> 動容揚古路，不墮悄然機。
> 處處無蹤跡，聲色外威儀。
> 諸方達道者，咸言上上機。〔註89〕

此偈末句「機」爲上平聲五微韻，「知」、「持」、「儀」爲上平聲四支韻，古兩韻相通，此頌五言八句押韻，屬五古體制。

〔註84〕《五家語錄》卷二，〈潭州潙山靈祐禪師〉，頁105。
〔註85〕同上，頁105。
〔註86〕同上，頁105。
〔註87〕同上，頁106。
〔註88〕《五家語錄》卷二，〈潭州潙山靈祐禪師〉，頁106。
〔註89〕同上，頁106。

此偈內蘊無限的禪機在裡頭，修禪的目的是為了「悟道」，若不能了悟修禪即失去了其意義在。香嚴從放下自己過往的所知所見，安然的低頭除草當中，其心中是放空的，以無心的真心空性中在其瓦片擊中竹聲中的聲響當下才能相應。於當下處在一種無礙的自由境界中，在其心呈現空明的當下才能有所悟。禪在悟無所悟的道理，是因為那個本來已存在的自性，它不是外來的東西，雖有時間與空間的助緣，但了悟的確是自性本來的東西，因之說，何有所得呢？自心本是佛，佛本是自心，因無心處在見識全然忘空的當下，時機因緣成熟即能相機會得古佛自家寶。香嚴體悟了日用是道的禪機，內心充滿喜悅，從而發出「更不假修持」所呈現的是一超直入如來本地風光的禪悟體驗。

此詩偈禪機的顯露就在此文詞之中，詩中明示欲參本來面目權當全然放下，自性的顯露就在其中顯發出來，所謂無心是道。香嚴此偈作後呈與溈山被其認可，但是仰山卻覺得其有不足之處，續而又再勘驗他的禪道。

（二）一超直入禪機

前說仰山覺得香嚴之作尚有不足之處「溈山聞得，謂仰山曰：『此子徹也。』仰曰：『此是心機意識，著述得成，待某甲親自勘過。』仰山後見香嚴云：『和尚讚歎師弟發明大事，你試說看。』香嚴舉前頌，仰山曰：『此是夙習記持而成，若有正悟，別更說看。』」〔註90〕後來仰山為驗香嚴，親自問香嚴請其又再作省悟之理偈，此風類似五祖勘驗神秀般的情景，於是香嚴又作一頌云：

> 去年貧，未是貧；今年貧，始是貧。
>
> 去年貧，猶有卓錐之地；今年貧，錐也無。〔註91〕

此詩頌「貧」為上平聲十一真韻，「無」為上平聲七虞韻，兩韻古不通。頌文約為三言一句，但並不齊整，中有「猶有卓錐之地」合兩句三言而成六言，「貧」字一再重複呈現回文的趣味。

禪門以貧窮象徵自性，因為自性本不立一塵，在特徵上乃與貧窮有相通之妙。此偈香嚴禪師以「貧」來象徵自性，自性一塵不染為空，空為貧窮為無，若執有一個空在，他還是沒有達到究竟空的。說明香嚴禪師此悟道偈之作其實還存有一個空的，那個空，在此處他表示過去無有個立錐之地，在破

〔註90〕同上，頁106。
〔註91〕同上，頁107。

除了我法二空的究竟，而「今年貧，錐也無。」認爲解脫的究竟程度達成了，
因爲他認識了一個有「空」在爲實體，所以未達究竟之悟。在仰山聽得此偈
後，而有云：「如來禪，許師弟會，祖師禪，未夢見在。」〔註92〕仰山表示香
嚴的禪道境界未臻完善，只得如來藏自性清淨理，而對於達摩傳下至惠能祖
師的「應無所住而生其心」、「本來無一物」的空寂性，卻還有一段距離，後
來香嚴即又復頌一首偈云：

　　　我有一機，瞬目視伊。

　　　若人不會，別喚沙彌。〔註93〕

此詩偈「機」爲上平聲五微韻，「伊」、「彌」爲上平聲四支韻，兩韻古通，乃
四言四句，不但符合佛教偈頌的準則，且押韻整齊。

　　此詩偈中之「機」乃指心靈，謂心靈中存有一個有機體，他可以活潑玲
瓏運用，因之稱爲有一機。而「伊」代指自性，用心靈專注於自性，即會自
本性，是會悟本自具足本有的自性。此處說明體用相即又相離，體用若不相
離則能產生妙機，進而觸發禪道的體悟反則相離；在此相即相離間，只在瞬
目的體用雙彰間。仰山聽香嚴此偈後，就去向潙山報告說「且喜閑師弟會祖
師禪也。」〔註94〕此中仰山是稱讚香嚴已然體會祖師禪之清淨心、無念心妙
道了。

　　從於擊竹聲中，香嚴自覺悟入禪機而成詩頌，也曾被潙山認可了。但卻
遭到仰山否決，再度尋機會勘驗，香嚴於是再度省思，還是未入禪理核心。
直至第三詩偈頌出，才得到仰山認可。爲什麼香嚴一開始呈詩頌時，其師潙
山認同他，而仰山卻不放過，這中莫非說明其師徒（潙山、仰山）之禪道標
準有所差異？直至香嚴的復頌，仰山才喜而讚說，其閑師弟已會祖師禪也。
香嚴是到最後得到仰山的印證，才被認可其禪道已然是合乎祖祖相傳不立文
字之空性標準。從此則香嚴禪師感悟的詩偈，似乎也透露了仰山之禪道的標

〔註92〕〔宋〕求那跋多羅譯：《楞伽阿跋多羅寶經註解》卷第二曰：「云何如來禪，
　　　　謂入如地得自覺聖智相三種樂住，成辦眾生不思議事，是名如來禪。」《卍新
　　　　纂續藏經》第17冊，頁372c。是以如來禪爲至極之心法，達摩所傳之宗旨名。
　　　　唐朝仰山是最初立祖師禪之名目，是以祖師禪爲達摩所傳之心印，而以如來
　　　　禪未了之名。祖師禪是禪宗術語，是不立文字，祖祖本傳之禪也，是對《楞
　　　　伽經》中所說之如來禪而立此稱。即是以如來禪爲教內未了之禪，以祖師禪
　　　　爲教外別傳至極之禪也。

〔註93〕《五家語錄》卷二，〈潭州潙山靈祐禪師〉，頁107。

〔註94〕同上，頁107。

準，當比其師長潙山的還要嚴格一些。

對於其詩偈聲律問題，作品呈現出有四言、三言、五言樣式多元，如「去年貧，未是貧；今年貧，始是貧。去年貧，猶有卓錐之地；今年貧，錐也無。」詩偈很活潑，有古體也有講求押韻的。

二、仰山慧寂禪師〈啓迷〉的要義

南宗禪法一向強調的是，禪者不能拘泥於持戒坐禪的形式窠臼中，禪應當是施行於日用行住坐臥的，吃飯穿衣，擔材挑水中，六祖惠能有所謂〈無相頌〉云：「佛法在世間，不離世間覺。離世覓菩提，恰如求兔角。」〔註95〕所強調的是日用是道，生命的每一個當下，舉手投足、揚眉瞬目，一切行為的活動中都可以是禪道的顯發。表明了六祖惠能的禪道是反對著空的，有云：「若空心靜坐，即著無記空。」〔註96〕百無所思的禪道是違反道在生活的理念，可以說南宗禪道是不著重坐禪儀式的。仰山承襲著南宗禪的特色，有一日陸希聲請教仰山是否有持戒、坐禪，仰山回答他不作禪也不持戒，且有一首偈云：

> 滔滔不持戒，兀兀不坐禪。
>
> 釅茶三兩椀，意在钁頭邊。〔註97〕

此詩偈首句不押韻，「禪」、「邊」為下平聲一先韻，屬五言絕句詩體制。

仰山慧寂禪師接引後輩以法利生，闡揚南禪宗風的特色。佛家持戒是為了降服人們心中那如猿猴般的念頭，及那攀緣無所止的滔滔心念緣故，因而由戒可生定由定而得慧。假使禪者的心念把持不住，而以空心靜坐來止息，亦只是個空殼子，對禪道行在日用中是無所助益的，起心著淨又生淨之妄念，反而被淨相所縛。禪師以淨斷塵念則不持戒猶如持戒。所以仰山認為不持戒、不坐禪，但以日常生活中的飲茶為禪道，除盡穢念斷盡塵垢，雖無坐禪形式實已為坐禪。此中仰山之禪道觀念與南禪的一貫風格是相應的。

三、慧寂禪師〈宗旨〉的要義

在《袁州仰山慧寂禪師語錄》有言：「師接機利物為宗門標準，再遷東平

〔註95〕〔元〕宗寶編：《六祖大師法寶壇經》〈般若第二〉，《大正新脩大藏經》第48冊，頁351c。（下同則簡註書名頁數）

〔註96〕《六祖大師法寶壇經》，〈般若第二〉，頁350a。

〔註97〕《袁州仰山慧寂禪師語錄》，《大正新脩大藏經》第47冊，頁584c。

將順寂數僧侍立，師以偈示之。」〔註98〕仰山其時趁機闡釋其宗旨，有詩偈頌云：

> 一二二三子，平目復仰視。
>
> 兩口一無舌，即是吾宗旨。〔註99〕

此詩偈「子」、「視」、「旨」皆爲上聲四紙韻，首句入韻，五言四句押韻，符合唐五言絕句準則。

詩中的意思是在說明禪門的無相宗旨趣。首句意指眾弟子們，第二句告知修行用功處是在日常生活中的揚眉觸目，也就是起心動念處。第三句說明起心動念處發行於言語中，此中之語言文字只是方便法，切不可有所執。第四句表示這種方便示法的權衡性雖然傳法需用它來表示，但卻不可有所執著。就像仰山慣用手勢圓相說法來指示學者禪機，這樣的方式都是善巧方便而已。

四、慧寂禪師〈示滅詩〉的要義

禪僧對於自己將面臨圓寂之際，會將自己的哲學思想，用詩偈頌的形式來表現的遺囑，在《禪林僧寶傳》序文中有言：「臨終明驗之際，無不謹書而備錄。」〔註100〕慧寂禪師將示寂前，其僧徒有數人侍立在旁，到了當日午時禪師陞座辭眾，復說偈頌詩云：

> 年滿七十七，無常在今日。
>
> 日輪正當午，兩手攀屈膝。〔註101〕

此詩偈中的「七」、「日」、「膝」皆爲上聲四質韻，首句入韻，呈現標準的五言絕句式。

由此詩偈可知仰山陽壽七十有七歲，留下最後的法語以供世人憑弔。此詩偈無非是預知時至，告知無常就將來臨，時在中午時分，末句是屈膝攀坐，表安祥而逝之意。「言訖，以兩手抱膝而終。閱明年，南塔涌禪師遷靈骨歸仰山，塔於集雲峰下。諡智通禪師妙光之塔。」〔註102〕仰山一生依歸其師之教，倡導潙山的禪法。

〔註98〕《袁州仰山慧寂禪師語錄》，《大正新脩大藏經》第47冊，頁588a。

〔註99〕同上，頁588a。

〔註100〕〔宋〕戴良：《禪林僧寶傳》序，《卍新纂續藏經》第79冊，頁490a。

〔註101〕《袁州仰山慧寂禪師語錄》，《大正新脩大藏經》第47冊，頁588a。

〔註102〕《袁州仰山慧寂禪師語錄》，《大正新脩大藏經》第47冊，頁588a。

　　歸結仰山一生所弘揚的禪法與溈山是契和的，以下例舉二禪師上堂法語為證。靈祐禪師一日上堂曰：「夫道人之心，質直無偽，無背無面，無詐妄心。一切時中，視聽尋常，更無委曲。亦不閉眼塞耳，但情不附物，即得。從上諸聖，祇說濁邊過患，若無如許多惡覺情見想習之事，譬如秋水澄渟，清淨無為，澹泞無礙，喚他作道人，亦名無事人。時有僧問，頓悟之人，更有修否？師云：若真悟得本，他自知時，修與不修，是兩頭語。如今初心，雖從緣得，一念頓悟，自理猶有。無始曠劫習氣，未能頓淨，須教渠淨除現業流識，即是修也。不可別有法教渠修行趣向，從聞入理，聞理深妙，心自圓明，不居惑地。縱有百千妙義，抑揚當時，此乃得坐披衣，自解作活計始得。以要言之，則實際理地，不受一塵。萬行門中，不捨一法。若也單刀直入，則凡聖情盡，體露真常，理事不二，即如如佛。」〔註103〕仰山禪師一日上堂示眾云：「汝等諸人，各自回光返顧，莫記吾言。汝無始劫來背明投暗，妄想根深卒難頓拔，所以假設方便奪汝麁識，如將黃葉止啼，有什麼是處。」〔註104〕又說：「我今分明向汝說聖邊事，且莫將心湊泊，但向自己性海如實而修，不要三明六通。何以故？此是聖末邊事，如今且要識心達本，但得其本不愁其末，他時後日自具去在，若未得本縱饒將情學他亦不得。汝豈不見，溈山和尚云：『凡聖情盡，體露真常，事理不二，即如如佛。』」〔註105〕可對照出溈山與仰山禪法都強調「各自回光反顧」但向「自己性海，如實而修」，要屏除「詐妄心」、「無始曠劫習氣」，使心中「無如許多，惡覺情見，想習之事。」成為無心於事、無事於心的「無事人」，從而「識心達本」、「自心圓明」領悟和掌握自己的本來面目，呈現出活潑潑的生命，如此則「凡聖情盡，體露真常，事理不二，即如如佛。」方能進入禪境的般若中。〔註106〕

五、香嚴智閑與仰山慧寂偈頌的聲律

　　香嚴智閑禪師詩偈作品，語言質樸，用直截了當的說理方式表述，不做轉彎也沒有隱喻，可說比較符合佛家偈頌的作法形式，於中國詩法的語言成

〔註103〕〔明〕郭凝之編集：《潭州溈山靈祐禪師語錄》，《大正新脩大藏經》第47冊，頁577b～577c。此中仰山所言：「凡聖情盡，體露真常，理事不二，即如如佛。」是舉仰山與溈山所言有吻合處。

〔註104〕《袁州仰山慧寂禪師語錄》，《大正新脩大藏經》第47冊，頁585c。

〔註105〕同上，頁586a。

〔註106〕參考皮朝綱：〈溈仰宗風，圓相意蘊與禪宗美學〉，期刊論文《西北師大學報出版》，1994年1月，第31卷第1期，頁28～29。

份呈現出多元樣貌。其《語錄》中「去年貧，未是貧；今年貧，始是貧。去年貧，猶有卓錐之地；今年貧，錐也無。」此作品主要是「貧」字的重韻，「地」、「無」雖不合押韻原則，卻呈現活潑多元的詩偈作法。而慧寂禪師的二首作品，一是「一二二三子，平目復仰視。兩口一無舌，即是吾宗旨。」一是「年滿七十七，無常在今日。日輪正當午，兩手攀屈膝。」，兩首詩偈皆為五言四句的絕句形式，且是押韻的作品。但並不見收於《全唐詩》中。從兩位禪師的作品中可明顯的看出，其偈頌作法乃承襲佛經的偈頌四句、八句的形式的特色，以勸修為目的，用直陳普勸的歌頌形式作偈，其中少有比喻暗示或象徵性意象，質樸無華。

　　從以上本論所探討溈仰宗詩偈頌，可歸納溈仰宗將玄機妙趣的禪旨落實於日常生活當中，有人問到如何是玄旨？他卻說你與我掩卻門。又問如何是和尚家風？又說飯後三碗茶。掩卻門與飯後三碗茶看似平常，卻是凡人難為的標準。雖然溈仰宗風格，沒有高逸美麗的聖境，卻是踏實無華的現象界，倒也反應出人間佛道，這種風格是溈仰禪者修行中所流露的真誠，正也是溈仰宗所留給後世傳誦不止的馨香。

　　本論從溈仰宗祖師依溈山靈祐業識茫茫偈頌，及其悟道偈頌來探此宗精神。以業識茫茫偈頌中所說的人人本具足佛之不動智慧，為何到了眾生成茫然不知的業識而語出「到一切眾生分上，喚作業識茫茫？早知燈是火，飯熟已多時。」點著燈就有火，而飯早就可以做熟了。業識茫茫之因緣就在眾生智燈點著與否，為眾生詮釋明與不明的道理。溈山悟道乃在知其尋道的過程，是多迂迴曲折的，但其中的磨練並不能說是浪費光陰，沒有先前的磨練、試道，焉能築建起高樓呢？而香嚴以頌偈呈自悟之道，直至第三頌偈出，才得到仰山認可。為什麼香嚴一開始呈頌時，其師溈山卻要認同放過他，而仰山卻不放過，這其中也說明溈仰師徒之道是有所差異的。直至香嚴的復頌仰山才喜而云：「且喜閑師弟會祖師禪也。」香嚴最後得到仰山的印證，說明溈仰宗禪道著重於仰山。禪道從印度傳來，依本土的發展以圓為貴為美的特性，在仰山處發展應用於禪機的開發。仰山參禪得道是從圓相悟入的，亦藉由圓相接引禪機。從仰山以手勢畫○圓相傳法方式振興此宗後，又以仰山印證香嚴和尚禪道來顯發仰山禪境，似乎說明此宗之風格特別以仰山之道為重點處。即是畫○圓相之道。而圓相之道又可詮釋溈山的三種生：想生、相生、流注生，以圓相因起、暗機、義海，正是此宗一路之序曲——

為○圓相解說真諦意境，最終不離秘密禪法「教外別傳，不立文字，直指人心，見性成佛。」之曹溪一脈南宗禪的風格精神在。為仰的悟境與禪法，真謂深得馬祖道一與百丈懷海的風格，以理事如如，動即合轍之旨，在其接引學人，看似平常，實際上是十分奧密深邃的。父子共倡事理並行，體用雙彰，以全體顯現大用作為修養的宗旨，後來禪宗大德又將如何歸納為仰宗旨與此宗特色？下節考之。

第五節　為仰宗旨與特色

　　由開創洪州宗祖師馬祖道一的弟子百丈懷海，所衍化出的有二宗，臨濟宗與為仰宗，而為仰宗是五家最先立宗的一家，其衰落也較早，法脈歷時大約 150 年，但其宗風特色在中國禪宗史上的影響卻是不可小覷的。

　　何謂為仰宗？在《五家宗旨纂要》卷下，有很簡明的說文：「為山禪師，諱靈祐，長溪趙氏子，得法於百丈海和尚，初至大為，木食澗飲，十餘年始得仰山慧寂禪師相與振興其道，故諸方稱曰為仰宗。」﹝註107﹞說明此宗由為山禪師開創後接引仰山慧寂禪師為嗣法弟子，由仰山慧寂禪師振興其禪道，始成立一宗之風範。為仰宗雖是為山靈祐禪師與仰山慧寂禪師二禪師共創之，但依為仰宗語錄，時而可見一香嚴禪師﹝註108﹞，他亦是為山的嗣法弟子，對於為仰宗而言傳承的家風，他也扮演著重要的角色，無他則無法顯其仰山禪道之尊，好比無仰山則為山之道亦無法展現。

　　考《宗鑑法林》卷三十九，有云：「為山上堂。仲冬嚴寒年年事，昴運推移事若何。仰山進前叉手而立。師曰：我情知汝答者話不得，卻顧香嚴。嚴曰：某甲偏答得者話。師躡前問，嚴亦進前叉手而立。師曰：賴遇寂子不會。」﹝註109﹞為山、仰山與香嚴在語默動靜中之神靈交會下，總是共唱同曲。因之有瑞巖惺云：「為山將引二子向冰枯雪老之時作一家宴，熊掌駝峰下筯厭飫，

﹝註107﹞〔清〕性統編：《五家宗旨纂要》，《卍新纂續藏經》第 65 冊，頁 276c。（下同則簡註書名頁數）

﹝註108﹞靈祐禪師的弟子有四十多人，其中嗣法的重要弟子有慧寂、大安及智閑三位禪師，當中慧寂的關係與之最密切，史書中常以父子相稱。例《教外別傳》卷十一，《卍新纂續藏經》第 84 冊：「龍門遠云：為仰父子，尋常相見。」、「西禪儒云：為仰父子，出入卷舒。」頁 297b。

﹝註109﹞〔清〕集雲堂編：《宗鑑法林》卷三十九，《卍新纂續藏經》第 66 冊，頁 514b。（下同則簡註書名頁數）

管絃鼉鼓聲徹雲霄，遠近觀瞻莫不欣艷，及乎分付家財，依然却成吳越。」
〔註110〕擊拂云：「當初祇道茅長短，燒了方知地不平。」〔註111〕烏石道云：「潙
山父子三人裝一棚傀儡，打箇決殺無好散場。且道那裏是他打決殺處，兩人
各各叉雙手，門外砂盆井石走，笑殺潙山老古錐，却來面南看北斗。」〔註112〕
此中所說的父子三人正是潙山、仰山與香嚴。空有生禪師云：「潙山父子雖則
聲和響順敲唱同時，檢點將來，俱在百尺竿頭坐地，各認一班，未免傍觀者
哂，當時若問明覺，仲冬嚴寒年年事晷運推移事若何。但道，今日風頭稍硬，
請和尚歸方丈。若道得者一語，潙仰宗風必不致恁麼寂寥。」〔註113〕父子同
創一家宗風，此中所謂父子乃師徒之意，佛門中為弟子者皆視其師如父，乃
是一種傳承的意味，所謂家風亦是佛門之家。基於慧寂與智閑皆為此宗之家
風重要的關鍵人前題下，為此，本論亦將香嚴智閑之偈頌納入論中，前已舉
論可了解潙仰宗之特色處潙仰父子三人皆有其重要性。

　　潙仰宗開創人是潙山靈祐禪師，後傳法於仰山慧寂禪師，而大闡宗風，
後世稱號潙仰宗。此家之宗風由仰山承襲其師靈祐禪師之禪教，教法在潙山
靈祐禪師對當時修行者弊端警策之下，仰山承教也大闡其禪道。在《佛祖三
經指南》有文言及，潙山靈祐禪師得仰山而家聲大興「得仰山師資鼓唱家聲
大振，世稱潙仰宗。師見學者懈怠，漸成流弊，乃著警策一篇，叢林盛傳之。
言警策者如人重睡警之使寤，如馬既疲策之使進，眾生睡生死大夜怠脩行正
路，故師作此警策之，可謂徹困婆心眞實相為也。其或警而不省，策而不進，
則亦自暴自棄而已。」〔註114〕此中言及潙山靈祐禪師留下寶貴的文作《潙山
警策》一書，目的乃提醒修行者當知身為出家身分之目的，勿忘本心本志，
為自己修出離心，為眾生啓蒙的典範。仰山依教承襲了其師之警策，而大顯
宗風特色。

　　此宗之特色在詩偈中提倡以無為、無事為宗旨的形跡，禪道在自然中顯
出，直至解脫。倡導頓悟後仍舊須要有修行，並借色以明心附物以顯理，還
有一說為此宗不切看讀。是否此宗排斥讀經呢？以下探討析之，並詳述「潙
山三種生、圓相因起、暗機、義海」等，以觀其家風特色。

〔註110〕《宗鑑法林》卷三十九，頁514b。
〔註111〕同上，頁514b。
〔註112〕同上，頁514b。
〔註113〕同上，頁514b。
〔註114〕〔明〕釋道霈述：《佛祖三經指南》，《卍新纂續藏經》第37冊，頁808c。

一、潙山三種生

潙山有三種生（想生、相生、流注生）思想，潙山曾對仰山說：「吾以鏡智爲宗要，出三種生。所謂想生相生流注生。《楞嚴經》云：『想相爲塵，識情爲垢，二俱遠離，則汝法眼應時清明。云何不成無上知覺？』想生即能思之心雜亂，相生即所思之境歷然，微細流注，俱爲塵垢，若能淨盡方得自在。」〔註115〕此中潙山靈祐禪師舉其宗要，是清淨、光明、智慧，而提出三種生解釋其義：想生、相生、流注生。並以《楞嚴經》法義說明：「想生」是能思之雜亂心，它對塵境會產生妄想執取；「相生」是情識所生起的一切境界，緣所對的外界客觀分明在眼前而著境；「流注生」是內在情識與外境塵和合，而對塵境念念相續的一切煩惱，這些都是塵垢，若內心達到清淨，方才能得到免離這紛亂的煩惱，獲得自在的功效。

在宋代《人天眼目》〔註116〕依古德尊宿稱提襯內文，集五宗雜錄而成卷，其內容爲唐宋全盛時期，禪宗各家旨歸與趣向，中有一段文，是僧人問石佛忠禪師此三種生之義，僧問：「『如何是想生。』忠云：『兔子望月。』『如何是相生』。忠云：『山河大地。』『如何是流注生。』忠云：『無間斷。』」〔註117〕此中，以兔子抬頭望明月喻想生；以山河大地，喻相生；以識對境和合而無間斷，喻流注生。

此三種生乃是以緣起說明因識和果識的關係，從無十二緣起說明它的清淨，而當熾然則爲不淨〔註118〕。想生，乃因眾生第一念「無明」的生起，接著與外境塵色相交，而產生相生。又產生對外境我「愛」執取，此爲流注生。因而產生了「有」的開始，緊接著即有「生老」、「病死」苦因緣的循環系統，便發展成眾生落入流轉生死的輪回，無有間斷。

〔註115〕〔宋〕晦巖智昭編集：《人天眼目》卷四，《大正新脩大藏經》第 48 冊，頁321b。（下同則簡註書名頁數）

〔註116〕《人天眼目》題解：「該書先後歷經近二十年，自孝宗乾道初開始蒐集，訪問遺簡斷碼，古宿長老，而最後將全部有關禪宗潙仰、臨濟、雲門、法眼、曹洞五宗的資料，於天台萬年山寺而編成《人天眼目》。」高雄：佛光出版，1997年（初版），頁 3。

〔註117〕同上，頁 321b。

〔註118〕〔姚秦〕竺佛念譯：《菩薩瓔珞經》卷第十二，清淨品第三十四：「未有諸法十二緣起，尋能分別捨而不從，是謂清淨，見有熾滅結使者，是謂不淨。」《大正新脩大藏經》第 16 冊，頁 104b。

（一）想生頌

潙山的三種生「想生、相生、流注生」，其義就是闡釋生命的流轉過程因緣心識的現象，此三種生有石佛忠禪師作詩偈，想生頌云：

密密潛行世莫知。箇中已是涉多岐。

如燈焰焰空紛擾。急急歸來早是遲。〔註119〕

〈想生頌〉此偈整首押上平聲四支韻，首句入韻，以七言絕句作法。此偈義說，輪迴的眾生乃從一念無明起，不知不覺的被外境塵垢沾染而隨波起伏，不能清淨。前念生後念隨起，這是佛家所說的無明業識的作用力。若人能以禪心反觀自照，認識這物質界的一切，其實都是依因緣而生，他們並沒有一個真實堅固不變的自性體在；所以萬物一切會隨因緣散去而滅，就如空花水月般的假象，是不值得執著愛取的。詩偈義說明眾生若能這般的體認即能回歸自性的清淨。

（二）相生頌

法不孤生仗境生。纖毫未盡遂崢嶸。

回光一擊便歸去。幽鳥忽聞雙眼明。〔註120〕

此〈相生頌〉通首押下平聲八庚韻，首句入韻，呈現標準的七言絕句式。詩偈中「法」，代表世間所有事情，世界上的萬事萬物都有一個因緣循環的過程，此因生彼果，果又生因，諸因緣皆環環相扣，有因有果，亦因亦果。正所謂：法不孤起，仗境方生。萬法因緣而生，一切有賴於諸緣空無自性。透過因緣法則來反觀眾生內在的煩惱亦是自尋的。此中唯有透過空性智慧的啓發，才能帶眾生離開煩惱趨向解脫。此詩偈說明眾生只要具足真正認清諸行無常、諸法無我，學會無常真義，才能得到禪悅喜樂，即是佛家所說的覺悟，涅槃之道。

（三）流注生頌

塵塵聲色了無窮。不離如今日用中。

金鎖玄關輕掣斷。故鄉歸去疾如風。〔註121〕

〈流注生頌〉通首押上平聲一東韻，首句入韻，符合七言絕句詩歌的標準。詩偈意思在說明追逐塵境聲色的無意義，不如用功於日常生活中，時時觀照

〔註119〕《人天眼目》卷四，頁 321c。
〔註120〕同上，頁 321c。
〔註121〕同上，頁 321c。

事物本來的眞實相。那麼截斷我執、我愛、我取、生、老死的輪回，生命就將回歸涅槃的絕對自由。這種自由之境其實就在對物象觀點轉念中所得的，一念執迷就如身被金鎖不得自在，一念悟則將海闊天空任逍遙。

二、圓相因起

禪法在唐朝的幾次佛教法難之後，他還是依然發展的熱絡。應可歸因於其禪家以生活禪契入人心，禪道又平實，在禪宗的教育基本上並沒有一套法則或公式，禪宗五家自成一套接引眾生入道的方式。所謂：「教外別傳，不立文字，直指人心，見性成佛。」〔註122〕是禪家的原則。而禪師們用以引導後進的方法，也成爲一種特殊的藝術。有些看似不理性的接引方式如：打、蹋、喝等等強烈的方法，還有所謂：揚眉、瞬目、喝茶、手指等等的溫和方法教育。這些都是所謂「不立文字，直指人心」不能用語言與文字明白公開的隱語，其實都含有秘密付旨，唯有心領者才能神通之。

禪宗五家當中以手勢，傳達禪機的，有以繪圓「○」圖來表達禪理接引學禪者的方法，善用此方法者就以爲仰宗最爲擅長，因之爲仰宗也稱爲圓宗。在《人天眼目》卷四中，說明圓相因起，有其文：

> 圓相之作，始於南陽忠國師，以授侍者耽源，源承讖記傳於仰山，遂目爲爲仰宗風。明州五峯良和尚，嘗製四十則，明教嵩禪師，爲之序稱道其美。良曰：「總有六名，曰圓相，曰暗機，曰義海，曰字海，曰意語，曰默論。」耽源謂仰山曰：「國師傳六代祖師圓相，九十七箇，授與老僧國師示寂時。復謂予曰：『吾滅後三十年，南方有一沙彌，到來大興此道，次第傳授，無令斷絕。』吾詳此識事在汝躬，我今付汝，汝當奉持。」仰山既得遂焚之，源一日又謂仰山曰：「向所傳圓相，宜深祕之。」仰曰：「燒却了也。」源云：「此諸祖相傳至此，何乃燒却？」仰曰：「某一覽已知其意，能用始得不可執本也。」源曰：「於子即得，來者如何？」仰曰：「和尚若要重錄一本。」仰乃重錄呈似，一無差失。耽源一日上堂，仰山出眾作○相，以手托起作呈勢，却又手立。源以兩手交拳示之，仰進前三步，作女人拜。源點頭，仰便禮拜，此乃圓相所自起也。〔註123〕

〔註122〕〔北宋〕睦庵善卿：《祖庭事苑》卷第五，《卍新纂續藏經》第 64 冊，頁379a。
〔註123〕《人天眼目》卷四，頁 321c。

據《人天眼目》卷四，此中所記載，說明圓相之作始於南陽慧忠，由他傳授給耽源應眞禪師，應眞禪師再傳與仰山慧寂禪師，後來仰山在潙山處將其發揚光大。依禪的宗旨，禪本就應跳脫語言文字，以直覺發動本性自然的當下領悟，才是一種開發智慧的境界，所謂離一切名相分別。在《禪宗指掌》有言：「言語道斷，心行處滅」〔註124〕此乃是說明眾生的自性，是超越是非、善惡、相對等觀念而處於絕對的清淨境界。

三、暗機

　　暗機，是隨著畫○圓相，依不同之圓相圖所暗指的一種秘密禪法。其中有縱意、奪意、肯意、相見意，或點破、畫破，或擲卻、托起等等，施用時當視因緣機巧，隨用不同圓相圖，來暗指玄機。

> 仰山親於耽源處，受九十七種圓相，後於潙山處，因此○相頓悟，後有語云：「諸佛密印豈容言乎。」又曰：「我於耽源處得體，潙山處得用。」謂之父子投機，故有此圓相，勘辨端的。或畫此[○@牛]相乃縱意，或畫[○@佛]相乃奪意，或畫[○@人]相乃肯意，或畫○相，乃許他人相見意。或畫[○@（三*三）]相，或點破或畫破，或擲卻或托起，皆是時節因緣，纔有圓相。便有賓主生殺縱奪機關眼目隱顯權實，乃是入廛垂手，或間暇師資，辨難互換機鋒，只貴當人大用現前矣。〔註125〕

文中闡明以圓「○」相圖啓發學人頓悟佛旨，雖佛之密旨難以用言語去完全無差的說明他，但佛法有體用的道理，他是可以藉由圖相去指引開發的，只要契機明之悟之，皆依因緣不同而決定圖相的隨機變化。此中的體用就如賓主的關係，生殺、縱奪全憑機鋒當下的主客心靈相應否所決定。此乃表現禪法的活潑，是動是靜或無相有相，只要用對了時間，用對了人，他就是指明佛法大義的明燈，仰山對於來參的學人即常善用畫圓相圖以示暗機。

> 一日梵僧來參，仰山於地上畫○此相示之，僧進前添作🖤相，復以腳抹卻，山展兩手，僧拂袖便行。〔註126〕

有一天來了一位梵僧向仰山參謁，仰山不說一語地向他指示，只在地上畫了

〔註124〕〔清〕行海述：《禪宗指掌》：「無一切世出世間之法，乃至言語道斷，心行處滅也。」《卍新纂續藏經》第65冊，頁424b。
〔註125〕《人天眼目》卷四，頁322a。
〔註126〕同上，頁322a。

一個○圓相給來參者看，而此僧卻在此畫圓相中加了一畫爲⊖相，接著又用其腳抹去，仰山禪師見後隨即展開雙手，梵僧見得如此，乃以拂袖而去作回應之。當中來回的動作讓旁人不知禪師與參學者所玩的是什麼禪法，但其中禪的滋味只有倆者自知奧妙，旁人說之則又會落入語言文字的窠臼。

> 仰山閉目坐次，有僧潛來身邊立，山開目見，遂於地上畫[○@水]
> 相，顧示其僧，僧無對。〔註127〕

有一僧趁著仰山閉目端坐時，悄悄地坐在其身邊，當仰山開眼見時，則只在地上畫一○相，並在其圓當中加了一水字，仰山回頭欲見其僧人反應，但其僧卻沒有半句話語回答。這則，是在說明密印的理趣深奧，其種種的圓相就像是用手指月，目的並不是手指，而是明月才是其爲指之目的。

四、義海

　　義海，是依仰山傳法慣用的畫圓相例子傳達的佛法深義。雖其因時空背景對象的不同，而有種種異圓的詮釋，但其所傳播的訊息意義是相同的。

> 仰山在洪州觀音寺，粥後坐次，有僧來禮拜，山不顧，僧問山：「識
> 字否？」山云：「隨分。」僧乃右旋一匝云：「是什麼字。」山於地
> 上書十酬之，僧又左旋一匝云：「是什麼字？」山乃改十作卍酬之，
> 僧又畫○相，以兩手托，如修羅擎日月勢云：「是什麼字？」山畫[○
> @卍]相對之，僧乃作𦾔室勢，山云：「如是！如是！此是諸佛之所
> 護念，汝既如是，吾亦如是，善自護持，善哉善哉好去。」僧乃禮
> 謝騰空而去，時有一道者，見後經五日遂問山，山云：「汝還見否？」
> 者云：「見出三門外騰空而去。」山云：「此是西天阿羅漢，特來探
> 吾宗旨。」者云：「某甲雖覩此種種三昧，不辨其理。」山云：「吾
> 以義爲汝解釋，此是八種三昧，覺海變爲義海，體同名異，然此義
> 合有因有果，即時異時，總別不離隱身三昧也。」〔註128〕

此中所謂的三門，乃是佛寺山門形制如闕，所以也稱三門，寺院大至爲三門，有些寺院只有一門，亦稱三門，目的是在標示空、無相、無作三種解脫門的意義。而此則以佛陀弟子中修行最高的阿羅漢果來探，是用以說明此圓相宗旨的境界，已斷盡三界一切煩惱之位階。三昧，是佛教中三學之一的定學，

〔註127〕同上，頁322a。

〔註128〕《人天眼目》卷四，頁322a。

是用為解脫的一種不可或缺的功德力，說明此義海雖名與覺有異但實體與覺義皆為同屬三昧之境。

第六節　溈仰宗禪詩無心為道場美學意象

溈仰宗以靈祐禪師提出三種生「想生、相生、流注生」，說明圓相因起，其中含有「暗機」與「義海」，以此宗在接引禪學人時，常用圓相圖來表示遠離文字語言的內證境界，因此宗有九十多個圓相圖，用畫圓○相圖代替了禪悟之境，以圓相解說自性空的無心真諦意境。在本論對此宗的禪詩考索中也如鳳毛麟角般，據本論上所引香嚴禪師悟道禪詩作品，當可代表此宗詩歌所闡「無心」的悟境之美。詩云：

> 一擊忘所知，更不假修持。
> 動容揚古路，不墮悄然機。
> 處處無蹤跡，聲色外威儀。
> 諸方達道者，咸言上上機。〔註129〕

這首詩在許多禪家談到禪詩中皆受提及，表示此詩受肯定與它的代表性強，因此它也成了溈仰宗最著名的禪詩，詩中蘊有豐富的禪悟內涵。此禪詩中含有「無心」的佛理，「無心」也是禪宗最基本的體驗，主要意指離卻妄念的真心。強調此中所謂無心並非沒有心識之說，是說明禪是遠離聖凡、善惡、美醜、大小等分別情識，是禪者處於不執著、不滯礙的自由境界，是禪者經過行禪所展示慧性的表現。

此詩具有中國五古詩體制形式，字數整齊，語言質樸，平鋪直敘，表現對禪理的體悟不作轉彎，少用比喻性或暗示象徵意象性的文字語言。本節依後來諸家禪師分說此宗特色詩歌，考其中含有文學性的美學，可用以闡明此宗綱要與門庭的特色。

對於溈仰在《人天眼目》云：「溈仰宗者，父慈子孝，上令下從。爾欲捧飯，我便與羹。爾欲渡江，我便撐船。隔山見烟，便知是火。隔牆見角，便知是牛。」〔註130〕所謂：父慈子孝是為弟子者對師長所令的尊敬服從；師長想吃飯，為弟子者便為師服務拿羹；師長欲渡江，為弟子者便為師撐船去；

〔註129〕同上，頁106。
〔註130〕〔宋〕晦嚴智昭編集：《人天眼目》卷之四，《大正新脩大藏經》第48冊，頁323b。

隔遠山見有煙霧繚繞，即知那山有火正燃燒著；隔著牆見有犄角，即知那牆外有牛。這是說明，身爲弟子者對師長法義的領會，只在揚眉瞬目間，不用多用言語來累贅。所以史傳中常見稱其潙山仰山爲父子。在《人天眼目》卷之四，有云：「台州護國此菴景元禪師，始出家遍遊叢林。至蔣山謁圓悟禪師問云：『如何是潙仰宗。』師曰：『推不向前約不向後。』」〔註131〕此中之「推不向前約不向後」所詮釋的是此宗之禪法特色，禪機是以離文字語言，若能可會心者則不用多費脣舌，舉手投足間即能相通其禪法，此正是：父慈子孝之意函。

潙仰宗風的特色，從諸多的畫圓中無非只是巧妙的傳遞方式，有汾陽無德禪師歌頌曰：「有時敲有時唱，隨根問答談諦當。應接何曾失禮儀，淺解之流却生謗。或雙明或單說，只要當鋒利禪悅。開權不爲鬪聰明，舒光祇要辨賢哲。有圓相有默論千里持來目視瞬，萬般巧妙一圓空，爍迦羅眼通的信。」〔註132〕這種用畫圓只是巧妙傳達禪法的權術，不管是以相或緘默或瞬目，通其眼者即知其信息爲何。

有位泗州大聖普照禪師上堂時，一僧問：「如何是潙仰宗？師云：一桿攣跳不出。」〔註133〕跳不出，說的是內心的捲曲，一種圓相加上諸多異中相，那是說明此宗傳法的特色，無非是要學人脫離此圓相的的束縛。有圓悟佛果禪師問：「如何是潙仰宗？師云：『天下人跳他圓相不出。』進云：『三回喫棒猶若蒿枝。末後瞎驢人天正眼。』」〔註134〕禪機的妙法唯有識者明之，才能脫離畫相的用途，而不被其相所礙這與空相應，此正是所謂正法眼藏也。在《宗門玄鑑圖》有首潙仰宗偈頌云：

權分九十六圜攣，脫印相承有所傳。

垂手爲人曾作拜，橫身應物善交權。

禪天雲散心光顯，義海波澄月影圓。

明暗相參看變態，莫教辜負草鞋錢。〔註135〕

〔註131〕〔明〕居頂：《續傳燈錄》，《大正新脩大藏經》第51冊，頁655b。

〔註132〕〔宋〕楚圓集：《汾陽無德禪師語錄》卷下，《大正新脩大藏經》第47冊，頁621b。

〔註133〕〔宋〕集成編：《宏智禪師廣錄》，《大正新脩大藏經》第48冊，頁2a。

〔註134〕〔宋〕紹隆等編：《圓悟佛果禪師語錄》卷第五，《大正新脩大藏經》第47冊，頁733c。

〔註135〕〔明〕覺虛：《宗門玄鑑圖》，《卍新纂續藏經》第63冊，頁753c。

此詩偈通首押下平聲一先韻，首句入韻，以七言律詩呈現，中間兩聯對仗完整標準。此宗以方便傳法雖作有九十六個圓相，用它來做爲演法之印相。學者明白所用之圖相只是應物權巧。若心領神會能返觀自照其義者，則自性光明顯發。此中義理如清波映照明月清朗無遺，了無缺失。若不能辯其眞理實義者，可嘆枉修一場浪費此身空在佛門裡邊的一場善因緣。以上爲此詩偈頌義理的詮表大意。

　　潙仰宗所展現的禪詩風格以「無心爲道場」，強調「體用雙彰」，依此禪風在詩境上展現了超越物象的空靈與神妙的禪宗思想意象，在語言文上皆含有深邃的哲學思想，語言風格呈現出自然之美，是一種不假雕琢的渾然天然，也是此家禪風的澄明與高遠深邃禪境。

第三章　臨濟宗與義玄禪師的偈頌贊

　　臨濟宗是中國禪宗五家之中影響極大的一大宗派，義玄禪師是爲此宗祖師。義玄禪師是唐代曹州南華人，俗姓刑，自幼即懷負出家之志，出家受具足戒後精通戒律，並遊歷四方講學，曾參學黃檗希運禪師、高安大愚禪師，也曾禮謁潙山靈祐禪師。後來回到黃檗處，道業優異而受希運禪師印可。在宣宗大中八年（854），住於鎮州東南小院，後稱爲臨濟院，此宗也因此得名，從此慕其道者絡繹不絕，於是成就此宗。

　　從曹溪六祖惠能大師歷經南嶽懷讓、馬祖道一、百仗懷海、黃檗希遷到了臨濟義玄禪師才在臨濟禪院發展出，依後世所稱謂的臨濟宗。本章欲就義玄禪師的生平論其學述，並考典籍《臨濟錄》中涉及義玄禪師生平教化禪學人的相關經典，並從義玄禪師傳承之說了解他的禪學脈絡。禪師的詩偈頌贊要義如何展現此家禪機，與作品的聲律爲何？並期經過詩偈頌贊的探討之後，得出臨濟宗祖師的作品所展示出詩中文學性意象。

　　末節並追溯後來禪家對於此宗的宗旨特色，擬以詩偈作爲探討，以四賓主、四料簡、四喝、三玄三要，四作品來考述此家特色。臨濟宗向來接引學生有機鋒峭峻著名於世，此家禪師教化人每以喝叱顯其大機用，對參禪者的嚴苛，並未使其門庭衰微，反倒門風興隆，而有「德山棒、臨濟喝」之稱謂。後世並有稱其爲「臨天下」，成爲禪五家中最盛行的一派。

第一節　義玄禪師生平學述

　　對於義玄禪師的資料在現存《大正藏》卷四十七有〈臨濟錄・行錄〉及〈臨濟慧照禪師塔記〉、《祖堂集》卷十九〈臨濟和尚傳〉、《宋高僧傳》卷十

二〈唐眞定府臨濟院義玄傳〉、《景德傳燈錄》卷十二有〈義玄傳〉皆記載有他的生平資料。對義玄禪師生平的求法精神，及法參經過，本論利用《五家語錄》卷一，對臨濟宗祖師義玄禪師的相關文獻作節錄探討之外，亦參考《臨濟錄》此錄對臨濟宗開創者義玄禪師言行有詳細記載的一部語錄。並引證禪藏的《從容錄》之內文議題，以求其對臨濟義玄禪師生平作有深入探討。

一、義玄禪師生平

　　臨濟義玄不知其生年，於唐咸通七年圓寂（866）〔註1〕，師承自南嶽懷讓→馬祖道一→百丈懷海→黃檗希運→臨濟義玄〔註2〕。義玄禪師是唐代曹州南華縣人，也就是今日的山東省東明縣人。禪師俗性刑，但生年不清楚。小時候即異常聰明，長大後因爲孝順而受到鄉里間長老的稱讚。後來出家爲僧，受具足戒。對於佛家的三藏（經、律、論）皆有研究和廣博的修養，尤其是律典更爲精熟。法師因依其身爲職而常爲人講說經、律、論，從而體悟佛學經典的利世宗旨。考其生平之資料，經由作者比較有些異同，如下：

> 師諱義玄，曹州南華人也，俗姓邢。幼而穎異，及落髮受具，志慕禪宗。師在黃檗三年，行業純一。〔註3〕

上文所引是《五家語錄》中對義玄禪師的生平概略文獻。考《語錄》中對義玄禪師的生平是如此的簡略，筆者認爲有需再探索其它相關禪宗典籍，以求對義玄禪師作更詳細的了解。

　　於《宋高僧傳》卷十二，〈義玄傳〉說他在參方各地之後，因見了黃檗山希運禪師，與其道合才止於其處。「參學諸方不憚艱苦，因見黃檗山運禪師，鳴啄同時了然通徹。」〔註4〕後來又回歸家鄉弘傳禪法，「乃北歸鄉土，俯徇趙人之請，住子城南臨濟焉，罷唱經論之徒皆親堂室示人心要，頗與德山相

〔註1〕　《大正新脩大藏經》第49冊，《佛祖統紀》、《祖堂集》卷十九〈臨濟錄〉、《宋高僧傳》卷十二〈義玄傳〉、《景德傳燈錄》卷十二〈義玄傳〉等皆作咸通七年丙戌歲（866）四月十日圓寂，而《臨濟錄‧行錄》則記爲咸通八年丁亥（867）孟陬月十日圓寂。

〔註2〕　〔清〕紀蔭撰：《宗統編年》卷之十至卷之十五，《卍新纂續藏經》第86冊。並參考，釋聖嚴編著：《禪門麗珠集》，臺北：東初出版社，1993年，頁277。

〔註3〕　〔明〕圓信、郭凝之共編：《五家語錄》卷一，唐‧慧然集：〈鎮州臨濟義玄禪師〉，《佛光大藏經》，高雄：佛光出版社，1994年12月（初版），頁23。（下同則簡註書名及頁數）

〔註4〕　〔宋〕贊寧撰：《宋高僧傳》卷十二，〈義玄傳〉，《大正新脩大藏經》第50冊，頁779a。

類。」〔註5〕最後於「咸通七年丙戌歲四月十日示滅」〔註6〕此處對於義玄禪
師的圓寂資料，大致皆同其他諸典資料無異。後來諡號爲「慧照大師」，塔號
爲「澄虛」。義玄禪師的一生言教盛行於後世，「言教頗行于世」。其禪教即在
河北一帶盛傳開來，「今恒陽號臨濟禪宗焉」〔註7〕。此說大致同於《祖堂集》
卷十九〈臨濟錄〉、《景德傳燈錄》卷十二〈義玄傳〉等，對於義玄禪師的傳
記，資料大致爲簡。

　　義玄禪師，在《祖堂集》卷十九中：「臨濟和尙，嗣黃蘗，在鎭州。師諱
義玄，姓刑，曹南人也。自契黃蘗鋒機，乃闡化於河北，提綱峻速，示教幽
深。其於樞秘難陳，示誨略申少分。」〔註8〕而於《宋高僧傳》中對臨濟義玄
之傳有文：

　　　　釋義玄，俗姓邢，曹州南華人也。參學諸方不憚艱苦，因見黃蘗山
　　　　運禪師，鳴啄同時，了然通徹，乃北歸鄉土，俯徇趙人之請，住子
　　　　城南，臨濟焉罷唱經論之徒，皆親堂室，示人心要，頗與德山相類。
　　　　以咸通七年丙戌歲四月十日示滅，敕諡慧照大師，塔號澄虛，教頗
　　　　行于世，今恒陽號臨濟禪宗焉〔註9〕

從文獻中能了解義玄禪師的修行得到認同及讚揚，故敕諡慧照大師。此乃爲
表揚義玄禪師其生前爲弘揚禪法利益眾生之成就受到肯定。但在此引文中亦
不見義玄禪師的生年，只可詳知其卒年而已。

　　對於義玄禪師其卒年之文獻亦有所不一，有三點：(1)咸通七年（866）四
月十日。見《祖堂集》〔註10〕、《宋高僧傳》〔註11〕、《景德傳燈錄》「師唐咸
通七年丙戌四月十日，將示滅，乃說傳法偈曰」〔註12〕。(2)咸通八年（867）
正月十日。見〈臨濟慧照禪師塔記〉〈臨濟慧照禪師塔記〉：「師無疾，忽一日
攝衣據坐，與三聖問答畢，寂然而逝。時唐咸通八年丁亥孟陬月十日也。」

〔註5〕　同上註。
〔註6〕　同上註。
〔註7〕　同上註。
〔註8〕　《祖堂集》（二），頁944。
〔註9〕　〔宋〕贊寧撰：《宋高僧傳》，《文淵閣四庫全書子部釋家類》，臺灣商務印書
　　　　館，頁1052～159。
〔註10〕《祖堂集》：「南宗禪師傳承世系表（六）……臨濟義玄（？～866）」，頁298。
〔註11〕〔宋〕贊寧撰：《宋高僧傳》：「以咸通七年丙戌歲四月十示滅」，頁1052～
　　　　159。
〔註12〕《景德傳燈錄》：「師唐咸通七年丙戌四月十日，將示滅，乃說傳法偈曰」，頁
　　　　264。

〔註 13〕。(3)咸通八年四月十日。見《五燈會元》〔註 14〕、《人天眼目》：「唐咸通八年丁亥四月十日，攝衣據坐與三聖問答畢，寂然而逝。」〔註 15〕。

綜合以上所集資料可知其卒年有二說，咸通七年、咸通八年，一年之差。及其卒月，有正月、四月兩說。

二、義玄禪師與佛教經典

禪宗雖號稱「以心傳心，不立文字，見性成佛」〔註 16〕，且又「呵佛罵祖」〔註 17〕、「排斥三藏」〔註 18〕因之後世人若談及禪宗之法義，也總是以他們的公案、機鋒為禪宗要旨的關鍵所在為著力點。但從其他的文獻中可以得曉，義玄禪師他在正式參禪之前，對律典是有相當基礎的。於《鎮州臨濟慧照禪師語錄》中有云：「道流，出家兒且要學道。只如山僧，往日曾向毘尼中留心，亦曾於經論尋討」〔註 19〕義玄禪師說他曾經廣遍的研究經律，尤其是戒律典章。但後來認為這些經律就如同只能治表的醫藥，不能去除世人的煩惱根本，便放棄經律而遊方參禪去。「遂乃一時拋却，即訪道參禪。後遇大善知識，方乃道眼分明，始識得天下老和尚，知其邪正，不是娘生下便會，還是體究練磨一朝自省。」〔註 20〕所言「大善知識」指的是黃檗禪師也是大愚禪師，沒有這兩位大善知識的引導，就沒有後來的義玄禪師。

雖然相關於義玄禪師，較早期的經歷之記載資料所得比較少，但大至可從《語錄》中之上堂或開示法語中，所引用之經論，從中了解他所貫通的經典類群。如《祖堂集》：「山僧分明向你道，五陰身田〔註 21〕內有無為真人，

〔註 13〕 《臨濟錄》〈臨濟慧照禪師塔記〉：「師無疾，忽一日攝衣據坐，與三聖問答畢，寂然而逝。時唐咸通八年丁亥孟陬月十日也。」頁 269。
〔註 14〕 《五燈會元》卷第十一：「咸通八年丁亥四月十日，將示滅」，頁 649。
〔註 15〕 《人天眼目》：「唐咸通八年丁亥四月十日，攝衣」，頁 21。
〔註 16〕 〔元〕朝鮮僧天頙撰：《禪門寶藏錄》卷中：「殊不知吾祖師門下，以心傳心，不立文字，見性成佛。」《卍新纂續藏經》第 64 冊，頁 812c。
〔註 17〕 《禪林類聚》卷第三：「溈云：『此子已後向孤峯頂上盤結草庵呵佛罵祖去在。』」頁 17b。
〔註 18〕 《鎮州臨濟慧照禪師語錄》：「道流，夫大善知識，始敢毀佛毀祖，是非天下，排斥三藏教，罵辱諸小兒，向逆順中覓人。」頁 499a。
〔註 19〕 《鎮州臨濟慧照禪師語錄》，頁 499c。
〔註 20〕 《鎮州臨濟慧照禪師語錄》，頁 499c。
〔註 21〕 「五陰」義同名為「五蘊」五種生起執著與苦的根源。後秦龜茲國三藏法師鳩摩羅什奉　詔譯：《妙法蓮華經》卷第五〈安樂行品〉第十四：「見賢聖軍與五陰魔……共戰，有大功勳，滅三毒，出三界，破魔網。」《新修大正藏經》

堂堂露現。」〔註22〕「五陰身田」又有名爲「五蘊」,「五蘊」是佛教的基本教義,在許多經典中皆常涉及,尤以大乘經典爲重,如《毘婆沙論》、《瑜伽師地論》、《法華》、《華嚴》等諸經皆常有論及,此處只能說是大乘之經義。在《祖堂集》云:「于時師在眾,聞已便往造謁。既到其所,具陳上說,至夜,于大愚前說《瑜伽論》,談唯識,復申問難。」〔註23〕《瑜伽論》全名爲《瑜伽師地論》,這是唐代玄奘大師所翻譯的唯識經典之一。在《臨濟錄》云:「哪個在前,哪個在後?不作《維摩詰》,不作傅大士,珍重。」〔註24〕此兩則之《瑜伽論》、《維摩詰》,應可確定。

　　從上所引三則資料,大致可明確知道義玄禪師,上堂所涉及經典類群,應只有《唯摩詰經》、《愣伽經》、《愣嚴經》等佛經。對於參禪前他對戒律(毗尼)和經論的研究,應可說明其對於經、律皆熟知。而語錄中所涉經典語詞,因爲同一名詞在佛教各經文中皆往往同時出現,所以難以判別出所屬經典,只可知所涉及大致以大乘經典,包括律典及論典,因此可明其所涉獵佛教三藏經典應皆備矣。

三、義玄禪師傳承之說

　　在《指月錄》中的義玄禪師傳有云:「鎭州臨濟義玄禪師,曹州南華刑氏子。幼負出塵之志,及落髮進具,便慕禪宗。初在黃檗會中,行業純一。時睦州爲第一座。」〔註25〕此中說明義玄禪師他是黃檗的首座弟子,也由黃檗處開闢了禪法的另一葉「臨濟宗」。義玄禪師因到黃檗希運禪師那兒去參禪,而得到黃檗的指點。後又到大愚和尚處謁問,於穆宗壬寅長慶二年,終於大悟「元來黃檗無多子。」〔註26〕開悟後的情況,在《臨濟錄》及《景德傳燈錄》中皆記載他在黃檗門下。只有《祖堂集》記云:「師因此侍奉大愚經十餘年。大德臨遷化時,囑師云:『子自不負平生,又乃終吾一世。已後出世傳心,

　　　　　第 9 冊,頁 39a。
〔註22〕 〔五代〕靜、筠編著:《祖堂集》,《佛光大藏經》,高雄:佛光出版社,1996
　　　　　年,頁 251。(下同則註簡書明頁數)
〔註23〕 《祖堂集》,頁 252。
〔註24〕 張伯偉釋譯:《臨濟錄》,《佛光經典叢書》,高雄:佛光出版社,1997 年,頁
　　　　　36。
〔註25〕 〔明〕瞿汝稷編集:《指月錄》,《佛光經典叢書》,高雄:佛光出版社,1997
　　　　　年 4 月,頁 256。
〔註26〕 《宗統編年》卷之十三,《卍新纂續藏經》第 86 冊,頁 161b。

第一莫忘黃檗。』」〔註27〕此則說明，義玄禪師待在大愚禪師處受參禪法要比在黃檗禪師身邊的時間久，但大愚禪師臨終時卻要義玄禪師莫忘黃檗，其因為何？大愚和尚曾是黃檗禪師的同參道友「余昔同參大寂道友，名曰大愚，此人諸方行腳，法眼明徹。」〔註28〕因義玄禪師曾受教於黃檗處，在黃檗門下三度遭打，義玄禪師自云：「我在黃檗處，三度發問三度被打。」〔註29〕後來因為自恨障重，不能領會黃檗的禪法，而向黃檗請辭。而黃檗告訴他此去，只能往大愚禪師處，才能得啓發他所迷惑之處。檗云：「不得往別處去，汝向高安灘頭大愚處去，必為汝說。」〔註30〕於是義玄到大愚處，得到開示後又返回黃檗處，「師回黃檗，復陳上說」〔註31〕並告知黃檗他在大愚處的情形，大愚對義玄的教法受到黃檗的認同「喜子遇人」〔註32〕，黃檗聽後也對義玄說，他不該虛往而歸「何乃虛往？」〔註33〕，因此義玄才又往參大愚「師又去，復見大愚」〔註34〕，終於在大愚處開悟「於一棒下入佛境界」〔註35〕。義玄禪師因受黃檗禪師指示他參禪的去處，而在大愚處獲得一棒之下，才得有禪理的開悟。

上則文獻資料，雖義玄禪師之師承有不同說，是大愚還是黃檗？大愚是黃檗的禪機道友；義玄在此中往返參就禪機，應當不違南宗禪法本出自於一源（六祖惠能的法脈），其禪的主張意趣，應無有多大差異，所以黃檗了解義玄根器，也知大愚可提契他，兩相照應才能對機。

根據《景德傳燈錄》卷十二資料，義玄禪師的弟子有二十二位，但留有語錄的只有十六位。他們是，鄂州灌谿志閑禪師、幽州譚空和尚、鎮州寶壽沼和尚、鎮州三聖慧然禪師、魏府大覺禪師、魏府興化存獎禪師、定州善崔禪師、鎮州萬歲和尚、雲山和尚、桐峯菴主、杉洋菴主、涿州級衣和尚、虎谿菴主、覆盆菴主、襄州歷村和尚、滄州米倉和尚、以上一十六人留有語錄。

〔註27〕《祖堂集索引》，《佛光經典叢書》，高雄：佛光出版社，1996 年，頁 1614。

〔註28〕〔五代〕靜、筠編著：《祖堂集》，《佛光經典叢書》，高雄：佛光出版社，1996 年，頁 251。（下同簡註書名頁數）

〔註29〕《鎮州臨濟慧照禪師語錄》，《大正新脩大藏經》第 47 冊，頁 496b。

〔註30〕《鎮州臨濟慧照禪師語錄》，頁 504b。

〔註31〕〔五代〕靜、筠編著：《祖堂集・臨濟和尚》，《佛光大藏經》，高雄：佛光出版社，1994 年 12 月（初版），頁 946。

〔註32〕同上註。

〔註33〕同上註。

〔註34〕同上註。

〔註35〕同上註。

齊聳大師、涿州秀禪師、浙西善權徹禪師、金沙禪師、允誠禪師、新羅國智異山和尚，以上六人無機緣語錄。

從義玄禪師之後，臨濟宗後來傳承乃由其弟子存獎禪師一支繁衍開來。從臨濟義玄→興化存獎→南院慧顒→風穴延昭→首山省念，一路到了宋代至汾陽善昭禪師，臨濟門庭興隆於世。

第二節　義玄禪師偈頌的要義

臨濟義玄禪師法承自黃檗禪師，在禪的立場都主張「生佛不二」的思想，以無心為重並採無事為宗。義玄禪師的「無位真人」是指超越一切立場之真我，超越地位、階級及性別等一切差別之真我。超越佛教修行的位階不墮四十二位或五十二位等階級，超脫凡聖迷悟及上下貴賤一切對待，不著一處而解脫之人，離世俗基準之真人，徹見本來面目之人。並盛用禪機，啟發學生以辛辣式的棒喝聞名，並用〈四料簡〉「奪人不奪境、奪境不奪人、人境俱奪、人境俱不奪。」說明此家禪法的意境，內容有著濃厚的詩歌味道。

一、〈無位真人頌歌〉的要義

作者在搜索《五家語錄》中，義玄禪師的作品真正完整的詩偈只得到一首，那是義玄禪師即將示滅的偈頌。但由《從容錄》中卻得有另五首作品，一首列於〈無位真人頌〉中，另三首是〈開悟的贊頌〉，還有一首作品是〈拄杖一畫中頌〉。考文獻當中，時而有出現臨濟的「無位真人」術語。《從容錄》中有臨濟示眾云：「有一無位真人，常向汝等面門出，初心未證據者，看看。」時有僧問：『如何是無位真人？』濟下床擒住，這僧擬議，濟托開云：『無位真人，是甚乾屎橛！』」〔註36〕。《祖堂集》中有云：「時有僧問：『如何是無位真人？』師便打之，云：『無位真人是什麼不淨之物？』」〔註37〕參閱於《臨濟錄》中，義玄告示大眾說：赤肉團上有一無位真人，經常在你們面前進出，初發心的人還沒有證得它，要好好知道。這時有一位僧人問：「什麼是無位真人？」〔註38〕臨濟走下床一把抓住他，此時僧人略微遲疑，臨濟一把就推開

〔註36〕〔元〕萬松行秀：《從容錄》，高雄：佛光出版社1997年，頁223。（下同註則簡書名頁數）
〔註37〕《祖堂集》，頁251。
〔註38〕《大正藏》第47冊，〈鎮州臨濟慧照禪師語錄〉，頁496c。

他說道：「無位眞人是什麼擦屁股的木頭橛子。」〔註39〕這些看似很不雅的句子「乾屎橛、不淨之物、擦屁股的木頭橛子」，後世成爲參禪的公案，表示的是，告訴求禪法的人要破除分別心而已，說明眾生人人具有圓滿自足的佛性，不須向外尋求，迷失了是由於佛性受到污染，所以才不能顯露。求禪法的人若心中有聖凡的分別心，即落入階級等次。此中說的「無位」是表無階位，超越位相、位次之意「以無位中，論其地位，不可起決定有無之執。」〔註40〕而「眞人」原爲道教之語，佛教用來指已覺悟眞理之人。「無位眞人」〔註41〕的意思，是破除相對待的名相，無正無反，無聖人凡人之別，如如實實的消除名言的詮釋，跳脫言語的窠臼。有頌云：

迷悟相返，妙傳而簡。

春圻百花兮一吹，力迴九牛兮一挽。

無奈泥沙撥不開，分明塞斷甘泉眼。

忽然突出肆橫流。〔註42〕

首句「返」爲上聲十三阮韻，「簡」並無有符合韻式，「吹」爲上平四支及去聲四置韻，「挽」找不到符合韻式，「眼」爲上聲十五潸韻，「流」爲下平十一尤韻。對於詩作的標準而言，前二句爲四言，接下來四句爲七言，押上聲潸韻，最後爲一單句，轉下平聲尤韻，韻式寬廣，此作應屬雜言詩體。

此禪詩的作用重傳法的妙語妙機，眞人的面貌是沒有一絲相隔的，用言語傳法也已觸犯了人間風煙，放行時孤直險峻，收起來時又太快了，我的眼力本看得準，因爲禪師的誤導而看邪了，即使掀翻了你的禪床也別怪我。以上之說是此偈的意境。而最後禪師卻擲下挂杖子說：饒你一回。看來禪法之意境，靠的是心領神會，不能領會的，就像是霧裡看花一般。

二、〈開悟贊頌〉的要義

「開悟」一詞，有表示證悟心性的本來面目涵義，它與一般性的理解事情是有所不同的。理解，乃是依推論而理解經驗上的事情，與禪家所言的開

〔註39〕同上註。

〔註40〕〔五代〕延壽集：《宗鏡錄》卷二十三，《大正新脩大藏經》第48冊，頁544a。

〔註41〕此「無位眞人」指超越一切立場之眞我，超越地位、階級及性別等一切差別之眞我。不墮四十二位或五十二位等階級，超脫凡聖迷悟及上下貴賤，不著一處而解脫之人。離世俗基準之眞人。徹見本來面目之人。參考《大正藏》第47冊，《鎮州臨濟慧照禪師語錄》，頁496c。

〔註42〕《從容錄》，頁223～224。

悟是不能混爲一談的。考義玄禪師的開悟詩偈中有四言之頌云：

　　　銅頭鐵頭，天眼龍睛。

　　　雕嘴魚顋，熊心豹膽。

　　　金剛劍下，是計不納，

　　　一籌不獲，爲什麼如此？〔註43〕

此詩偈「頭」爲下平聲十一尤韻，「睛」爲下平聲八庚韻，「膽」爲上聲二十七感韻，「納」爲入聲十五合韻，「此」爲上聲四紙韻。依詩作的標準，此首頌前四句自成對句，「銅頭鐵頭」對「雕嘴魚顋」，「天眼龍睛」對「熊心豹膽」，最後一句出現不整齊句式，且韻腳不論。

　　此詩偈中之「金剛」是整首詩偈的核心意義。「金剛」可代表鑽石、金剛石，也就說明它是金石中最堅固者。在禪家常以「金剛」比喻爲「定」之簡略語辭。在玄奘所譯《大般若波羅蜜多經》云：「金剛喻三摩地。」〔註44〕表說定如金剛，三摩地也可譯爲三昧，是心念統一，是禪者將心念集中於一個對象。下例一作品卻是四句完整而齊一。

　　　正法眼藏，瞎驢邊滅。

　　　黃檗老婆，大愚饒舌。〔註45〕

此詩偈「藏」爲下平聲七陽韻，「滅」、「舌」皆爲入聲九屑韻，此作爲四言講求押韻詩偈。

　　此中一句「正法眼藏」〔註46〕，在禪門中意指正確的世界觀，眞實之悟境。又可名爲清淨法眼，也指釋迦牟尼佛所說的無上正法。意爲，正法如眼睛，能照破一切，能含藏一切。上之詩偈是義玄禪師曾經見到楊無爲居士所作的一首讚。後來臨濟禪師又到佛果克勤禪師處，續又作了「睦州讚」說道：

　　　辛辛辣辣，喔喔喋喋。

　　　穿濟北爲大樹，推雲門墮險崖。

〔註43〕《從容錄》，頁 415。

〔註44〕〔唐〕玄奘法師譯：《大般若波羅蜜多經》卷第四十一，《大正藏》第 5 冊，頁 229a。

〔註45〕《從容錄》，頁 416。

〔註46〕《臨濟錄》：「正法眼藏意指佛法。讀作正法眼藏涅槃妙心，意指佛之所悟。一切經藏之眼目，教外別傳不立文字的根本原理。由成書於唐代中期的《寶林傳》首先題出，禪宗成立之根據。《大正藏》第 47 冊，《鎮州臨濟慧照禪師語錄》，頁 495a。

言如枯柴，理不可階，是之謂陣蒲鞋。〔註47〕

此詩偈「辣」、「喋」找不到韻式，「樹」爲上聲七雨韻，「崖」找不到韻式，「柴」、「階」、「鞋」皆爲上平聲九佳韻。前兩句是四言，疊字成句。三、四句爲六言，亦有對仗，動詞對動詞，名詞對名詞，相當整齊。五、七、八句押韻。其特色是整首句數不一，成爲雜體詩式。

臨濟向來有大機大用之風貌，此詩偈表現了臨濟宗風的轉天關、翰地坤，負沖天意氣象。下有一首作品是元代萬松禪師，讚揚義玄禪師之頌云：

九包之鶉，千里之駒。

眞風度籥，靈機發樞。

劈面來時飛電急，迷雲破處太陽孤。

捋虎鬚，見也無？個是雄雄大丈夫。〔註48〕

此詩偈「鶉」首句不押韻，「駒」、「樞」皆爲上平聲七虞韻，「孤」、「夫」上平聲七虞韻，詩偈依整首而言，前四句是四言，屬於佛教偈頌格式，五、六句爲七言，前六句均採對偶句。第七句分成二句三言，屬七言變化式。全詩同押上平聲七虞韻，雖重在詮釋其禪法理論，亦可見出講求押韻。

此詩偈於《從容錄》中是萬松禪師讚揚義玄超宗越祖之風範，實在是具足鳳毛，果然是千里馬。詩偈中是讚喻臨濟義玄這神馬能一日千里，一開悟就領會了禪機大用。讚說的是，義玄禪師如千里之駒，是禪門的大丈夫。整首的終結是頌揚其道風儀範如大丈夫相。大丈夫是偉大的人，是卓越優秀的人，有時亦指佛菩薩，但這兒是指眞實的修行者。

三、〈拄杖一畫頌〉的要義

臨濟的禪機有時也用畫，此拄仗一畫即是因臨濟曾在地上作一畫之因緣而生。參閱於《從容錄》所云：「《臨濟錄》中有問典座一段，是這樣記載的，臨濟問供養主：『到什麼地方去了？』供養主說：『到州裏去賣米了。』臨濟又問：『全都賣完了嗎？』供養主說：『全賣完了。』臨濟在地上畫一畫，問道：『這個東西也賣掉了嗎？』供養主就向臨濟行禮，臨濟說：『這還馬馬虎虎。』……『這有什麼不可以的呢？院主被打了，獎賞不避開儕人，供養主受到恩惠了，殺人也不選擇誰是親人骨肉。』天童正覺也是看到臨濟依節

〔註47〕《從容錄》，頁416。
〔註48〕《從容錄》，頁417。

令行事，想顯露臨濟大機大用。」〔註49〕以下即是頌揚臨濟拄杖一畫之作，
偈云：

> 臨濟全機格調高，棒頭有眼辨秋毫。
>
> 掃除孤兔家風峻，變化魚龍電火燒。
>
> 活人箭，殺人刀，倚天照雪利吹毛？
>
> 一等令行滋味別，十分痛處是誰遭？〔註50〕

此詩偈文，有整齊的押韻，「高」、「毫」、「毛」、「遭」皆押下平聲四豪韻，「燒」
爲下平聲二蕭韻，兩韻古韻相通，首句入韻，此詩偈當屬七古體式。

「棒喝」一詞是禪僧用棒打或大喝一聲，乃是爲啓發修行者開悟的手段
之一。而「棒」乃始於德山，「喝」來自臨濟的。全詩顯示出禪機的棒喝之中，
還要問問是哪個主人遭棒打，挨棒還要省思一番，可不能白受的。悟與非悟
即在這當下。這在說明臨濟義玄的棒喝迅捷，神通大用，也就是這個樣子，
而有所謂的七事隨身〔註51〕，有殺人刀也有活人之劍〔註52〕。雪竇重顯頌巴
陵顯鑒禪師的「吹毛劍」有云：

> 要平不平，大巧若拙。
>
> 或指或掌，倚天照雪。〔註53〕

首句「平」爲下平聲一先韻，「拙」、「雪」皆爲入聲九屑韻，此偈呈現四言四
句，押入聲九屑韻，讀起來語氣順暢，大體較合乎佛教的偈頌體式。

此作品顯示了禪的生活哲理，人的大智若能常用於大愚來俺蓋，則可避
開鋒芒太露，於世能行之無礙。而禪法的運用亦常以拙顯巧，看似尋常卻有
不凡的禪機在裡頭。其巧心慧智就能「倚天照雪」，依靠如天一般的明朗之心
慧，澈悟一切障礙。

〔註49〕《從容錄》，頁455。

〔註50〕《從容錄》，頁456。

〔註51〕七事隨身：常持者，1三衣、2鉢、3香合、4拂子、5尼師檀、6紙被、7浴
　　　　具。見賢首的《諸乘法數》。

〔註52〕此爲禪林用語，以刀劍比喻師家指導學人之自由權巧運作之方法。《碧巖
　　　　錄》：「殺人刀、活人劍，乃上古之風規，亦今時之樞要。若論殺也，不傷一
　　　　毫；若論活也，喪身失命。」《大正新脩大藏經》第48冊，頁152c。蓋於禪
　　　　宗，師家接化學人時，用強奪、不許之方式，喻爲殺人刀；給與、允容之方
　　　　式，則喻爲活人劍。不偏於任何一方，而能自由運用之方法，即稱爲殺人刀
　　　　活人劍。

〔註53〕《從容錄》，頁456。

四、〈示滅偈〉的要義

義玄禪師於將示滅前作有一作品，以石火、電光來顯無常的道理，考其《語錄》中有下例一首頌云：

> 大道絕同，任向西東。
>
> 石火莫及，電光罔通。〔註54〕

此首詩偈「同」、「東」、「通」皆為上平聲一東韻，四句不但押韻，三、四句式也整齊，此作依四言四句比較符合佛教偈頌體式。

此中「石火、電光」是喻指事物之迅速生滅變化。「石火」對「電光」，「莫及」對「罔通」。考《語錄》中有些對話即使只取兩句而已，讀來亦有詩韻味道在，禪師云：

> 但看棚頭弄傀儡，抽牽全藉裏頭人。〔註55〕

又有云：

> 渾崙擘不開，與你兩文錢。〔註56〕

上首不見韻式，下首「開」為上平聲十灰韻，「錢」為下平聲一先韻。兩首七言與五言各成兩句形式，雖不見以尋常四句的詩作形式，但字句整齊，上下呼應亦有詩韻的味道。

如上所引五言或七言在《語錄》中是常見的。這在禪林中的小參也是常有的，因為學禪修的境界等次不同，而上座總有不同的禪機對話。在臨濟宗如前有〈四料簡〉「奪人不奪境、奪境不奪人、人境俱奪、人境俱不奪。」此中的「人」是指主觀存在之意，「境」是指客觀存在之意。這是義玄禪師所施設的，目的是為破除我法二執。乃是禪師應機應時、與奪隨宜，殺活自在的教導學人的四種規則。考《五家語錄》文獻中，解說此「四料簡」有著濃厚的詩歌味道。

> 晚參示眾云：「有時奪人不奪境，有時奪境不奪人，有時人境俱奪，
> 有時人境俱不奪。」
>
> 時有僧問：「如何是奪人不奪境？」
>
> 師云：「煦日發生鋪地錦，嬰孩垂白髮如絲。」
>
> 云：「如何是奪境不奪人？」

〔註54〕《五家語錄》卷一，〈鎮州臨濟義玄禪師〉，頁36。
〔註55〕同上，頁55。
〔註56〕同上，頁56。

　　師云：「王令已行天下徧，將軍塞外絕烟塵。」
　　云：「如何是人境兩俱奪？」
　　師云：「幷汾絕信，獨處一方。」
　　云：「如何是人境俱不奪？」
　　師云：「王登寶殿，野老謳歌。」〔註57〕

此上「有時奪人不奪境，有時奪境不奪人，有時人境俱奪，有時人境俱不奪。」「境」爲上聲二十三梗韻，「人」爲上平聲十一眞韻，「奪」爲入聲七曷韻，句式整齊雖不見押韻但亦有詩韻味道。而「煦日發生鋪地錦，嬰孩垂白髮如絲。」、「王令已行天下徧，將軍塞外絕烟塵。」、「幷汾絕信，獨處一方。」、「王登寶殿，野老謳歌。」都是屬於兩句成一小詩，以詩的韻味解釋禪意，大大增加了解釋空間，避免受到直說文字的拘限。

　　「奪人不奪境」這種境界如同春天的太陽，映照萬物生機蓬勃。佛法說我人是因緣和合而成，並無眞實性；若世人不認清，則會執著有個我的存在，如此便會產生種種的錯誤想法，續而產生出無量的煩惱。因此對我執重的人，修行必須破除以我爲實有的觀念。

　　「奪境不奪人」這是針對法執較重的人，爲破除以法爲實有的觀念。修行如果執重於客觀，那麼會致使泯滅自性，教導學人就應要設法以使他認知重視本心。所有世間一切法其實也是假因緣而成，皆有變化生滅的，如果過於執著則妄生分別，是會妨礙見眞如自性的體悟的。以清明的心對客體的境不起分別，才能正確體悟眞空妙有的自性。

　　「人境俱奪」此乃針對我、法皆重的人，爲破除其我、法二執。以世間一切皆爲虛妄不實，因之對自我與外境皆不應有所執著。說明主觀與客觀皆無眞實性，修行應該超越主客體，才能正確的了悟心性本原。

　　「人境俱不奪」這是針對於我、法都無所執的人，此二者皆無須破除，表示主體與客體各依其列位。此時如「王登寶殿，野老謳歌」這是譬喻帝王善治，則人民豐衣足食，故而歌功頌德，得享太平之日；用來歌頌悟入禪法眞髓的自再。

　　臨濟義玄禪師將入滅時有一學人趨近向他請法「大通智勝佛，十劫坐道場，佛法不現前，不得成佛道。」〔註58〕此首作品即使它是不押韻，但卻字

〔註57〕《五家語錄》卷一，〈鎭州臨濟義玄禪師〉，頁56。
〔註58〕同上，頁76。

－119－

數整齊,呈出四句偈的標準形式。在「唐咸通七年丙戌四月十日也」〔註 59〕
臨濟義玄禪師(866)將示滅,說偈云:

> 沿流不止問如何,眞照無邊說似他。
>
> 離相離名人不稟,吹毛用了急須磨。〔註 60〕

此詩偈「何」、「磨」押下平聲五歌韻,首句入韻,應屬七言絕體詩式。

　　此詩偈中表示,順流而下,不問停處如何,乃象徵修行者一切隨緣。禪
的眞正觀照是無邊無際,正如所謂心包太虛,怎能說它像什麼?有了一定型式
就表示有所執。一切法應離名相不用言語解說,若依脫離物相立場而言其名
稱是無法爲人講解的。吹毛利劍用過要立刻就磨,此中意味著心中不能存有一
絲絲的執著想念。臨濟禪師說此偈語後即端坐而逝化,禪師的知其時至,及
安然自在的隨其因緣入滅,乃是一般人無法做到的。入滅最後諡號「慧照大
師」〔註 61〕此乃肯定臨濟禪師法化後所呈現遺留人間的眞知卓越聖業。

　　以上本文所舉臨濟《語錄》中的偈、頌、讚探討,似乎可以得出一個概
念;禪並不是單純的一種思想,而是一種悟道的體驗。禪師的目的並不是向
學人傳達一種對禪的理解,而是「以心傳心」不能用言語直說的就用喝之方
式啓發,讓學人直接覺醒到與禪師本無差別的本性。因而,禪的本質是超越
於言說的,學禪之人們是不能執著於文字相,或禪師所說的一切法,但最後
都可以歸結爲意識中的「有」與「無」兩者。本文通過對臨濟《語錄》之義
玄禪師的「詩偈頌」探討其禪意的闡釋,說明禪師的種種善巧說法,皆是直
指自性的方便,看來學人必須從中領悟到超越文字的眞實,才能理解臨濟禪
家看似矛盾的表達方式,其實有著內在深層的統一性。它對於學人進一步瞭
解禪的眞諦,也扮演著非常重要的意義。這就是臨濟禪的特色,義玄禪師善
觀對象的根器爲何?視機的層度用以微妙的禪法(或棒或喝),就是要讓學人
的本地風光(自性)呈現出來而已。

第三節　義玄禪師偈頌的聲律與禪機

　　本節採考臨濟宗旨語錄中的詩偈頌,探討義玄禪師與唐詩歌的關涉,目

〔註 59〕　〔北宋〕道原撰:《景德傳燈錄》,《佛光大藏經》,高雄:佛光出版社,1997
　　　　　年,頁 264。
〔註 60〕　《五家語錄》卷一,〈鎮州臨濟義玄禪師〉,頁 80。
〔註 61〕　同上,頁 80。

的爲了解其押韻及對仗問題。在佛教中的禪宗語錄中常見其詩與禪的交涉，從漢譯佛典開始便已然成爲不可分離的狀態。佛經的譯本中尋常可見它用比喻、詩偈、故事等不同的方法來闡釋佛法。而其中與詩歌最有關係的是方便於記憶和傳誦的韻文偈頌。對於詩禪交涉的起點議題諸家學者皆曾有詳細探討過，於「論詩禪交涉──以唐詩爲考索重心」論及詩禪交涉的起點：從漢譯佛經說起、詩禪交涉的基礎：詩道與禪道的匯通、唐代詩禪交涉之一斑，並論及文士習禪之風潮、以禪論詩之實踐、詩僧示道之詩作、以禪喻詩之開端〔註62〕。從這些主題的探究，其目的可以說明唐詩與禪機融合。唐代禪僧們以詩明禪，而唐詩人也以禪入詩，他們將詩與禪二者融通、結合起來，使禪中有詩、詩中有禪，話禪則不能離開禪詩了。禪僧所作的詩偈合不合格律呢？本節續考《五家語錄》中所列臨濟宗旨詩偈順序作爲探討。

　　　　兩堂首座總作家，其中道理有分挈。

　　　　賓主歷然明似鏡，宗師爲點眼中花。〔註63〕

此詩偈「挈」找不到韻式，「家」、「花」皆爲下平聲六麻韻，首句入韻，以七絕句式作法，此詩偈符合七言絕句詩式的規範標準。

　　　　臨濟「兩堂首座」〔註64〕相見，同時喝了一聲。「喝」乃是臨濟接引禪機的重要方法之一。有僧問臨濟云：還有賓主也無？（兩人之間還有主客的差別嗎？）臨濟答云：賓主歷然。（主客之間的差別非常明白的）接著又說：眾位僧人，要想理解我說的主與客的意味，就問問堂中的兩位首座。偈中道理正說明禪語中的一貫禪儀風範，世間中任一物一事看似皆然卻有分別的，但分別差異中又不盡相同。

　　　　十智同眞面目全，於中一智是根源。

　　　　若人欲見汾陽老，劈破三玄作兩邊。〔註65〕

〔註62〕蕭麗華：《唐代詩歌與禪學》第一章「論詩禪交涉──以唐詩爲考索重心」論及詩禪交涉的起點：從漢譯佛經說起、詩禪交涉的基礎：詩道與禪道的匯通、唐代詩禪交涉之一斑，並論及文士習禪之風潮、以禪論詩之實踐、詩僧示道之詩作、以禪喻詩之開端。臺北：東大圖書發行，1997年，頁3～29。

〔註63〕〔宋〕慧洪撰：《臨濟宗旨》，高雄：佛光出版社，1994年12月（初版），頁14。

〔註64〕參考《臨濟錄》「兩堂」前堂與後堂。前堂分座說法，後堂輔贊宗風。此二首座之職。首座，堂內首席者。頁30《大宋僧史略》卷中：「首座之名即上座也。居席之端，處僧之上，故曰也。」

〔註65〕《臨濟宗旨》，頁17。

此詩偈「全」、「邊」為下平聲一先韻，「源」為上平聲十三元韻，兩韻古不通轉，呈現七言詩體式。

這首詩偈的含義是在說明佛家所謂的「十種智」〔註66〕是盡含一切智的。詩中表達十智之源乃出於一智，一智通則十智通。而「玄」是指深遠之教，有三種（玄中玄、句中玄、體中玄）深遠的道理，所以稱為「三玄」〔註67〕。

禪師在修行的方法上，不管是以言語的揭示，或者行動的棒喝。其目的無非都是要喚醒學習者的自我反思，以啟發其自性法身佛的認知。但往往用其名相來告知學者卻不足以表示所指的那個自性佛。因此禪法的詩偈在所指中卻又常使用前後文意，蘊含著否定的語氣，這種方式是禪家慣用的破執法。

　　以字不成八不是，法身睡著無遮閉。

　　衲僧對而不知名，百眾人前呼不起。〔註68〕

此詩偈中「是」、「起」皆為上聲四紙韻，「閉」為去聲八齊韻，古通紙韻。此作為古韻七言詩。

　　此詩偈的關鍵字在「法身」〔註69〕一詞上，法身又可名為：「法佛、法身佛、自性身、法性身、寶佛」等。說一切有部稱為佛所說之正法，或十力等之功德法，名為法身。法的聚集大乘謂畢竟存在之身，而說一切法皆由此身所現。即以真理為體者，真理本體，理法常住之佛。本體之身，即純粹

〔註66〕此「十種智」於《大正藏》第29冊《俱舍論》26卷，中云：「世俗智、法智、類智、苦智、集智、滅智、道智、他心智、盡智、無生智。」頁134c。而《大正藏》第10冊《華嚴經》16卷，十住品將自再說教之辯才智分成十種：「無礙智、無著智、無斷智、無癡智、無異智、無失智、無量智、無勝智、無懈智、無奪智。」頁84a。

〔註67〕乃是以三種綱目揭示之教，或意指玄中玄、句中玄、體中玄。「玄中玄」是指本身的真實。「句中玄」是指語言及認識上所呈現的真實。「體中玄」是指實踐中所呈現的真實。《大正藏》第47冊，《臨濟錄》，頁495a。

〔註68〕《臨濟宗旨》，頁19。

〔註69〕此「法身」亦名法身、法身佛、自性身、法性身或寶佛等。《俱舍論》：「五分法身」，頁113b。《大智度論》：「法身佛常放光明。常說法。」頁126a。《攝大乘論》：「由佛三身，應知智差別，一自性身，二受用身，三變化身。」頁129c。《大般涅槃經》卷第二十九：「諸天世人恭敬讚歎，明見生死及非生死，善能了知法界法性身有常樂我淨之法是則名為大涅槃樂。」頁793c。《宗鏡錄》卷第二十：「能持是經者，令我及分身。滅度多寶佛，一切皆歡喜。」頁526b。

無差別相者。此與「空」同義。此一首詩偈雖平仄不整齊但為押韻。在文中續而有云：「孰為詩僧？亦能識字義乎！」〔註70〕因同看汾陽作犢牛偈一首，文曰：

> 有頭無角實堪嗟，百劫難逃這作家。
>
> 凡聖不能明得盡，現前相貌有些些。〔註71〕

此詩偈「嗟」、「家」、「些」皆為下平聲六麻韻，詩偈通首押下平聲六麻韻，首句入韻，呈現標準的七言絕句。

　　此詩偈在意義上要表達的是，眾生重業的因緣力實難轉移，即使在百千劫亦難脫離。「百劫」又名「百千劫」之義。依佛教典籍而言，菩薩須要於過去世修行經過「三阿僧祇」之後，再修行百劫，才能成就菩薩聖業。更何況是以凡夫身，甚至於六道中之眾生，當更難脫卻之。何以說難以脫卻？乃在於迷失了本來圓滿通達的那一點明光。若拋除一切外在的形象分別，就其本來面目，法界一切眾生是無差別的。可惜不能明瞭佛法的究竟根本，凡聖還是有差異的。

　　依考《臨濟宗旨》中的四首詩偈之頌贊中，可以發現除作品「十智同真面目全，於中一智是根源。若人欲見汾陽老，劈破三玄作兩邊。」此一作不符合絕句詩的規範外，另三作皆符合標準的。在搜索《全唐詩》中之詩歌作品中，此四首詩偈並無有一作收錄其中。臨濟義玄禪師的所作禪詩偈中，其目的還是在闡發禪境的意味重。每首作品讀之皆有令人禪味灌頂的禪機味道在，對於合不合律，押不押韻應是聽任其自然發展，其重點乃在啟發禪法妙境才是真諦。

第四節　臨濟宗旨與特色

　　中國南禪五家中的臨濟宗，乃是唯一在北方發展形成的分支。由於此宗開創祖師是鎮州義玄禪師，上承黃檗希運的禪法，希運承百丈懷海，懷海從馬祖道一，道一從南嶽懷讓，到了義玄禪師自成一家宗風。臨濟宗從發展開始，到今日可說影響甚大，有所謂「臨天下」說明臨濟法嗣兒孫遍滿天下。臨濟宗旨在禪宗的文獻中有《五家宗旨纂要》所謂：「臨濟家風，全機大

〔註70〕《臨濟宗旨》，頁19。

〔註71〕同上，頁20。

用，棒喝齊施，虎驟龍奔，星馳電掣，負冲天意氣，用格外提持，卷舒縱擒，殺活自在，埽除情見，迥脫廉纖，以無位眞人爲宗，或喝或棒，或豎拂明之。」〔註72〕其在《五家語錄》（序）中：「四賓主、四料揀、四喝、三玄三要」〔註73〕。展現特色有「臨濟喝」、「五逆聞雷」，因以其棒喝峻烈的禪風聞名。

一、臨濟宗旨

在《五家語錄》（序）中：「臨濟有四賓主、四料揀、四喝、三玄三要。一句中具三玄，一玄中具三要，有玄有要，是吾宗旨。」〔註74〕這七種是臨濟宗旨的術語名相，臨濟宗從唐成立宗旨特色的傳承到了宋代成了一種典範，於《圓悟佛果禪師語錄》卷第二十有偈頌，文曰：「四料四賓主，三玄及三要，擊石火電光，乃臨濟垂範。」〔註75〕依此論而言，臨濟之門庭宗旨不出此四項，本節依此將略述臨濟此四項特色，作爲臨濟宗旨來討論。

（一）四賓主

首先談到「四賓主」此是臨濟禪的代表性宗旨，用主客來比喻當師家在指導修行學者時，其間問答的交涉與應酬，分成四種狀態「賓看主、主看賓、主看主、賓看賓」說明。此中所指的「賓」代指爲「客」，是表示參禪學人，或不懂禪理的人；而「主」則表示指導參禪學人的禪師，或是懂禪理的人。臨濟以參禪學人與禪師對答中的見解高低境界狀況，歸納了四種，因此後人就稱其爲「四賓主」。如在《人天眼目》有文曰：「參學人大須仔細，如賓主相見，便有言說往來，或應物現形，或全體作用，或把機權喜怒，或現半身，或乘師子，或乘象王。」〔註76〕文中所言「應物現形」，意指學生與指導禪師雙方依情況採取表現。或「全體作用」依言語、動作或是棒喝各種不同方式。或是「把機權喜怒」，因應機緣採用喜怒等不同表情。「或現半身，或乘師子，或乘象王」學生參禪問話，而禪師因應機緣指點變化語境。以上

〔註72〕〔清〕性統編：《五家宗旨纂要》，《卍新纂續藏經》第 65 冊，頁 255c。
〔註73〕〔明〕圓信撰：《五家語錄》（序），《卍新纂續藏經》第 69 冊，頁 22b。（以下註同則簡註書名及頁數）
〔註74〕同上註。
〔註75〕〔宋〕紹隆等編：《圓悟佛果禪師語錄》，《大正新脩大藏經》第 47 冊，頁 806b。
〔註76〕〔宋〕晦巖智昭編集：《人天眼目》卷之一，《大正新脩大藏經》第 48 冊，頁 303a。（以下同則簡註書名及頁數）

種種善巧皆是爲指導參禪學生悟入禪境，因而有以下四種狀況「賓看主」、「主看賓」、「主看主」、「賓看賓」。

　　1、「賓看主」

　　「賓看主」所指的是參禪的修行者有力量，指導的師家卻沒有力量。在《人天眼目》解說：「如有眞正學人，便喝先拈出一箇膠盆子，善知識不辨是境，便上他境上，做模做樣，學人又喝，前人不肯放。此是膏盲之病，不堪醫治，喚作賓看主」〔註77〕此中意指參禪學生的高明，爲探禪師的禪境高低，而提出了一些問題語言。「賓看主」說明參禪學生占據了主動地位。

　　2、「主看賓」

　　「主看賓」是指師家有力量，修行者卻無力量。在《人天眼目》解說：「或是善知識，不拈出物，隨學人問處即奪，學人被奪抵死不放，此是主賓看」〔註78〕禪師向參禪學生指示問題，而學生卻自以爲是，不能悟道，此時則是形成「主看賓」的狀況。

　　3、「主看主」

　　「主看主」是指師家及修行者皆有力量。在《人天眼目》解說：「或有學人，應一箇清淨境界，出善知識前，善知識辨得是境，把得住拋向坑裏，學人言，大好善知識即云：『咄哉不識好惡。』學人便禮拜，此喚作主看主。」〔註79〕禪師對參禪學人的指導與語言中之奧妙，參禪學生皆能意會，此時則形成「主看主」，表示旗鼓相當。

　　4、「賓看賓」

　　「賓看賓」是指師家及修行者皆無力量。在《人天眼目》解說：「或有學人披枷帶鎖，出善知識前，善知識更與安一重枷鎖。學人歡喜，彼此不辨，喚作賓看賓。大德山僧所舉，皆是辨魔揀異，知其邪正。」〔註80〕意指學生所提出有違禪理的言語，禪師並沒看出其問題在，反而順而發揮，致使雙方皆入執迷。

　　從典籍《人天眼目》所解說中的「四賓主」乃是檢驗主客問答是否能眞正掌握禪理的方法依據。綜上而言「賓看主」是參禪者已掌握禪理，禪師卻

〔註77〕《人天眼目》，頁303a。
〔註78〕同上，頁303a。
〔註79〕同上，頁303a。
〔註80〕《人天眼目》，頁303a。

不懂裝懂。「主看賓」禪師掌握了禪理，參禪者卻不懂裝懂。「主看主」是禪師與參禪者皆已掌握禪理。「賓看賓」禪師與參禪者皆沒能掌握禪理。四種以賓主喻指禪師與學生的對答即理不即理，這是臨濟宗代表性的教說。

（二）四料簡

臨濟義玄承黃檗希運的法脈，一心為弘揚其師之禪法，一日義玄初至河北住院，見普化、克符二上座，說：「我欲於此建立黃檗宗旨，汝可成襯我，二人珍重下去。」三日後，普化上來問義玄云：「和尚三日前說甚麼？」義玄禪師舉手起來便打普化，過了三日後，克符又上來問義玄：「和尚昨日打普化作甚麼？」義玄禪師舉手起來亦打克符。臨濟這種教化的作用，其實內函有所謂「四料揀」之說？說明四種度量、衡量、選擇的意思。這種方法是看參禪學人的根器及其思想，禪師所採取的因應巧設的四種方便法，其目的是在教導學人破除「人我、法我」〔註81〕二法之執。在《人天眼目》有記，一日義玄禪師在晚參時，云：

> 我有時奪人不奪境，有時奪境不奪人，有時人境俱奪，有時人境俱不奪。〔註82〕

這是臨濟所設的四種指導修行者的方法，此中的「人」是指作為主體的自己；「境」指的是客觀的外境，而「奪」是指否定意思。「奪人不奪境」是針對我執較重的人，應學著去除人我的執著。有僧問義玄禪師「如何是奪人不奪境。」義玄云：「煦日發生鋪地錦，嬰兒垂髮白如絲」〔註83〕，此詩偈是描繪早晨時陽光耀眼四射，大地如錦就是喻指世間萬法與境，而剛剛出生的嬰兒髮絲如白，此詩偈是比喻奪人不奪境。「奪境不奪人」是針對法執重的人應學著去除執著法。一日僧又問「如何是奪境不奪人？」義玄云：「王令已行天下遍，將軍塞外絕烟塵」〔註84〕，此句描繪疆域已達統一，邊界亦已安全局面，此詩偈是比喻只奪境未奪人。「人境俱奪」，乃是針對人法皆重的

〔註81〕「人我」個人存在的我，執我人身中有一實體之我。「人我執」對自我的執著，固執我為常一主宰之謬見。同「人我見」參見《廣說佛教語大辭典》上，頁54。「法我」諸法之自性（本體），人我之對稱，謂諸法有其實體之法執也。「法我見」即法我之執見也，對物境之執著。同（法我見）。參見《廣說佛教語大辭典》中，頁746。

〔註82〕《人天眼目》，頁300b。

〔註83〕同上，頁300b。

〔註84〕同上，頁300b。

人應去除人法二執。僧又問：如何是人境俱奪？」其中「并汾絕信獨處一方。」〔註85〕說明并州與汾州兩處在唐時各割據一方，因而朝廷政令不能施行之，此詩偈是比喻人境俱奪。「人境俱不奪」乃針對人法二執皆無的人，表示肯定之意。僧又問：「如何是人境俱不奪？」義玄云：「王登寶殿，野老謳歌。」〔註86〕此句是描繪太平景象，四海昇平，此詩偈是比喻人、境俱無須與奪之意。

南禪重在落實於日常生活中，此「四料簡」的思想就像生活的哲學，有時可以學著忘掉自己，只有對方存在；有時可以沒有對方，只有自己；有時可以自己與對方皆忘；有時既有對方，也存有自己。生活中沒有完全是方是圓，應隨緣方便，禪法的體悟亦應等同這般的活用。

（三）四喝

臨濟之一大特色乃常以棒與喝，爲其教育方法；此中有「四喝」是用「喝」聲爲指導的手段，有說是其喝如：「金剛王寶劍」、「踞地師子」、「探竿影草」〔註87〕、「不作一喝用」於《人天眼目》文曰：

> 師問僧：「有時一喝如金剛王寶劍，有時一喝如踞地師子，有時一喝如探竿影草，有時一喝不作一喝用，汝作麼生會。」僧擬議，師便喝。〔註88〕

禪師要適當合宜的指導修行者，必須要觀其素質根基，而才決定採用何種方式來斥責喝罵，以其雷厲不及掩耳的當下，促使立地醒悟，這才是眞正的目的。其喝有「如金剛王寶劍」，乃指其威力驚人，可斬一切妄想情解，禪家認爲妄想是開悟的絆腳石，因之要斷。其喝有「如踞地師子」爲阻喝情解，此中踞地即表示蹲伏於地，師子乃是百獸之王；準備飛撲獵物的瞬息間，目光如炬，留意著四面八方，這裡用師子特性來比喻喝之禪機有雷霆萬鈞不及掩

〔註85〕《人天眼目》，頁 300b。

〔註86〕同上，頁 300b。

〔註87〕臨濟（術語）「金剛王寶劍」、「踞地師子」、「探竿影草」皆爲譬喻。臨濟錄曰：「有時一喝，如探竿影草。」以編鵝羽以探水中，待魚集一處而網之，是云探竿，以草浮水中魚集其影，是云影草。以喻善知識接得學者之善所也。《人天眼目》註曰：「探竿，漁者具也。束鵝羽，插竿頭，探水中，聚群魚於一處，然後以網漉之謂也。影草者，刈草浸水中則群魚潛影，然後以網漉之。是皆漁者聚魚之方便也。善知識於學者亦復如是。」

〔註88〕《人天眼目》，頁 302b。

耳之快。其喝有「如探竿影草」乃禪家勘驗學人，探竿影草，在於禪家，意指身爲師家者探測學人，以試其器量。「不作一喝用」含不敢觸諱之用。郭天錫書〈臨濟慧照玄公大宗師語錄序〉云：「故臨濟祖師以正法眼，明涅槃心，興大智大慈，運大機大用。棒頭喝下，勦絕凡情，電掣星馳，卒難搆副，豈容擬議，那許追思。」〔註89〕這種運機只合大智大慈的善知識，對象根器亦應是非凡者。又文：「有僧出禮拜，師便喝。僧云：老和尚莫探頭好。師云：爾道落在什麼處，僧便喝。又有僧問：如何是佛法大意，師便喝。僧禮拜，師云：爾道好喝也無？僧云：草賊大敗。師云：過在什麼處？僧云：再犯不容，師便喝。」〔註90〕此中禪師與僧間的喝意唯有主客明瞭，禪機也就是在師生當下的對答中與眼目傳神中會得。

　　臨濟禪師常善觀參禪學人的根器，運用不同的方式去啓發學人的悟道，這是觀機逗教，如果遇到因緣將熟的學人可能運用的方式，會單刀直入，絲毫不透過言語即可；但若學人根器因緣未達成熟，運用的方式可能就迂迴曲折，須要多方開導了。

（四）三玄三要

　　對於臨濟宗旨「三玄三要」此中「玄」是指深遠教法，以三種哲理、深奧玄妙的禪法指導修行者。這也是臨濟宗義玄禪師用來接引學人的手段之一。《人天眼目》舉一則云：

> 師云：「大凡演唱宗乘，一語須具三玄門，一玄門須具三要。有權有實，有照有用。汝等諸人作麼生會。」後來汾陽昭和尚，因舉前話
> 乃云：「那箇是三玄三要底句？」〔註91〕

此中所言三玄，是「體中玄、句中玄、玄中玄」。「體中玄」意指言語中毫無修飾，如實的顯現出事物的眞相道理來；「句中玄」意指不涉分別情識的實語，不拘泥於語言文字，善悟玄奧深理；「玄中玄」意指脫離一切相待的語句桎梏。汾陽昭禪師指示：

> 「如何是第一玄？」汾陽云：「親囑飲光前。」
> 「如何是第二玄？」汾陽云：「絕相離言詮。」

〔註89〕　〔唐〕慧然集：《鎮州臨濟慧照禪師語錄》，《大正新脩大藏經》第 47 冊，頁 495a。（下同註則簡書名頁數）
〔註90〕　《鎮州臨濟慧照禪師語錄》，頁 496c。
〔註91〕　《人天眼目》，頁 302a。

「如何是第三玄?」汾陽云:「明鏡照無偏。」〔註92〕

親囑飲光前是如實的第一玄義,絕相離言詮是離語言文字的第二玄義,明鏡
照無偏是脫離一切相待的第三玄義。對於「三要」汾陽昭禪師指示,一要:
無分別造作之言語;二要:千聖皆入玄理;三要:屏絕言語。

「如何是第一要?」汾云:「言中無作造。」

「如何是第二要?」汾云:「千聖入玄奧。」

「如何是第三要?」汾云:「四句百非外,盡踏寒山道。」〔註93〕

於禪門典籍《臨濟宗旨》中亦舉有汾陽善昭禪師說:「師示眾曰:先聖云:『一
句語須具三玄,一玄中須具三要。』阿那箇是三玄三要底句。」〔註94〕幽遠
深妙應是此中所說的玄,禪語句中若欠缺玄妙則非活句,此中說明臨濟禪的
核心,是幽遠深妙。而內文所說的「三玄」古人亦有解為:「玄中玄、句中
玄、體中玄。」但此說並未被認同。上舉在《人天眼目》汾陽昭和尚對此三
玄三要所作的解釋中,對三玄說:「親囑飲光前、絕相離言詮、明鏡照無偏」
〔註95〕此「三玄」應是表示理、智、行,說明禪法乃在開發正知見而發於正
行中的實用;而對三要說:「言中無作造、千聖入玄奧、四句百非外,盡踏寒
山道。」〔註96〕此「三要」是代表此禪法的極則,「要」即是樞機、精要,很
難明確一一區分其義,此中若用以擬議思維則賓主已然判別。「三玄三要」應
是要求禪法以突出心法,無著行禪為要,此是接引上根上智者手段。在楊曾
文所著《唐五代禪宗史》〔註97〕對此有其說明,主要是以禪法有權有用,不

〔註92〕 同上,頁 302a。

〔註93〕 同上,頁 302a。

〔註94〕 〔宋〕慧洪撰:《臨濟宗旨》,《卍新纂續藏經》第 63 冊,頁 167c。(以下註同
則簡註書名及頁數)

〔註95〕 《人天眼目》「師云:大凡演唱宗乘,一語須具三玄門。一玄門須具三要,有
權有實,有照有用。汝等諸人作麼生會。後來汾陽昭和尚。因舉前話乃云:『那
箇是三玄三要底句?』僧問:『如何是第一玄』汾陽云:『親囑飲光前。』吾
云:『釋尊光射阿難肩』問:『如何是第二玄』汾云:『絕相離言詮。』吾云:
『孤輪眾象攢。』問:『如何是第三玄』汾云:『明鏡照無偏。』吾云:『泣向
枯桑淚漣漣。』」頁 302a。

〔註96〕 《人天眼目》:「如何是第一要。汾云:『言中無作造。』吾云:『最好精麤照。』
如何是第二要。汾云:『千聖入玄奧。』吾云:『閃爍乾坤光晃耀。』如何是
第三要。汾云:『四句百非外,盡踏寒山道。』吾云:『夾路青松老。』」頁
302a。

〔註97〕 楊曾文:《唐五代禪宗史》:「據《臨濟錄》推測,義玄的本意是說:向弟子、
參禪者說法,應力求每句話都抓住要點,切中要害,使人能迅速領悟『真正

應在文字語言上執著，不應在追求煩瑣的外物上，說法應有變化，應有深妙內容，著重在開發心性爲要。

臨濟宗旨乃在闡明臨濟宗的要義旨趣，重以法惠利眾生同解般若智海，沙門慧洪曾舉唐僧玄奘至西竺見戒賢論師時，戒賢論師見玄奘乃自言及因重病纏身而欲輕身，卻夢見曼殊室利對其言及需等待唐僧玄奘求法到來，回其中國將其法傳開利生即可消滅業障。又文：「以法惠彼，彼復流通，汝罪自滅。……聞曼殊室利之言以法惠人，則罪自滅。故有撰述佛祖旨訣之意，欲以惠人而自滅夙障耳，非有他求也。」〔註98〕猶如沙門慧洪舉唐僧玄奘至西竺見戒賢論師時所言爲願，欲以宗旨傳播廣利眾生，並消己惑業障，此義意爲宗旨能利人也。臨濟義玄的禪法以上述之「四賓主、四料揀、四喝、三玄三要」，無非皆是臨濟宗，依不同根器對象所施設的方便，而有多種傳禪法方式呈現。

二、臨濟特色

禪宗諸家皆有其特色，在禪宗典籍中出現有所謂「臨濟喝」、「德山棒」。《禪家龜鑑》：「臨濟喝，德山棒，皆徹證無生，透頂透底大機大用，自在無方，全身出沒全身擔荷，退守文殊普賢大人境界。」〔註99〕而黃龍慧南禪師，上堂言：「臨濟喝如雷震，如聾如啞，逼塞乾坤。」〔註100〕「喝」是臨濟宗用來接引禪機學人的一種重要方法之一。在《禪林類聚》卷第六，〈棒喝部〉有文：「臨濟出世後唯以棒喝示徒，凡見僧入門便喝。」〔註101〕「喝」是臨濟爲策勵學禪之人所發的聲音，也就是禪僧用來指導參禪者的方式。《鎮州臨濟慧照禪師錄》有僧問：「如何是佛法大意？師便喝。」〔註102〕禪機乃是

見解』。在這個場合，『三』表是多，非一；『玄』意爲深邃、奧妙，非一般文字能夠表達的道理；『要』是要點。『一句語須具三玄門，一玄門須具三要，有權有用。』其中『一句語』是北方，未必特指一句話，是指講授禪法；『三玄』、『三要』是遞講語，『要』是『玄』之要，是強調說法應有深妙內容並且要句句突出重點。」北京：中國社會科學出版社，2006年11月（重印），頁374～375。

〔註98〕 《臨濟宗旨》，頁167c。
〔註99〕 〔朝鮮〕退隱述：《禪家龜鑑》，《卍新纂續藏經》第63冊，頁745a。
〔註100〕 〔宋〕惠泉集：《黃龍慧南禪師語錄》，《大正新脩大藏經》第47冊，頁632c。
〔註101〕 〔元〕道泰集：《禪林類聚・棒喝》卷第六，《卍新纂續藏經》第67冊，頁39b。（下同則簡註書名頁數）
〔註102〕 《鎮州臨濟慧照禪師語錄》，頁496b。

跳脫文字語言的，禪是以無形無相表示，因之禪僧不能用語言來說明的，即以此發出喝聲來表現心的作用。而有時禪者對於修行者的怒斥則記爲大喝。重慶府西禪雪峯瑞禪師：「天奇參，師問無奇乃移時方覺。答曰：『澗底頑氷吞宇宙，性湖明月匝天寒。』師大喝曰：『汝還有嫌凡愛聖的心，掃妄求眞底見。』」〔註103〕此「喝」可說是臨濟宗之特色，用意乃在表現無形無相，非文字語言的接引禪機方式。以此「喝」聲用來接引禪機的臨濟宗特色而有「五逆聞雷」之謂的，在《正法眼藏》：「僧問如何是臨濟下事？曰：五逆聞雷。」〔註104〕而《五家語錄》（序）言，在宋朝有大慧杲禪師：「作略諸方，柄殺活刀，復起臨濟之風，五逆聞雷，不假言而自證。」〔註105〕即是突出禪師以權巧方便，隨機接物行喝的手段，以激發禪學人當下起勇猛不畏之心，亦是臨濟用「喝」聲所衍生出的特色，其中含有辛辣教說的味道。

　　臨濟宗旨與特色，禪師以權巧方便爲用，隨機接物施行喝的手段，是因應學人根器而施設。產生因應而有「有時奪人不奪境，有時奪境不奪人。有時人境俱奪，有時人境俱不奪。」〔註106〕此「四料簡」之法前文已有探討。而《語錄》中又說：「如諸方學人來，山僧此間作三種根器斷。如中下根器來，我便奪其境，而不除其法。或中上根器來，我便境法俱奪。如上上根器來，我便境法人俱不奪。如有出格見解人來，山僧此間便全體做用，不歷根器。」〔註107〕這般隨機活用法正符合其師黃檗禪師傳心法要所言「離一切相即是佛。凡夫取境，道人取心，心境雙忘乃是眞法。」〔註108〕綜觀可得此宗之家風是「臨濟家風，全機大用，棒喝齊施，虎驟龍奔，星馳電掣，負冲天意氣，用格外提持，卷舒縱擒，殺活自在，埽除情見，迥脫廉纖，以無位眞人爲宗，或喝或棒，或豎拂明之。」〔註109〕不管其用棒用喝，重點是視根器而施，觀境界而展用，以達其禪機不立文字，見性成佛，活潑潑的祖師意。

〔註103〕〔明〕沙門淨柱輯：《五燈會元續略》卷第三（上），《卍新纂續藏經》第 80 冊，頁 517b。

〔註104〕〔宋〕宗杲著：《正法眼藏》第二（下），《卍新纂續藏經》第 67 冊，頁 602a。

〔註105〕《五家語錄》（序），頁 22b。

〔註106〕《鎭州臨濟慧照禪師語錄》，頁 479a。

〔註107〕《鎭州臨濟慧照禪師語錄》，頁 499c。

〔註108〕〔唐〕斷際禪師著：《黃檗山斷際禪師傳心法要》，《大正新脩大藏經》第 48 冊，頁 381a。

〔註109〕《五家宗旨纂要》，頁 255c。

第五節　臨濟宗無位眞人詩偈的美學意象

　　五家的禪法都各有其家風特色，在臨濟宗形成之後有禪家用詩作，針對此家的綱宗、綱要、綱領的表達，用以闡釋臨濟宗的特色。其中所表現的文學性美學意象是通過藝術形象闡發此宗的思想特色，與詩的意境組合，有矛盾性、跳宕性並有禪宗的空靈性，詩境非但闡述了禪理，也在在呈現出禪的意境與悟境。這些詩歌的形式不但生動地闡釋禪的精髓，也揭發出詩的美學特徵。通過對臨濟義玄禪師的詩偈頌讚作品的探討之後，表述其宗風特色可以〈無位眞人〉詩偈，作爲統整此家文學性意象的關懷。

　　以臨濟宗的宗旨特色依本論前有「四賓主」、「四料簡」、「四喝」、「三玄三要」等，這些臨濟宗旨特色所表現禪的精髓乃在於「無位眞人」的意象。臨濟以「無位眞人」思想爲精髓，此宗禪家有宋代守端禪師與仁勇禪師，用詩呈現出生動地感悟境界。白雲端禪師云：

　　　　春風浩浩烘天地，是處山藏烟靄裡。

　　　　無位眞人不可尋，落花又見隨流水。〔註110〕

此詩闡揚臨濟《語錄》中的「無位眞人」的意境，有著詩般一樣的情境畫面。如同春風送暖，在人煙罕見的山中，有「無位眞人」正藏於此白雲彌漫著矇矓的春山烟霧中，此眞人隨意自在正如那隨著流水飄浮著的落花一般，無心任其自然。詩境烘托出禪機有意尋源問津卻渺無蹤跡的意象，活潑圓轉的禪機，迷離又倘佯。展露禪者尋得了那座自家桃園的景象，有回歸本眞的我，不再向外企求。

　　對於臨濟宗「無位眞人」闡釋的意境上，仁勇禪師的詩作與白雲守端禪師詩作有不同角度。

　　　　簸土颺塵沒處藏。面門出入大狼當。

　　　　撒尿撒屎渾閒事。浩浩誰分臭與香。〔註111〕

仁勇禪師是以直言的載入，用日常生活的閒事「撒尿撒屎」直截指出，用以說明禪機乃存在於禪者的生命中，那即是「無位眞人」的面目。展現日用中之禪機大用，禪家以觀色即空，成大悲大智的妙用，悲智雙運如菩薩在世間，

〔註110〕〔宋〕白雲守端：《白雲守端禪師語錄》卷下，《卍新纂續藏經》第69冊，頁299a。

〔註111〕〔宋〕道勝，圓淨錄：《保寧仁勇禪師語錄》，《卍新纂續藏經》第69冊，頁293b。

於日用中用功，行禪如宋代汾陽無德禪師所云：「擔柴著火，荷眾苦辛，憨癡不辨，掃地放牛，喫人殘食，亡身盡命，絕世超倫，出生入死。」〔註112〕的道理。

　　禪詩的文學性與中國詩歌的純文學性有所不同，在禪宗詩歌可看出其著眼處不在文字上的華美或技巧上的求工，而是禪境的神悟與其內蘊的禪理思想非常豐富。

　　考《語錄》中臨濟義玄禪師曾將每一段對禪境體悟的心境，用意象點出，參禪者可從文字的暗示尋求解悟的禪機。這種以連綴問答貫串語意，其中禪機則連層轉深，所以讀者必須以整體語意來體會。有一日義玄禪師到鳳林禪師處，觸發了以下對話，有云：

　　　　鳳林問：「有事相借問，得麼？」
　　　　師云：「何得剜肉作瘡？」
　　　　鳳林云：「海月澄無影，遊魚獨自迷。」
　　　　師云：「海月既無影，遊魚何得迷？」
　　　　鳳林云：「觀風知浪起，翫水野帆飄。」
　　　　師云：「孤輪獨照江山靜，長嘯一聲天地驚。」
　　　　鳳林云：「任將三寸輝天地，一句臨機試道看。」
　　　　師云：「路逢劍客須呈劍，不是詩人莫獻詩。」鳳林便休。〔註113〕

禪者一問一答，內容充滿禪機理趣，使得上下語句呈現出為完整的詩偈韻式。上文中的之「海月澄無影，遊魚獨自迷。」下對「海月既無影，遊魚何得迷？」以五言上下四句成對，是問亦是答，上下呼應著。而「任將三寸輝天地，一句臨機試道看。」更呼應著下句「路逢劍客須呈劍，不是詩人莫獻詩。」，當中禪師應用禪的機鋒相互勘驗，採用了詩的意象語句，句中可見出其聯對的綿密。

　　問答中以詩偈的運用形式貫串其文，文字有點化的作用任務在，所謂意在言外，不能直說的禪機，但且從文字的表面之外啟示禪機，這是借客觀外物景像「觀風知浪起」來形成意象（對自性認識不夠堅定），從中取得與禪境之間的微妙類比。末句中更有詩的興體，以問答感發模式由物到心，呈現出兩禪師的鬥機趣味在，以相對禪語必須兩者悟境相當，方能體會對方所言在

〔註112〕〔宋〕楚圓集：《汾陽無德禪師語錄》，《大正新脩大藏經》第47冊，頁614b。
〔註113〕《五家語錄》卷一，〈鎮州臨濟義玄禪師〉，頁36。

此，而意在彼的言外之意。以上研究臨濟義玄禪師的詩偈頌，可得其作有中國詩歌的類比與興體的形式在裡頭。

「無位眞人」乃指不住於任何階位自由之人，是人人本來具有的佛性，也是無始以來的眞我。這是臨濟宗最典型的思想，它是象徵禪學之人的本心，也是禪家參禪所著重的要點。臨濟慧照禪師語錄中有所謂「赤肉團上有一無位眞人，常與汝等諸人面門出入。」〔註114〕說明它代表的是臨濟宗常常暗指人人本具的佛性，是眾生無始以來的眞我。禪者指出這個住於肉團上的眞人，是眾生迷失的眞我，雖常伴隨於眾生流浪生死，但因為被自己的情識所障而迷失忘卻。因而眾生只要能回光返照，求索本心本性，雖證得時並無所謂之得，因為它是本有具足的，是眾生忘失迷離而不識它原來的面目。眾生在凡夫地，因為心識落於情識當中，執著名相，而不能體悟它。所以禪師擔心參禪者落於心識，而有不可說的忌諱。從而敷演出棒打、喝聲及等同否定的不相干語言來作回應參禪人。目的是要掃蕩參禪者情識所生的分別心，一有分別情識就是汙染，跟本心即不能相應。由於如此禪師不得不使出一些手段，以截斷參禪學人妄加攀緣的情識；從而有看似不合常規邏輯的公案，這都是臨濟家風所展現活活潑潑的禪機、禪味。臨濟詩偈中以「無位眞人」代表臨濟禪學的精神核心思想，正應和著臨濟為破除學人所執，不得不以善巧棒喝齊施的禪風。

〔註114〕《鎮州臨濟慧照禪師語錄》，頁 496c。

第四章　曹洞宗與良价、本寂兩禪師偈頌

　　此宗名爲曹洞宗，有二種說法：一是認爲淵源上取自曹溪六祖惠能禪師的六世孫；二是認爲取洞山良价及曹山本寂二位創宗禪師之名，爲了方便讀音於是採洞山之名。曹洞源出於青原行思一系，希遷禪師、藥山禪師、雲岩禪師、而傳良价禪師住於瑞州洞山，後其弟子本寂禪師住於曹山弘揚此家禪法，使宗風大舉，始而成立曹洞宗。

　　此章以曹洞宗良价禪師與本寂禪師的偈頌爲探，先述洞山良价禪師的生平，考其童年出家後如何雲遊參禪，他生平所涉及經典是爲如何，並觀察禪師的師承之說，期以明瞭此家特色的家承。次而探討本寂禪師的生平學述、所涉經典及其傳承之說。

　　對於曹洞宗，此家祖師的詩偈頌讚的要義與聲律，首以洞山禪師作品爲探，再以曹山本寂禪師的作品，來統整此家禪師的詩偈頌讚的隱喻美學。對於曹洞宗禪風特色的色彩，向來皆以五位君臣以爲宗要，在體悟自性認爲是大事，並有提倡行鳥道來確立空觀的思想，而在參禪的話頭上表示正問正答，是不能從口裡道出的玄機妙意。對於曹洞宗旨與禪風特色，作者將以一節考述諸家如何說來呈現出。

第一節　洞山良价禪師生平與學述

　　本節考禪宗文獻資料，記載洞山良价禪師相關的傳記有《祖堂集》卷六、《宋高僧傳》卷十二、《景德傳燈錄》卷十七、《佛祖歷代通載》卷十七、《聯

燈會要》卷二十、《五家語錄》卷四〈瑞州洞山良价禪師語錄〉，及宋代余靖撰《武溪集》卷九〈筠州洞山普利禪院傳法記〉。依據以上這些資料，作為本節探討洞山良价禪師生平與學述議題。

一、洞山良价禪師生平

（一）童年出家

洞山良价（807～869），俗姓俞《五家語錄》中云：「師諱良价，會稽俞氏子。」〔註1〕文中提及師因慧悟性高一聞《般若心經》而啟發宿業善根「幼歲從師念《般若心經》，至『無眼耳鼻舌身意』處，忽以手捫面，問師云：『某甲有眼耳鼻舌等，何故經言無？』」〔註2〕良价如此慧根深厚，一問使得其師驚喜，驚以為此非泛泛之輩兒，喜以為此將是佛門龍象的出現。「其師駭然異之云：『吾非汝師。』即指往五洩山禮靈默禪師披剃。年二十一，詣嵩山具戒。」〔註3〕因而他向大德參學去。引文中讓我們了解了良价禪師的慧根，乃自其幼即顯露。在誦《般若心經》「無眼耳鼻舌身意」是離相的意思，一般幼童不容易了解現象以外的抽象意識層面的現象。而良价禪師以幼童年齡層，即能提出探討心靈問題的議題；不禁讓人讚賞其慧根性的異稟殊勝。而其師長之慧眼識英才，更讓人也體會到佛門中修行者的謙遜與心胸的寬敞；能夠適根性的給予晚輩，指引參學的之路，此亦是造就良价禪師的未來聖業因緣。

（二）雲遊參禪

洞山良价禪師生平曾參學雲遊，參禪是禪僧修道的過程，良价禪師於五洩山參禮靈默禪師而得為他落髮，又在二十一歲時於嵩山受具足戒後，開始雲遊四方參禪去了。第一站他到了南泉禮普願禪師，正逢道場設齋會追思馬祖道一，良价禪師竟語出驚人的話。

> 遊方首詣南泉，值馬祖諱辰修齋。泉問眾曰：「來日設馬祖齋，未審馬祖還來否？」眾皆無對。師出對曰：「待有伴即來。」泉曰：「此

〔註1〕〔明〕圓信，郭凝之編集：《五家語錄》卷四，〈瑞州洞山良价禪師〉，《佛光大藏經禪藏・語錄》，高雄：佛光出版社，1994年12月（初版），頁409。（下同則簡註書名及頁數）

〔註2〕《五家語錄》卷四，〈瑞州洞山良价禪師〉，頁409。

〔註3〕同上，頁409。

子雖後生，甚堪雕琢。」師曰：「和尚莫壓良爲賤。」〔註4〕

具足慧根的後生晚輩其出語總讓人驚奇，首站的參學即得到南泉和尚的讚賞其爲一塊未雕的璞玉。第二站參學的是潙山的靈祐。良价禪師請示靈祐「無情說法之義」靈祐卻指示他向雲巖參訪去。於是良价禪師辭謝潙山靈祐而造訪雲巖去。來至雲巖處參學，並說明前緣，又問「無情說法之義，是什麼人能聽到？」

「無情說法，甚麼人得聞？」巖曰：「無情得聞。」師曰：「和尚聞否？」巖曰：「我若聞，汝即不聞吾說法也。」師曰：「某甲爲甚麼不聞？」巖豎起拂子曰：「還聞麼？」師曰：「不聞。」巖曰：「我說法汝尚不聞，豈況無情說法乎？」師曰：「無情說法，該何典教？」巖曰：「豈不見彌陀經云：水鳥樹林，悉皆念佛念法。」師於此有省。〔註5〕

良价禪師於是在雲巖處有所省悟，其求法的精神實令人讚嘆，一事未解終不放棄，眞堪爲後學晚輩的典範。參學求解的心孜孜不倦，直到其了悟心頭之迷方爲罷休也。

（三）端坐示滅

洞山良价禪師最後示滅在唐咸通十年（870）三月，於是日早上，他命人爲他剃髮披上法衣，又令撞鐘，就這樣端坐而化。當時他門下的弟子們都非常悲痛的號啕大哭，沒想到禪師在當日太陽西下時，又忽然睜開雙目來。責備弟子們：「夫出家之人，心不附物，是眞修行。勞生息死，於悲何有？」〔註6〕於是召喚主事僧來，命令辦愚癡齋一盅，齋名爲愚癡大概是要譏諷責備大眾的戀慕師父情感，對生命的戀結，沒有般若智慧。洞山就這樣又延了七日，等齋辦妥後隨眾用齋完，交待「僧家勿事大率，臨行之際喧動如斯。」〔註7〕隔一天第八日，沐浴後，端坐而逝。「壽六十有三，臘四十二歲。敕諡悟本大師，塔曰慧覺。」〔註8〕劃下了美麗的終止符，從禪師的來去自如，相

〔註4〕〔宋〕普濟著：《五燈會元》卷十三，臺北：文津出版社，1991年，頁777。（下同則簡註書名頁數）

〔註5〕《五燈會元》卷十三，頁778。

〔註6〕〔北宋〕道原撰：《景德傳燈錄》，《佛光經典叢書》，高雄：佛光出版，1997年，頁326。（下同則簡註書名頁數）

〔註7〕《景德傳燈錄》，頁326。

〔註8〕同上，頁326。

較於汲汲營生，看不透的世人，實顯有聖人與凡夫之差別。

二、洞山良价禪師與佛教經典

　　由洞山良价禪師的初聞《般若心經》中「無眼耳鼻舌身意」開始，初萌菩提心，此是重要的關鍵。以佛家而言人有許多埋藏在潛意識的種子，當人以其相應的外在因緣接觸，則能有所反應，有所追求的意願。這種說明，在業識之中的宿習「種子識」〔註9〕若得到啓蒙它將發芽而茁壯。

　　洞山良价禪師在《語錄》中，與僧談論「古佛心」的議論中，在解「無情說法」的不聞與聞其知如何？而有不聞如聞，聞而不聞，其聞非眾生，當中引用了《華嚴經》義：

> 僧云：「無情說法，據何典教？」國師云：「灼然言不該典，非君子之所談。汝豈不見，《華嚴經》云：『刹說、眾生說、三世一切說。』」〔註10〕

良价禪師所舉的「刹說」是說明刹那，時間最短的單位，要表示聞而不聞的過去式。「眾生說」意爲眾生非眾生，說明無有所聞者。「三世一切說」指過去、現在、未來等，這是佛教中對時間所作的區分。在佛法中不認爲此時間是實體、實在的，只認爲它是不斷變遷，每一微量的時間都是暫立的，所以相應於聞而不聞的道理。

　　一日良价禪師與雲居討論有關孝養問題，禪師問：「大闡提人作五逆罪，孝養何在？」而雲居云：「始成孝養」。後來良价禪師舉南泉的話說《彌勒下生經》：

> 師謂雲居云：「昔南泉問講《彌勒下生經》僧云：『彌勒甚麼時下生？』僧云：『現在天宮，當來下生。』南泉云：『天上無彌勒，地下無彌勒。』」〔註11〕

〔註9〕　〔唐〕玄奘譯：《成唯識論》卷第三：「由種種法熏習種子所積集故，或名阿陀那，執持種子及諸色根令不壞故。或名所知依，能與染淨所知諸法爲依止故。或名種子識，能遍任持世出世間諸種子故，此等諸名通一切位。或名阿賴耶，攝藏一切雜染品法令不失故，我見愛等執藏以爲自內我故。」《大正新脩大藏經》第31冊，頁13c。

〔註10〕〔明〕圓信，郭凝之編集：《五家語錄》卷四，〈瑞州洞山良价禪師語錄〉，《佛光大藏經》，高雄：佛光出版，1994年12月（初版），頁410。（下同則簡註書名頁數）

〔註11〕《五家語錄》卷四，〈瑞州洞山良价禪師〉，頁432。

雲居回答「只如天上無彌勒，地下無彌勒，未審誰還安名？」此中禪師與三禪者是在詮釋禪門「無相」意識，目的是要去除所有一切有相的執取心。《語錄》中，舉有《維摩經》云：

> 師問講《維摩經》僧云：「不可以智知，不可以識識，喚作甚麼語？」〔註12〕

說明禪師與參禪者之間並無說禪法者、無修禪者亦無有傳法者與承接衣砵者，沒得禪法者沒有一人喚作一物，闡明本來無一物的禪家理念。

此中從《語錄》中可得洞山良价禪師所涉及佛教經典有：《般若心經》、《華嚴經》、《彌勒下生經》與《維摩經》等，而根據《人天眼目》卷三，洞山並作有《洞山功勳五位頌》。

三、洞山良价禪師傳承之說

洞山良价禪師，法源依《禪家龜鑑》有文載是以六祖曹溪「南宗禪」一路脈分而下，依所載「曹洞宗」文獻：

> 六祖下傍傳，曰青原行思，曰石頭希遷，曰藥山惟儼，曰雲巖曇晟，曰洞山良价，曰曹山耽章，曰雲居道膺禪師等。〔註13〕

若以《禪燈世譜》〈青原法脈世系圖〉來探究。洞山良价禪師上承自曹溪禪法系，第一世，青原行思。

（一世）青原行思：「姓劉吉州安城人，幼歲出家，居青原山靜居寺，玄宗開元二十八年十一月十三日圓寂，諡弘濟，塔曰歸眞，派裔別見。」〔註14〕

（二世）石頭希遷：「瑞州高要陳氏子，唐德宗貞元六年庚午示寂，諡無際，塔曰見相。」〔註15〕

（三世）藥山惟儼：「絳州韓氏子，唐文宗太和八年甲寅十一月六日示寂，諡弘道，塔曰化城。」〔註16〕

（四世）雲巖曇晟：「鍾陵建昌王氏子，唐武宗會昌元年辛酉十月廿七日示寂，諡無住。」〔註17〕

〔註12〕同上，頁450。
〔註13〕〔朝鮮〕退隱述：《禪家龜鑑》，《卍新纂續藏經》第63冊，頁744a。
〔註14〕〔明〕道忞編修：《禪燈世譜》，《卍新纂續藏經》第86冊，頁343c。
〔註15〕《禪燈世譜》，頁456a。
〔註16〕同上，頁456a。
〔註17〕同上，頁456a。

　　（五世）洞山良价：「會稽俞氏子，唐懿宗感通十年己丑三月七日示寂，諡悟本，塔曰寂覺，法嗣別見。」〔註18〕

　　根據《景德傳燈錄》卷第十七，資料記載，良价禪師是吉州青原山行思禪師第五世法嗣，他的弟子有二十六人，十八人留有語錄，八人無留語錄。他們是：洪州雲居山道膺禪師、撫州曹山本寂禪師、洞山第二世道全禪師、湖南龍牙山居遁禪師、京兆華嚴寺休靜禪師、京兆蜆子和尚、筠州九峯普滿大師、台州幽棲道幽禪師、洞山第三世師虔禪師、洛京白馬遁儒禪師、越州乾峯和尚、吉州禾山和尚、明州天童山咸啓禪師（十一卷有目無傳）、潭州寶蓋山和尚、益州北院通禪師、高安白水本仁禪師、撫州疎山光仁禪師、澧州欽山文邃禪師，以上一十八人見有語錄，明州天童山義禪師、太原資聖方禪師、新羅國金藏和尚、益州白禪師、潭州文殊和尚、舒州白水山和尚、邵州西湖和尚、青陽通玄和尚，以上八人無機緣語錄。

　　洞山良价禪師的弟子曹山本寂禪師，他與良价禪師共創曹洞宗。而道膺禪師由於受到良价禪師的贊賞為「室中領袖」，此宗之興起也是由於有本寂禪師與道膺禪師共扶起。但後來本寂禪師的禪法卻失傳了，將曹洞宗禪法傳承至後代的是由道膺禪師的法系開展的。

第二節　洞山良价禪師詩偈的要義與聲律

　　本論經考《禪門諸祖師偈頌》〔註19〕得有資料，是洞山良价禪師在出家前曾寫了二封〈洞山辭親書〉，文詞並茂非常感人。內文首先是表示對父母的「養育恩深」、「覆載之德」至孝之人不得只依「日用三牲之養」奉養其親，故「欲報罔極深恩，莫若出家功德。」以「答萬劫之慈親，三有四恩」，引經云：「一子出家，九族生天」並誓志「捨今生之身命，誓不還家」此乃冀望成就佛道時，母子在極樂淨土再相會「他時異日，佛會相逢。」引經云：「此身不向今生度，更向何時度此身」此乃感獲此人身乃百千劫之難遭遇，今生當珍惜因緣度此身。文後並有詩頌曰：「未了心源度數春，翻嗟淨世謾逡巡。幾人得道空門裏，獨我淹留在世塵。謹具尺書辭眷愛，願明大法報慈親。不須洒淚頻相憶，譬似當初無我身。」又作詩頌云：「岩下白雲常作伴，峯前碧障

〔註18〕《禪燈世譜》，頁456a。
〔註19〕〔宋〕釋如祐錄：《禪門諸祖師偈頌》，《卍新纂續藏經》第66冊，頁754a。

以為隣。免干世上名兼利，永別人間愛與憎。祖意直教言下曉，玄微須透句中眞。合門親戚要相見，直待當來證果因。」〔註 20〕根據此〈洞山辭親書〉一文詩韻豐富，可以想見良价禪師的文學造詣，對於在佛門中的禪理悟性，將之抒諸於詩境絕非泛泛之輩的。

一、〈開悟偈〉的要義

　　良价禪師經過多方的參學訪道，終也不白費光陰，在經過雲巖禪師的開示引導下，啓發了他對於自性問題的疑問。因而有了省悟，有作偈一首云：無情解說眞不可思議，如果以耳根聽聲則不能顯示出，用心眼聞其聲方可得知。

　　　也大奇，也大奇，無情說法不思議。

　　　若將耳聽終難會，眼處聞時方得知。〔註 21〕

此偈「奇」、「知」為上平聲四支韻，「議」為去聲四寘韻，古韻通轉，首句入韻，七言絕句形式。整首讀來文意雖是著重自性法義的詮釋，因作者善用奇字，在首句的複詞中，讀起來令人有驚奇之豔。

　　此詩偈第二句中的「無情說法」是良价禪師一直以來參法的關注問題，其中的「無」是關鍵字，〈無門關〉說明「參禪須透祖師關，妙悟要窮心路絕，祖關不透，心路不絕，盡是依草附木精靈。且道！如何是祖師關？只者一箇無字，乃宗門一關也，遂目之曰禪宗無門關。」〔註 22〕同一眼見耳聞如何為無？這是法參者的要事，以「無」為參，所以禪宗稱之〈無門關〉，代表的是法參的一關，參透了便了無罣礙自在存活遊戲人間。

　　良价禪師後來亦辭別雲巖禪師，與雲巖禪師分別時，雲巖禪師對良价禪師曰：「价闍黎承當箇事，大須審細。」〔註 23〕此處的价闍黎是指良价禪師，闍黎是阿闍黎 scarya 之音譯為教授、師範、正行等義。阿闍黎是對正確教導弟子的高僧之敬稱，意為導師或尊貴的僧侶，禪門中意指修行經歷五年以上的僧侶。只因良价雖參道多處亦有前悟，但還存有一些雲霧在。後來良价禪師因過水溪而睹見水中倒影，當下才恍然大悟之前不能明白的禪旨。向外界尋覓的終不得禪理，物是物與禪心豈能相應？唯有能去物界返照自性才能契

〔註 20〕同上註。
〔註 21〕《五燈會元》卷十三，頁 778。
〔註 22〕〔宋〕彌衍宗紹編：《無門關》，《大正藏》第 48 冊，頁 292c。
〔註 23〕《五家語錄》卷四，〈瑞州洞山良价禪師〉，頁 414。

合禪機。而留下一首開悟之偈。

> 切忌從他覓，迢迢與我疏。
> 我今獨自往，處處得逢渠。
> 渠今正是我，我今不是渠。
> 應須恁麼會，方得契如如。〔註24〕

此偈首句「覓」爲入聲十二錫韻；而「疏」、「渠」、「如」皆爲上平聲六魚韻。此偈看似首句不入韻，但整首呈現押韻整齊的五言律詩形式，詩作並有回文詩的趣味。

詩義說：若無雲巖禪師的善巧，即無良价的豁然。觀此偈的意境中他已知如如之法中，原來還有精進處可尋。意即非他物我已融合之境界中還有一絲的思量，就不得見法性。這是良价禪師一直參不透的「無情說法」終於有了苗頭。禪法常爲辯分誰爲主人翁，而有一頌曰：「嗟見今時學道流，千千萬萬認門頭。恰似入京朝聖主，祇到潼關即便休。」〔註25〕此爲押韻的七言頌偈，偈中的朝聖主意指參禪者追尋的主人翁，之前錯認苗頭了，如今有了消息。

二、〈偏正回互偈〉的要義

良价禪師自從唐宣宗大中末年，在新豐山接引學徒，後來盛化於豫章高安的洞山。爲了接引晚輩學子的入道，而開創了五位之說的方便法，此法乃方便接引三種根器之學人。爲闡揚佛法廣度不同根器人，他以智慧寶劍，掃除了邪見紛紜。妙闡法義，如春之花葉光亮亨通，截斷了一些穿鑿附會之說。後又得到曹山體會其深奧明確的旨意之趣，唱高妙美好的見地。其有道乃合君臣五位之說，偏正互相回應。也因此洞山的玄妙之風遠播天下。受到禪林的推崇而得「曹洞宗」一派美名。在《語錄》中有〈五位君臣頌〉，是闡述「正偏五位」的道理。正中偏：是開悟過程的五個階段的第一階段，此一階段的證悟是以現象界爲主。偏中正：此階段不再強烈呈現分別見解，現象界的一切逐漸隱退。正中來：此階段已不再感受身心的存在，二者都已泯滅無有餘，就是本體已達到無念的境界，爲了適應萬象之差別，而變現出沒自在的妙用。兼中至：此階段是從現象界差別之妙用，從而體悟現象與本體冥合無差。兼

〔註24〕《五家語錄》卷四，〈瑞州洞山良价禪師〉，頁 414。此作品收入於《全唐詩補編》——全唐詩續拾・卷三十一/通行本中。

〔註25〕《五家語錄》卷四，〈瑞州洞山良价禪師〉，頁 457。

中到：此中說明圓滿總收正偏來至無有障礙達到自在之境界。有偈頌文：

> 正中偏，三更初夜月明前，莫怪相逢不相識，隱隱猶懷舊日嫌。
> 偏中正，失曉老婆逢古鏡，分明覿面別無眞，休更迷頭猶認影。
> 正中來，無中有路隔塵埃，但能不觸當今諱，也勝前朝斷舌才。
> 兼中至，兩刃交鋒不須避，好手猶如火裏蓮，宛然自有沖天志。
> 兼中到，不落有無誰敢和？人人盡欲出常流，折合還歸炭裏坐。

〔註26〕

此作品爲雜言七古詩，每四句爲一組。第一組「偏」、「前」爲下平一先韻，「嫌」爲下平十四鹽韻；第二組「正」、「鏡」爲去聲十四敬韻，「影」爲上聲二十三梗；第三組「來」、「埃」爲上平十灰韻，「才」爲上平十灰韻；第四組「至」爲去聲四置韻、「蓮」爲下平聲一先韻，「志」爲去聲四置韻；第五組「到」爲去聲二十號韻，「流」爲下平聲十一尤韻，「坐」爲上聲二十哿韻。五組詩作中有些雖押韻不整齊，但可以看出完全是以曹洞宗五位君臣要義闡發爲目的〔註27〕。

在《人天眼目》中曹山對五位君臣旨意解釋「正位即屬空界，本來無物；偏位即色界，有萬形象。偏中正者，捨事入理；正中來者，背理就事；兼帶者，冥應眾緣，不隨諸有，非染非淨，非正非偏，故曰『虛玄大道無著眞宗』。」〔註28〕這說明五位君臣的正位是屬於空界，就是本來無一物；偏位指現象界，有千萬個形象；偏中正指捨事而入於理。正中指背理而就事；也兼指冥冥之中，適應眾緣，不隨諸有，非污染非清淨，非本無也非有色，所以稱爲「虛玄大道無著眞宗」。而若細解「月明」代表偏位，是指明暗黑白未分之位。「莫怪相逢不相識」說明正即是偏，是要表示色即是空的道理。「隱隱猶懷舊日嫌」是指偏正互相融合，還其本來面目，用來表示不變隨緣的道理。「失曉老婆」是正中偏位，「逢古鏡」則是偏中正位，指千差萬別的萬物現象，就像眞如平等的法界。「分明覿面別無眞」指的是明相還未顯的時候，就像面對古境不能清楚顯出容貌一般。「休更迷頭猶認影」是要規勸學習者不能被境中影像之有無所惑，藉以顯示隨緣不變的道理。「無中有路隔塵埃」「無

〔註26〕同上，頁461。
〔註27〕〈五位君臣頌〉作品收入於《全唐詩補編》──全唐詩續拾・卷三十一／通行本。
〔註28〕〔宋〕晦嚴智昭編集：《人天眼目》，《佛光經典叢書》，高雄：佛光出版，1997年，頁236。

中」表正位,「有路」譬喻爲偏,以空爲體,相來互回,而成色相,有無的活路,用以表示佛境界與凡夫境的不同。「但能不觸當今諱」說正位的有無都不對,但若反過來去觸及也失其本意。「也勝前朝斷舌才」以顯示用言語的說有、無皆不中,用以說明本覺佛性是如來藏心之意。「兩刃交鋒不須避」表示顯現偏的功用可亨通利往,在語鋒交間處,不躲避也不爲其傷。「好手猶如火裏蓮」真功夫處如火裡栽蓮,妙在不爲所傷。「宛然自有沖天志」真功夫在聲色途中,亦現法相。「不落有無誰敢和?」絕斷非無非有,顯現有無二境對待。「人人盡欲出常流」要規勸學道勿迷失於常流軌道。「折合還歸炭裏坐」從而泯沒一切有無是非之思量,顯現出究竟的覺悟來。

此〈偏正回互偈〉作品以三言爲首句,續以七言爲主文。此以偏正爲主要意涵,說明由天地混沌未分的原始狀態,產生出萬象森羅景象,由一元走向二元,由絕對走向相對。此詩偈是借具體物象來作比喻的,其偈文用寄託物象來設喻,雖不明其旨,卻因此更顯得意蘊更深遠。良价禪師有一日上堂頌云:「向時作麼生?奉時作麼生?功時作麼生?共功時作麼生?功功時作麼生?」〔註29〕此頌以「作麼生?」一句爲主軸意旨襯底,目的是要逼出學子的反思,此亦是禪家一貫的話機用法。五句的連貫有強調的力道在,但若依詩聯的句式原則來看,則有些差異性。

三、〈功勳五位偈〉的要義

〈功勳五位〉是洞山所說,此詩作與「正偏五位」是同一道理。可以從中了解良价禪師在當時的禪法教育,是反對禪者修行以追求「功勳」〔註30〕的思想。有一僧向良价禪師請教〈功勳五位〉的道理如何,而問「如何是向?」、「如何是奉?」、「如何是功?」、「如何是共功?」、「如何是功功?」〔註31〕。「向」指趣向此事。「奉」承奉,如人奉事長上,先致敬而後承奉。「功」是

〔註29〕《五家語錄》卷四,〈瑞州洞山良价禪師語錄〉,頁461。

〔註30〕《五家語錄》卷四,〈瑞州洞山良价禪師語錄〉:「一日師上堂云:欲知此事,直須如枯木生花,方與他合。疎山問:一切處不乖時如何?師云:闍黎,此是功勳邊事,幸有無功之功,子何不問?疎山云:無功之功,豈不是那邊人。師云:大有人笑子恁麼問。疎山云:恁麼則迢然去也。師云:迢然,非迢然,非不迢然。疎山云:如何是迢然?師云:喚作那邊人即不得。疎山云:如何是非迢然?師:無辨處。」頁433~434。(由此則資料可明,良价禪師當時是不同意說有「功勳」的修行的)。

〔註31〕《五家語錄》卷四,〈瑞州洞山良价禪師語錄〉,頁461~462。

功用。「共功」乃指法與境相敵。「功功」指法與境皆空，表無功用的大解脫。還有「不共」無法可共，即是指法界事事無礙，無你我之分。他是表現禪功有深淺的層次，依之進入法的最佳的般若智。循此義理洞山良价禪師而作詩偈來明示此〈功勳五位〉的道理。

　　下一首詩偈是要說明「向」的道理，「如何是向？師云：喫飯時作麼生。」〔註32〕提醒修行者日常生活中就是用功處，語默動靜皆是行道時，表示修行不可須臾忘卻。

　　　聖主由來法帝堯，御人以禮曲龍腰。
　　　有時閙市頭邊過，到處文明賀聖朝。〔註33〕

此偈「堯」、「腰」、「朝」皆爲下平聲二蕭韻，以七言四句形式，皆爲下平聲二蕭韻，首句入韻式，符合七言絕句格律。

　　詩偈中比喻古代聖王治世因有尺度規範，所以可以用來教化人民，使得人人有效法之作用，而達太平文明盛況。用以說明禪家行道本體中自有其法度、規矩，參禪者若明白自性本體本自具足，不需外求的道理，即能發生作用。參禪者若只知其本體的功能卻未證得，表示還落在偏界上，即是還未回到正位來。

　　下一首詩偈是要說明「奉」的道理，「云如何是奉？師云：背時作麼生。」〔註34〕說明承奉之意思，如果參禪者貪戀外境即是背離本體。

　　　淨洗濃妝爲阿誰，子規聲裡勸人歸。
　　　百花落盡啼無盡，更向亂峰深處啼。〔註35〕

此偈「誰」爲上平聲四支韻，「歸」爲上平聲五微韻，「啼」爲上平聲八齊韻。上平聲四支與上平聲五微通轉，屬押古韻，首句入韻，屬七言古體式。

　　詩中用閨中佳人淨洗濃妝，來比喻等待情人的到來，如熱戀中的情人一心一意都將對方放在心上。用此說明參禪者應洗盡鉛華，回歸自然的本來精神面目，才能明心見性。「子規聲裏勸人歸」此句有殷切盼望修行者盡快用功在道上，「百花落盡啼無盡」生命是倏忽幻滅的，當有一日落英繽紛，繁華落盡時，卻再也難尋自家芳蹤。表示禪者雖經多方求尋，卻仍舊未得禪道之本源。

〔註32〕同上，頁461。
〔註33〕同上，頁462。
〔註34〕同上，頁461。
〔註35〕同上，頁462。

　　下一首詩偈是要說明「功」是修行的成就，「云：如何是功？師云：放下
钁頭時作麼生。」〔註36〕修行是次第的，經過前面的向、奉至此功段皆忘，
因之應要放下鋤頭表示放下情執。說明此階的修行之成就，是已證入本體，
對於現象界，已然放下。

　　　　枯木花開劫外春，倒騎玉象趁麒麟。

　　　　而今高隱千峰外，月皎風清好日辰。〔註37〕

此偈「春」、「麟」、「辰」皆為上平聲十一真韻，首句入韻，符合七言絕句詩
作標準。

　　此詩偈，延承前所說的「向」、「奉」代表沒有放下，到此「功」即是達
到放下的功夫。如「枯木花開劫外春」生命如盎然春意，將有新的發展；又
如「倒騎玉象趁麒麟」尋得珍寶般，來去灑脫自如，此時功用顯發妙用。表
示到此功夫已經體悟本體，對於外界物象豁然無礙，心地如「月皎風清好日
辰」超脫現象界的本體中，如月皎風清，光明朗朗，是表示心性的妙用顯發，
呈現自然的天機活潑。

　　下一首詩偈是要說明「共功」說明自己成就後度化眾生的道理，有云：
「云如何是共功？師云：不得色。」〔註38〕菩薩要自度後才能度人，所以利
己利人的功用顯發。

　　　　眾生諸佛不相侵，山自高兮水自深。

　　　　萬別千差明底事，鷓鴣啼處百花新。〔註39〕

此偈「侵」、「深」為十二侵韻，首句入韻，「新」為十一真韻，古十二侵通十
一真韻，符合七言絕句作法。

　　詩偈之意說明，覺悟之人不能停留於悟境之空境中，就像參禪的空境會
使人沉迷於那種輕安，但需返回現象界，行人間道作菩薩行，不避風塵與苦
惱的與眾生相互提拔。「山自高兮水自深」不以自己為尊貴不以眾生為卑微，
從現象界的千差萬別中，顯出本體的妙用來。此中強調的是入世度化眾生，
行菩薩道的悲心。

　　下一首詩偈是要說明「功功」，乃指此時之功比前功之力深的道理，上功
字為功勳，下功字為不坐功勳，更勝於前，「云如何是功功？師云：不共。」

〔註36〕《五家語錄》卷四，〈瑞州洞山良价禪師語錄〉，頁462。
〔註37〕同上，頁462。
〔註38〕同上，頁462。
〔註39〕同上，頁462。

〔註40〕因爲功成而不處功，所以名爲「不共」，此階的參禪者的功力更加深厚了。

　　　　頭角纔生已不堪，擬心求佛好羞慚。

　　　　迢迢空劫無人識，肯向南詢五十三。〔註41〕

此詩偈「堪」、「慚」、「三」皆爲下平聲十三覃韻，首句入韻，作品符合七言絕句式。〔註42〕

　　詩偈意義呈現出層層漸進的的功夫，所謂自力充盈才能付出，此時是達到絕對空，盡管身在凡塵中諸法盡現眼前，卻無色亦無礙。覺悟的空境，如蓮生於淤泥中確能開出芬芳的淨蓮華來。此時境界已顯發出本體妙用，理事兼帶，體用不二的現象，是禪悟的極高境界，功行不可思議。

　　盡管層次的面向不同，如良价禪師上堂所言：「眾生諸佛不相侵，山自高兮水自深。萬別千差明底事，鷓鴣啼處百花新。」〔註43〕其實佛與眾生本質相同，只礙於明、昧不相通。若人識得法相眞諦，聖人凡人本質無差異，即能證入如佛境界。這一首已經宛然爲一長行詩歌，前兩聯不盡聯對，但後面幾句聯對的整齊，讀來朗朗上口韻味十足，堪爲美詩也。

四、〈四言偈〉的要義

　　良价禪師的法嗣曹山本寂禪師曾欲參訪他處，於臨別時良价禪師囑咐曰：「吾在雲巖先師處親印寶境三昧〔註44〕，事窮的要，今付於汝。」〔註45〕此詞云：

　　　　如是之法，佛祖密付。汝今得之，宜善保護。

　　　　銀盌盛雪，明月藏鷺。類之弗齊，混則知處。

　　　　意不在言，來機亦赴。動成窠臼，差落顧佇。

　　　　背觸俱非，如大火聚。但形文彩，即屬染汙。

〔註40〕《五家語錄》卷四，〈瑞州洞山良价禪師語錄〉，頁462。
〔註41〕同上，頁463。
〔註42〕〈功勳五位〉全五首，作品收入於《全唐詩補編》——全唐詩續拾·卷三十一／通行本。
〔註43〕《瑞州洞山良价禪師語錄》，頁525c。
〔註44〕所謂三昧：是 samadhi 之音寫，或音寫作三摩地或三摩提。譯爲定、正受、等持等。是心念平靜、統一、安穩的狀態。由於心念集中而進入安定的狀態。與禪定義同。是寂境的心，在心靜的狀態，心意專注而成無念。參閱《廣說佛教語大辭典》，頁108，見三昧條。
〔註45〕《五家語錄》卷四，〈瑞州洞山良价禪師語錄〉，頁463。

夜半正明，天曉不露。爲物作則，用拔諸苦。
雖非有爲，不是無語。如臨寶鏡，形影相睹。
汝不是渠，渠正是汝。如世嬰兒，五相完具。
不去不來，不起不住。婆婆和和，有句無句。
終不得物，語未正故。重離六爻，偏正回互。
疊而爲三，變盡成五。如荎草味，如金剛杵。
正中妙挾，敲唱雙舉。通宗通塗，挾帶挾路。
錯然則吉，不可犯忤。天眞而妙，不屬迷悟。
因緣時節，寂然昭著。細入無間，大絕方所。
毫忽之差，不應律呂。今有頓漸，緣立宗趣。
宗趣分矣，即是規矩。宗通趣極，眞常流注。
外寂中搖，係駒伏鼠。先聖悲之，爲法檀度。
隨其顚倒，以緇爲素。顚倒想滅，肯心自許。
要合古轍，請觀前古。佛道垂成，十劫觀樹。
如虎之缺，如馬之馵。以有下劣，寶几珍御。
以有驚異，狸奴白牯。羿以巧力，射中百步。
箭鋒相直，巧力何預？木人方歌，石女起舞。
非情識到，寧容思慮？臣奉於君，子順於父。
不順非孝，不奉非輔。潛行密用，如愚若魯。
但能相續，名主中主。〔註46〕

此偈第一組「法」爲入聲十七洽韻，「付」、「護」去聲七遇韻；第二組「雪」爲入聲九屑韻，「鷺」爲去聲七遇韻，「處」爲上聲六語及去聲六御；第三組至第二十三組，偈頌雖然長，但經檢視大致皆押六御與七遇，此兩韻古韻通轉，乍看體式雖比較偏向佛教四言偈頌規格，但亦呈現中國四言詩體形式。〔註47〕

這首詩偈歌頌的是曹洞宗的四賓主的法義。「主中主」是曹洞四賓主之一。於曹洞宗，「主」爲正、體、理之意，「賓」爲偏、用、事之意。其說如下：（一）主中賓，謂體中之用，即從本體之中引發出作用；譬如大臣奉帝王

〔註46〕《五家語錄》卷四，〈瑞州洞山良价禪師語錄〉，頁 463～464。
〔註47〕此〈四言偈〉作品收入於《全唐詩補編》──全唐詩續拾・卷三十一／通行本。

之命，出而行事。（二）賓中主，謂用中之體，即寓存於各種作用中之本體；譬如帝王潛居於鬧市之中。（三）賓中賓，謂用中之用，即作用與本體相互乖離而不與本體相應；譬如化外之民、無主之客。又禪林中亦常用以指「頭上安頭」之情形，即無用、不必要之意，與「雪上加霜」同義。（四）主中主，謂體中之體，即法理中未牽涉作用，或未顯現爲作用之本體；譬如帝王深居於王宮之中，其權能雖存，然未發令以動員臣民之作爲。禪林中亦用來指物我雙亡、人法俱泯之境界。良价禪師也因曹山本寂禪師的慧根具足，深明其意旨，而發展出後來的曹洞宗名揚禪林。

五、〈三種滲漏偈〉的要義

洞山良价禪師曾說：末法時代，人的巧智慧多，要辯明檢驗其眞僞，須要有三種滲漏法〔註48〕。「一曰：見滲漏，機不離位，墮在毒海。二曰：情滲漏，滯在向背，見處偏枯。三曰：語滲漏，究妙失宗，機昧終始，濁智流轉。」〔註49〕這是要告知學法人了解一般智濁不清的三種原因。後又提出綱要偈三首：

一、敲唱俱行，偈云：

金針雙鎖備，挾路隱全該。

寶印當風妙，重重錦縫開。〔註50〕

二、金鎖玄路，偈云：

交互明中暗，功齊轉覺難。

力窮忘進退，金鎖網鞔鞔。〔註51〕

三、不墮凡聖，偈云：

事理俱不涉，回照絕幽微。

背風無巧拙，電火爍難追。〔註52〕

〔註48〕「滲漏」見《廣說佛教語大辭典》下卷，滲漏條。「略得證悟者其心中猶存的執著與執礙。或稱微細的煩惱與妄想爲滲漏。喻指其如水從桶子或堤岸之隙縫滲漏。」頁1446。

〔註49〕《五燈會元》中卷十三，頁785。

〔註50〕此作品首句不押，「該、開」押十灰韻。

〔註51〕〈金鎖玄路偈〉作品收入於《全唐詩補編》──全唐詩續拾・卷三十一／通行本。

〔註52〕《五家語錄》卷四，〈瑞州洞山良价禪師語錄〉，頁465～466。

首偈「該」、「開」爲上平十灰韻；第二偈「暗」爲去聲二十八勘韻，「難」爲上平十四寒韻，「鞔」沒有符合韻式；第三偈「微」爲上平五微韻，「追」爲上平四支韻，古韻五微、四支相通。三作品有二首皆具五言絕句的標準，押韻整齊。

後來良价禪師又上堂說了一偈：「道無心合人，人無心合道。欲識箇中意，一老一不老。」〔註53〕，「人」爲上平十一眞韻，「道」、「老」爲上聲十九皓韻，此作亦是一完整對句合押韻的標準詩作。

良价禪師在其最後將圓寂示入滅時，他的弟子向他請法：「和尚違和，還有不病者也無？」師曰：「有。」曰：「不病者還看和尚否？」師曰：老僧看他有分。」曰：「未審和尚如何看他？」師曰：「老僧看時，不見有病。」師乃問僧：「離此殼漏子，向甚麼處與吾相見。」僧無對〔註54〕。於是良价禪師留下了示滅前的最後偈頌。

　　　　學者恆沙無一悟，過在尋他舌頭路。

　　　　欲得忘形泯蹤跡，努力殷勤空裏步。〔註55〕

此偈中「悟」、「路」、「步」皆爲去聲七遇韻，首句入韻，符合七言絕句的標準押韻整齊。

此偈是良价禪師最後的附囑法語，詩偈的大意是告戒參禪者不可在文字語言上執著，若一味尋章摘句，行文求義，那就變成思辨和想像，非是禪的經驗。必要認識到凡一切物質界無非是空、無，去除雜念心中萬里無雲、無盡虛空方得一個悟。雖說如此，但禪師還是留下了禪悟的文字語言，是否有些矛盾呢？禪機理趣若非有文字語言來指點學禪者，那麼學生就有可能盲修瞎煉，無法得到眞知卓見的啓發。因之禪雖言空、無，但學習的過程中能得大德的文字語言作爲指示的方向，可省略一些無謂的摸索。所謂得魚忘筌，得意忘象，祖師們提醒的是不要學生被物象給牽絆住，並非完全否定文字語言的，祖師們苦口婆心，留下的諸多語錄無非是老婆心切。

六、洞山良价禪師偈頌的聲律

本論綜上所考良价禪師偈頌聲律〈開悟偈〉爲五言律詩；七言詩有二首作品；〈偏正回互偈〉五組詩作雖押韻不整齊，仍以曹洞宗五位君臣要義闡發

〔註53〕《五燈會元》中卷十三，頁785。
〔註54〕同上，頁786。
〔註55〕《五家語錄》卷四，〈瑞州洞山良价禪師語錄〉，頁467。

為目的；〈功勳五位〉有五首作品皆為七言絕句形式；〈四言偈〉大致皆押六御與七遇，兩韻古韻通轉，體式比較偏向佛教四言偈頌規格；〈三種滲漏偈〉中〈敲唱俱行偈〉與〈不墮凡聖偈〉皆有押韻。以上所考良价禪師偈頌大致皆符合押韻標準，只有〈偏正回互偈〉與〈金鎖玄路〉作品不見押韻，但〈金鎖玄路〉作品卻被收入於《全唐詩補編》——全唐詩續拾・卷三十一／通行本。依此可表明它們是符合詩歌標準的。

第三節　曹山本寂禪師生平學述

　　對於曹山本寂禪師，在文獻記載的資料有《大正新脩大藏經》第 47 冊玄契編《撫州曹山本寂禪師語錄》、《宋高僧傳》卷十三〈本寂傳〉，及《景德傳燈錄》卷十七〈本寂傳〉，五代靜、筠二師編《祖堂集》，《卍新纂續藏經》第 79 冊《聯燈會要》，《卍新纂續藏經》第 79 冊卷一宋惠洪撰《禪林僧寶傳》，《卍新纂續藏經》第 80 冊《五燈會元》。

一、曹山本寂禪師生平

　　曹山本寂（840～901），法源：青原行思→石頭希遷→藥山惟儼→雲巖曇成→洞山良价→曹山本寂〔註 56〕。曹洞宗本來是由洞山和尚的玄妙微旨才得以發揚廣大，之後卻由於曹山和尚弘揚此宗禪法，因此禪宗的這一派被各方的禪僧高士稱為曹洞宗。曹山本寂禪師的生平文獻有多家，以下的引文為《五家語錄》中截出。

> 師諱本寂，泉州莆田黃氏子，少業儒，年十九，往福州靈石出家，
> 二十五登戒。〔註 57〕

曹山本寂禪師是洞山良价的再傳弟子，在他二十五歲登戒之後，他即尋謁洞山，洞山一見非常器重他，從此為入室弟子。本寂禪師也在洞山處親臨法席數年後才辭別洞山。曹山將辭別洞山時有一段對話：

> 洞山問：「什麼處去？」曰：「不變異處去？」洞山云：「不變異豈有
> 去耶？」師曰：「去亦不變異。」遂辭去。隨緣放曠，初受請止於撫
> 州曹山，後居荷玉山〔註 58〕。二處法席，學者雲集。〔註 59〕

〔註 56〕釋聖嚴：《禪門麗珠集》，臺北：東初出版社，1993 年，頁 227。
〔註 57〕《五家語錄》卷四，〈撫州曹山本寂禪師語錄〉，頁 468。
〔註 58〕《五燈會元》：「有信士王若一，捨何王觀請師住持。師更何王為荷玉，由是

曹山與洞山的對話中禪機顯著，有不變隨緣的禪機本懷。他辭去洞山之後，在《五燈會元》有一段文：「遂往曹溪禮祖塔，回吉水。眾嚮師名，乃請開法。師志慕六祖，遂名山爲曹。」〔註60〕至此尋得曹字名的由來因緣了。

　　本寂禪師最後示滅自在，自心若能作得了主，則一了百了。若以萬事爲主，則自心將被萬事牽制成了奴僕。曹山曾云：「天地洞然，一切事如麻如葦如粉如葛，佛出世亦不奈何，祖出世亦不奈何，唯有體盡，即無過患。你見他千經萬論說成底事，不得自在，不超始終，蓋爲不明自己事。」〔註61〕曹山臨入涅槃時正如這段開示話語的境界，對一切山河大地洞然明白，視一切現象無有貪戀執著。自心徹底悟入佛境，心靈的自由，斷然超越生死，清清楚楚明白自己的生死大事。

> 師於天復辛酉夏夜問知事云：「今日是幾何日月？」對云：「六月十
> 五。」
> 師云：「曹山平生行腳到處，秖管九十日爲一夏。明日辰時，吾行腳
> 去。」及時，焚香宴坐而化，閱世六十二，臘三十七，葬全身於山
> 之西阿，謚元證禪師，塔曰福圓。〔註62〕

禪師的風範不同於世俗見地，將示涅槃依然瀟灑自在的說：「我行腳去了。」乃因不著色身的有無。妄念能使人流轉世俗生死之途，則與解脫無緣，豈能自由。眞正對佛旨的領悟，則一切紛紜煩亂現象就被拋諸腦後，自己才能作得了軀殼的主人。

二、曹山本寂禪師與佛教經典

　　本寂禪師作品主要有涉及《五位君臣偈》、《君臣五位顯訣》，是他一生弘法的要點。值得一談的是他生平曾注釋《對寒山子詩》，在本寂禪師生平傳記中有多則文獻皆錄文，他曾作注解《對寒山子詩》一部，《新修科分六學僧傳》卷第八，有〈梁本寂傳〉文中言及，有寒山子去世之後，世人對此高僧的頌詞集錄後留傳之。寒山是一位隱遁的高僧，後人對他評價很高，他的時代即是禪宗興盛的時候。而曹山本寂禪師將寒山遺留人間詩偈，作注釋：「……乃

　　　　法席大興，學者雲萃。」頁787。
〔註59〕《景德傳燈錄》，頁344。
〔註60〕《五燈會元》中卷十三，頁787。
〔註61〕《祖堂集》，頁153。
〔註62〕《五家語錄》卷四，〈撫州曹山本寂禪師語錄〉，頁503。

令僧道翹尋共遺物，唯於林間綴葉書詞頌，并村墅人家屋壁所抄錄得二百餘
首，今編成一集人多諷誦。後曹山寂禪師注解，謂之對寒山子詩。」〔註63〕
《景德傳燈錄》卷第二十七，〈寒山子〉傳文：「於林間得葉上所書辭頌，及
題村墅人家屋壁，共三百餘首傳布人間。曹山本寂禪師注釋謂之對寒山子
詩。」〔註64〕《指月錄》，卷之二，〈寒山子〉：「得所書林間葉上，及村墅屋
壁辭頌，共三百餘首。後曹山寂禪師，爲之注釋，謂之對寒山子詩，行於
世。」〔註65〕由於寒山子詩中所闡發的是禪機，蘊含許多禪機趣味，受到世
人的歡迎，而本寂禪師所注寒山子頌詞則名爲〈對寒山子詩〉。由此可明本寂
禪師對寒山子詩作的愛好極深，將禪心相應詮釋於注解中，正如藉此以闡發
自己禪理。他的注釋對於詩作的流傳應有極大的推動之力。

　　由於本寂禪師作注寒山詩，從此動作也可明白一點，那就是本寂禪師對
頌詩的修養有一定的程度。《宋高僧傳》卷第十三，〈梁撫州曹山本寂傳〉：「寂
處眾如愚發言若訥，後被請住臨川曹山，參問之者堂盈室滿其所酬對邀射匪
停，特爲龜客標準。故排五位以銓量區域，無不盡其分齊也，復注對寒山子
詩流行寓內。蓋以寂素修舉業之優也文辭遒麗號富有法才焉。」〔註66〕傳文
中說本寂禪師本性不多言若木訥，卻因對注解寒山子詩後使其詩流行更廣。
說明本寂禪師的文學素養之優秀，與其注釋的文辭應用若非得當與富麗，就
難引起此詩流行的後勁之力。

　　對於《宋高僧傳》卷第十九，〈寒山子〉傳文：「唯於林間綴葉書詞頌，
并村墅人家屋壁所抄錄得二百餘首，今編成一集人多諷誦。後曹山寂禪師注
解，謂之對寒山子詩。」〔註67〕此中「謂之對寒山子詩。」可議論的是「對」
一字有待討論。本文參考張伯偉著《禪與詩學》〈曹山本寂禪師《對寒山子詩》
原貌試探〉一文：「眾所周知，禪宗強調『不立文字』、『以心傳心』，但文字
又的確是『傳心』的媒介之一。在這種矛盾之中，禪門宗師便使用了一種象
徵式的語言，強調彼此之間的直觀與體驗。所以，本寂禪師不以通常的箋注

〔註63〕〔元〕曇噩述：《新修科分六學僧傳》卷第八，《卍新纂續藏經》第77冊，頁
　　　831c。
〔註64〕〔宋〕道原作：《景德傳燈錄》卷第二十七，《大正新脩大藏經》第51冊，頁
　　　433c。
〔註65〕〔明〕瞿汝稷編集：《指月錄》卷之二，《卍新纂續藏經》第83冊，頁422a。
〔註66〕〔宋〕贊寧撰：《宋高僧傳》卷第十三，《大正新脩大藏經》第50冊，頁786b。
〔註67〕《宋高僧傳》卷第十九，頁831c。

方式而以『對』的方式來解釋寒山詩歸根結底，是與禪門宗旨有關。『對』有『應』、『偶』、『配』諸義，如對聯，對偶之類，均取兩兩相配、相應。而這種『對』，不僅表現在內容上，同時也表現在形式上。」〔註68〕張伯偉所作「對」字用法的一種詮釋，應是非常契合《五家語錄》禪師用來回應參機者的禪機問答形式，常出現用詩的語言，段落之句子集合起來便是一首完整的禪詩，其詩義本是禪師用來宣傳禪機理趣，卻又富含有詩文學意象。

三、曹山本寂禪師傳承之說

　　曹山本寂乃嗣法於洞山良价禪師，在南禪五家中的曹洞宗法脈的傳播至今可以說僅次於臨濟宗，尤其曹洞宗在今日的日本發展與研究皆為興盛。此宗之「曹洞」一名，依本論所求文獻有二說，一、是因為洞山與曹山師徒共唱禪機，合而為名。但亦有另一說：二、是取此宗源頭曹溪惠能及第六世洞山良价而為名。在《祖庭事苑》有文：

> 曹山即洞山之嗣子，今不言洞曹，言曹洞者。亦猶慧遠即慧持之的
>
> 兄，但言持遠而不言遠持，蓋由語便而無它。叢林或指曹為曹溪，
>
> 蓋不知世裔來歷之遠近，妄自牽合，迺絕知者之聽。〔註69〕

此則文獻說明，其實「曹洞」宗之名，還是取洞山良价與曹山本寂，兩師徒弘傳此宗之祖師的名為正確。若妄加牽合於遠自曹溪惠能時代則是牽強附會之說，不可此，此宗則名為曹洞宗。而在此有一議，是此宗初創者是洞山本寂禪師，而曹山乃是洞山本寂禪師的嗣法弟子，為何此宗名卻把嗣法的弟子之名擺在前，其原因有說是順口之因，是稱呼的方便，其中並無有另外之原因。

　　對於曹洞此宗的名稱產生的異說，還有一說，是在《五家宗旨纂要》卷中，其文：

> 於唐大中末，新豐山接引學徒，厥後盛化豫章，住筠州洞山，權開
>
> 五位。善接三根，大闡一音，廣弘萬品，橫抽寶劍，剪諸見之稠
>
> 林，妙叶弘通，截萬端之穿鑿。晚得曹山本寂深明的旨，妙唱嘉
>
> 猷，道合君臣，正偏回互。由是洞上宗風播於天下，諸方宗匠咸推
>
> 尊之。蓋洞山之宗，因曹山而顯，故名曹洞宗。立此一宗，自洞山

〔註68〕張伯偉：《詩與禪學》，臺北：揚智文化，1995年（初版），頁342～343。

〔註69〕〔宋〕睦庵編正：《祖庭事苑》卷第七，《卍新纂續藏經》第64冊，頁414b。

爲之始也。〔註70〕

《五家宗旨纂要》是清代人所編，此中「葢洞山之宗，因曹山而顯，故名曹洞宗。」是爲關鍵，洞山雖爲開創祖師，但眞正將此宗風大播弘揚開來是曹山。此宗後由曹山而顯發，因而定名「曹洞」宗。此說是因爲曹洞宗的主旨特色是「五位君臣」，而此「五位君臣」代表宗旨的特色，是用偏正回互的理論來闡述它的體用關係與理事關係，從而表達曹洞宗旨的「道合君臣、偏正回互」的世界觀。功再曹山並不在洞山時弘開，此宗全賴曹山本寂禪師之力倡而盛行。

根據《景德傳燈錄》卷第二十，資料所載曹山本寂禪師是，吉州青原山行思禪師第六世，法嗣弟子有十四人，其中只有一人無留有語錄。他們是：撫州荷玉光慧禪師、筠州洞山道延禪師、衡州育王山弘通禪師、撫州金峯從志禪師、襄州鹿門處眞禪師、撫州曹山慧霞大師、衡州華光範禪師、處州廣利容禪師、泉州廬山小谿院行傳禪師、西川布水巖和尚、蜀川西禪和尚、華州草庵法義禪師、韶州華嚴和尚，以上一十三人見有語錄。廬山羅漢他隆山主和尚，一人無機緣語錄。

光慧禪師，受法於曹山本寂禪師後，曾在龍泉寺與荷玉山傳禪法。弘通禪師在育王寺傳禪法，受到楚王馬殷的欽敬。慧霞大師受法後曾於荷玉山傳法，後來曹山本寂禪師圓寂後，他回到曹山擔任第二任住持之職，被稱爲「中曹山和尚」。曹山本寂禪師法系傳至三代後已經不明；如前所說，後來的曹洞宗乃由良价弟子道膺禪師法系傳開的。

第四節　曹山本寂禪師詩偈的要義與聲律

本寂禪師曾經因有鎭南州節度使南平郡王鐘傳仰慕禪師的禪道，派使者前去迎請三度不得，在使者殷切苦求下，本寂禪師抄錄了一首大梅法常禪師的詩偈給予使者回去覆命，這是禪師在唐貞元中，鹽官會下有僧，因採柱杖，迷路至庵所，因而所作。詩偈云：「摧殘枯木倚寒林，幾度逢春不變心。樵客見之猶不採，郢人何事苦搜尋？」〔註71〕句中的寒林枯木是比喻修行者如如不動的心境，不會隨其外境而改變心志與動搖。另一喻是將自己喻如朽木之

〔註70〕〔清〕性統編：《五家宗旨纂要》卷中，《卍新纂續藏經》第 65 冊，頁 266a。
〔註71〕《五家語錄》卷四，〈撫州曹山本寂禪師語錄〉，頁 499。

無才用能力，借此卻辭郡王之請。偈頌之意是表明曹山自己心如枯木，無有再涉足世俗之心，一般人都不願與之交際，希望知音者（郢人）也不要再抱不切實際的期望。偈文中可表白一心求禪道的堅心，不便受擾。意思是客套傳達的說自己是一位平凡無奇之隱士，何足達官貴人用心苦尋覓？而勸君莫要再尋覓僧蹤。

　　引出此偈因緣的背後，可以看出本寂禪師喜愛詩境，用它傳達心意，此中表現了禪師的敦厚涵養氣質，用詩來回絕則顯其語意更溫婉。由此可以預知本寂禪師對詩偈的修養應有可觀處。

一、〈五位君臣〉的要義

　　曹山本寂乃洞山良价弟子，也是曹洞宗創始人之一，曹洞一詞則說明曹山與洞山之義，曹山承襲洞山法義而發揚光大此宗。曹洞一系思辯色彩很濃，乃是受華嚴思想及陰陽學說影響，常討論「正偏」、「理事」之關係，而重要命題的「五位君臣」、「三滲漏」、「三綱要」都是極富理論色彩。這就是此宗的特色。有一位僧人問曹山和尚：五位君臣的宗旨要訣是甚麼道理？「正位即空界，本來無物。偏位即色界，有萬象形。正中偏者，背理就事。偏中正者，舍事入理。兼帶者冥應眾緣，不墮諸有，非染非淨，非正非偏，故曰虛玄大道無著真宗。」〔註72〕在這一段文中曹山本寂禪師說明他所倡導的正位、偏位、正中偏、偏中正、非正非偏的五位君臣道理。並指明「以君臣偏正言者，不欲犯中故，臣稱君，不敢斥言是也，此吾法宗要。」〔註73〕這正是曹山的宗旨義理。

二、〈宗要偈〉的要義

　　曹山本寂禪師創作了一首關於此宗五位君臣義理的詩偈，用詩形象來加以說明其義理。

　　　　學者先須識自宗，莫將真際雜頑空。
　　　　妙明體盡知傷觸，力在逢緣不借中。
　　　　出語直教燒不著，潛行須與古人同。
　　　　無身有事超歧路，無事無身落始終。〔註74〕

〔註72〕《五燈會元》中卷十三，頁787。
〔註73〕同上，頁787。
〔註74〕《五家語錄》卷四，〈撫州曹山本寂禪師語錄〉，頁471。

此詩偈「宗」上平聲二冬韻，「空」、「中」、「同」、「終」皆爲上平聲一東韻，首句入韻，以七言律詩形式，中間兩聯以對仗格式呈現，符合律詩標準。〔註75〕

　　首句中「學者先須識自宗，莫將眞際雜頑空。」告知門下的弟子須明自宗之旨趣。而「頑空」乃相對於「眞空」而言。「眞空」眞如之理體遠離一切迷情所見之相，杜絕「有、空」之相對，故稱眞空。如《大乘起信論》所說之空眞如、《唯識》所說之二空眞如、《華嚴》所說三觀中之眞空觀等均屬之。又大乘以非有之有，稱爲妙有；非空之空，稱爲眞空。此乃大乘至極之眞空。這是說明要去滯於空見之「頑空」，而達眞空之境。就能達妙明之體性，直至與「古人同」同於往昔之禪僧大德。「無身」沒有身體，意指無個人之存在。「無事」無煩惱、無障礙，表示窮盡佛道，無事可爲。修禪道的心境，不強求證悟，因爲眾生本具佛性，無須心外求佛也〔註76〕。做個無求、無執著、無事，於平淡中徹悟佛道的禪僧。此七言偈不但押韻整齊且對仗完整，可說是成熟的七言律詩。

三、〈五相偈〉的要義

　　此詩偈是配合說明君臣五位之旨，義理在說明五位君臣的意趣後，曹山又續而作了五相詩偈。曹山本寂禪師之五相是用黑色表示「正」（體、暗），用白色表示「偏」（用、明）。以○表示自性，以●表示本體界，以◑中之白色表示現象界。用以說明只有體用相合（明暗相合），的禪境才能達到最高位階（兼中到）之功。

　　　　◑〔註77〕偈云：

　　　白衣須拜相，此事不爲奇。

　　　積代簪纓者，休言落魄時。〔註78〕

此偈「相」爲下平聲七陽韻，首句不入韻，「奇」、「時」爲上平聲四支韻。以七言律詩形式，中間兩聯以對仗格式呈現，符合律詩標準。此詩作呈現五言

〔註75〕〈宗要偈〉作品收入於《全唐詩補編》——全唐詩續拾・卷三十四／通行本。

〔註76〕「無事」無煩惱，無恙、平安、無障礙。又謂眾生本具佛性，無須心外求佛也。見《雜阿含經》四四卷，頁319c。

〔註77〕巽卦◑，爲君位，正中偏。爲向上，是爲黑白未分之時。參考《人天眼目》，頁261。

〔註78〕《五家語錄》卷四，〈撫州曹山本寂禪師語錄〉，頁472。此作品收入於《全唐詩補編》——全唐詩續拾・卷三十四／通行本。

詩體式。

●相當於正偏五位的「正中偏」，背理就事。在此階位表示自性未明，只見事物，而不見理體。詩偈用科場來作比喻，將未成佛前的眾生比喻為尚未取得功名的白衣秀才。而秀才有拜相的可能，隱喻為眾生有成佛的可能。文中的「白衣」〔註79〕指修佛法的在家居士。居士拜相是理所當然，何足奇怪。而以佛法大意而言，世事無常不足戀眷，當求生死議題來得緊要。莫要積蓄珍寶後，生命終了時卻無益處。此詩意充滿告戒語調。

◗〔註80〕偈云：

子時當正位，明正在君臣。

未離兜率界，烏雞雪上行。〔註81〕

此作「位」為去聲四置韻，「臣」為上平聲十一真韻，「行」為下平聲七陽韻，上平聲十一真韻與下平聲七陽韻兩古韻相通。

●相當於正偏五位的「偏中正」，捨事入理。此階位表示參禪者在現象界中，已能的自性之理，只缺大事未明，雖知空而未能證空。此詩偈以古代君王上朝為喻，君王上朝本應在辰時，但卻於子時，則群臣未到，君命則無法頒布施行。隱喻參禪者本位已顯露，但仍然未能發生作用。君位為正位，臣位為偏位。此詩偈說明若明白正位的關係，則能明白君臣的關係。本體界發生與現象界互顯作用，就如君施令臣奉行之義。偈文中的「未離兜率界」用於比喻參禪者的境界還未成熟，未到成佛境界，因為對理事關係之證悟的程度，就像烏鴉行於雪上一般，黑白分明（黑喻為本體、空，白喻為現象界、色界），尚未融為一體。有僧人問怎樣才是君位？「妙德尊寰宇，高明朗太虛。」〔註82〕曹山本寂禪師說：高妙的品德在寰宇之內為最尊貴，高明而清淨的旨趣比太虛更加清朗。而僧又問臣位是什麼？「靈機弘聖道，真智利群生。」〔註83〕曹山本寂禪師又說：靈活的機鋒可以弘揚聖明道統，真正的智慧可以利益眾生。

〔註79〕「白衣」：穿白色衣服的人。印度修行僧著染色衣，世俗人穿白衣，故稱在家人為白衣。即是指世俗人而言，包含婆羅門階級等。見《廣說佛教語大辭典》上卷頁432。此作品收入於《全唐詩補編》──全唐詩續拾·卷三十四／通行本。

〔註80〕兌卦◗臣位，偏中正。為奉持，為露。參考《人天眼目》，頁261。

〔註81〕《五家語錄》卷四，〈撫州曹山本寂禪師語錄〉，頁472。

〔註82〕《人天眼目》，頁236。

〔註83〕同上，頁237。

　　⊙〔註84〕偈云：

　　燄裏寒冰結，楊花九月飛。

　　泥牛吼水面，木馬逐風嘶。〔註85〕

此作首句「結」爲入聲九屑韻，「飛」上平聲五微韻，「嘶」上平聲八齊韻，古韻兩韻皆通四支韻相通，屬押古韻。此偈爲五言古詩體形式。

　　⊙此相當於正偏五位的「正中來」，此階爲非染非淨，非正非偏，在現象界是不可能存在的事，但在這兒就都活潑的呈現出來了，此時正是見道的奇妙境界。火燄裡如何能結冰？九月哪有楊花可飛？泥牛入水即化哪能吼呢？木馬是無情物又怎能嘶鳴奔馳？以上對事實來講都是不可能發生的事，說明冰炭不能相容，春秋不能同時，泥牛入海即消失，木馬絕對不可能跑動的；禪師說這些不合常理的事，用反說有些怪誕，其目的是要人除妄念，引導啓發學人開悟〔註86〕。文中的「泥牛」在這邊比喻我人所執著之妄想。「木馬」字義爲木制馬。於禪家是比喻離思慮者，無生命者之意，義等同木人，此首是曹山正中來之頌。

　　○〔註87〕偈云：

　　王宮初降日，玉兔不能離。

　　未得無功旨，人天何太遲？〔註88〕

此詩偈「日」爲入聲四質韻，「離」、「遲」爲上平聲四支韻。亦爲五言古詩體形式。

　　此偈○相當於正偏五位的「兼中至」，表示禪者證悟之後，又轉身而出，入世接引眾生。文中的「王宮初降日」說明釋迦牟尼的降誕皇室，「玉兔」指月亮，月亮有光明之義，指出佛性本具有的光明不失。「未得無功旨，人天何太遲？」修學之人若未得旨趣義理，縱使懷有明珠亦不見之。表示已悟道見性者並沒有離開現象界而住於佛位，那是因爲聖者不願獨享聖境，而憐憫眾生未脫離煩惱界，因而悲智雙運，下化眾生，以至達到天人合一之境界。

〔註84〕大過卦⊙君視臣，正中來。爲功用，無用有用。參考《人天眼目》，頁261。

〔註85〕《五家語錄》卷四，〈撫州曹山本寂禪師語錄〉，頁472。

〔註86〕這種反說、怪說或者亂說甚至於呵佛罵祖，大膽作風超越了傳統佛教的作風，是晚唐禪宗五家禪師，所呈現出最具中國佛教特色的思想理論，以致後來宋代的狂禪之風。

〔註87〕中孚卦○，臣向君，偏中至。爲境法相共之用，各不相抵觸。參考《人天眼目》，頁261。

〔註88〕《五家語錄》卷四，〈撫州曹山本寂禪師語錄〉，頁472。

●〔註89〕偈云：

渾然藏理事，眹兆卒難明。

威音王未曉，彌勒豈惺惺？〔註90〕

此詩偈「事」為去聲四寘韻，「明」下平聲八庚韻，「惺」下平聲九青韻，兩韻古皆通眞韻，爲古韻相通，屬五古詩體制。

●相當於正偏五位之「兼中到」，此階位已然達到「渾然藏理事」，理事互攝、體用一如之境，以至「眹兆卒難明」於此境界中不露半點蛛絲馬跡。「威音王未曉」是禪林用語，又作威音王佛出世以前。乃禪林常用以指點學人自己本來面目之語句，意同「父母未生以前」、「天地未開以前」、「空劫以前」等語。蓋威音王佛乃過去莊嚴劫最初之佛名，故以之表示無量無邊的久遠之前〔註91〕。「彌勒豈惺惺？」前面表示久遠之前，而這句說的是表示未來。不能理事圓融何期未來有清醒明白之一日。乃是告戒要自覺悟義。〔註92〕

以上之五相偈頌是成一組詩作的，雖不盡押韻但字數整齊，且義理明暢，有獨到的意境。五位君臣本是洞山良价爲廣接上中下三根而明五位。其方法是借《易經》卦爻而來的，以五卦來判證修爲深淺，後爲曹山發揚出，正即體、空、眞、理淨。偏即用、有、俗、事染；兼即中道；而正位即君位，指眞如本體，本來無物；偏位即臣位，指萬有事相；偏中正即臣向君，指唯見

〔註89〕重離卦●，君臣合，兼中到。爲無功用之功，大解脫，不當頭。參考《人天眼目》，頁 261。

〔註90〕《五家語錄》卷四，〈撫州曹山本寂禪師語錄〉，頁 472。

〔註91〕威音王，梵名 Bhīsma-garjitasvara-rāja。又作寂趣音王佛。乃過去莊嚴劫最初之佛名。姚秦三藏法師鳩摩羅什譯《法華經》卷六〈常不輕菩薩品〉：「乃往古昔，過無量無邊不可思議阿僧祇劫，有佛名威音王如來、應供、正遍知、明行足、善逝、世間解、無上士、調御丈夫、天人師、佛、世尊，劫名離衰（梵 Vinirbhoga），國名大成（梵 Mahāsajbhāva）。其威音王佛於彼世中，爲天人、阿修羅說法。……是威音王佛壽四十萬億那由他恆河沙劫，正法住世，劫數如一閻浮提微塵；像法住世，劫數如四天下微塵。其佛饒益眾生已，然後滅度。正法、像法滅盡之後，於此國土復有佛出，亦號威音王如來、應供、正遍知、明行足、善逝、世間解、無上士、調御丈夫、天人師、佛、世尊。如是次第有二萬億佛，皆同一號。」《卍新纂續藏經》第 30 冊，頁 415a。可知威音王佛乃多數佛之佛名。

〔註92〕西域記云：梅哩麗耶，唐云慈氏，即姓也。舊曰彌勒，訛也。什曰：姓也。阿逸多，字也。南天竺婆羅門子。淨名疏云：有言從姓立名，今謂非姓，恐是名也。何者？彌勒，此翻慈氏，過去爲王，名曇摩流支，慈育國人，自爾至今，常名慈氏。姓阿逸多，此云無能勝。有言阿逸多是名，既不親見正文，未可定執。觀下生經云：時脩梵摩，即與子立字，名曰彌勒。

真如，不見事相，捨事入理；正中偏即君視臣，指唯見事相，不見真如，背理就事；兼帶即君臣合道，指將體用、真俗、理事、淨染等統一起來，不要偏於一邊。

若將曹山的五位君臣之說道理統整一下意思，其中玄妙處無非要人們擯卻五塵：色聲香味觸法，而得寧謐之心就是成功動了。所以又作有一偈名為四禁偈：「莫行心處路，不挂本來衣。何須正恁麼，切忌未生時。」〔註93〕這首詩偈正是指出，未生之時的本來面貌，啟示學人應當要仔細思量。

四、〈無相身偈〉的要義

無相身乃指自性法身，所謂法身：指佛的自性真身。又稱法身佛，或自性身、第一身。二身（或三身、四身）之一，是大小乘諸家通用的名稱。因此隨諸家所說而有種種不同內容。如小乘家立戒、定、慧、解脫、解脫知見的五分法身。謂此無漏的五蘊是佛及阿羅漢自體所持有的五種功德。見《遺教經論》云：「自今已後，我諸弟子展轉行之，則是如來法身常在而不滅也。」〔註94〕有一紙衣道者來參曹山禪師，以紙衣下事、紙衣最後問及：「一靈真性不假胞胎時如何？」師答：「未是妙。」而參者問：「如何是妙？」禪師答：「不借借。」〔註95〕此時參道者經過對答論理，而開悟了靈性之法身道理，故而頓化。曹山曾因對學人問題關於靈性的討論而有一偈云：

> 覺性圓明無相身，莫將知見妄疏親。
>
> 念異便於玄體昧，心差不與道為鄰。
>
> 情分萬法沈前境，識鑒多端喪本真。
>
> 如是句中全曉會，了然無事昔時人。〔註96〕

此作首句「身」及「親」、「鄰」、「真」、「人」皆為上平聲十一真韻，首句入韻式，整首皆為上平聲十一真韻，中間兩聯對仗，為標準的七言律詩體。

詩言：「覺性圓明無相身，莫將知見妄疏親。」若離一切迷妄則能覺悟自性之無相身也。「念異便於玄體昧，心差不與道為鄰。」有所分別之心則昧著本性的良知，只差一心體道的真髓義，中不中相差之為鄰。「情分萬法沈前

〔註93〕《五燈會元》中卷十三，頁788。

〔註94〕天親菩薩造，真諦三藏譯：《遺教經論》，《大正新修藏經》第26冊，頁290b。

〔註95〕《五燈會元》中卷十三，頁791。

〔註96〕《五家語錄》卷四，〈撫州曹山本寂禪師語錄〉，頁477～478。此作品收入於《全唐詩補編》——全唐詩續拾・卷三十四／通行本。

境，識鑒多端喪本眞。」凡夫迷執心所生之妄想分別一生出，則致於耽境不能識本眞之心。「如是句中全曉會，了然無事昔時人。」此中無事人，指無所省悟亦不致力於修業求悟之禪法，這才是禪法的知音人。此首爲七言對仗整齊且押韻完美的一首七言律詩。我們可以看出曹山本寂禪師的詩作確爲合律。下例有一首七言作品，在對仗及押韻都合乎格律。

> 枯木龍吟眞見道，髑髏無識眼初明。
>
> 喜識盡時消息盡，當人那辨濁中清？〔註97〕

此詩偈「道」爲上聲十九皓韻，「明」、「清」爲下平聲八庚韻，屬七言絕句詩體形式呈現。

　　此中「枯木」比喻無心之狀態；或只執著坐禪以求開悟，而無向下化他之功用。又於叢林中，對於只知終日坐禪而不飲不臥之禪者貶稱爲枯木眾。因而禪門不重枯坐禪，「髑髏無識眼初明」不能開明的禪坐正像一軀骷髏何用呢？因而倡導應用於日常作息活潑的禪法。「喜識盡時消息盡，當人那辨濁中清？」識以了境爲自性。識者乃是神知之別名也。若禪者能對境覺智，則異乎木石名爲心。濁代表了被境迷，清則表示顯現神知的禪理，如此方爲遠離枯木眾。

五、〈四禁偈〉的要義

　　禪家一切最精妙的禪法並非靠語言的傳授所得，也不能憑外界外力的灌輸而獲得。切要的如實地體驗，則有不同於他人的見解。這種知見在南宗禪法的祖師中常一再的告戒。

> 莫行心處路，不挂本來衣。
>
> 何須正恁麼？切忌未生時。〔註98〕

此詩偈「路」爲去聲七遇韻，「衣」上平聲五微韻，「時」上平聲四支韻，上平聲五微韻與上平聲四支韻，兩韻屬古韻通轉。此作品應屬五言古體詩形式。

　　此作義理是闡釋心爲萬法之本，能生一切諸法，故曰心地。此處之關鍵字應是「心」所指的是凡夫昏倒迷昧之心。而「本來」是無物之始，謂之本來。如云無始以來，而「未生」如所觀無法中說。總旨在說明修禪之人要能

〔註97〕《五家語錄》卷四，〈撫州曹山本寂禪師語錄〉，頁496。此作品收入於《全唐詩補編》──全唐詩續拾‧卷三十四／通行本。

〔註98〕《五家語錄》卷四，〈撫州曹山本寂禪師語錄〉，頁500。

把持本性天然之法。此偈以五言四句而作之，是一般偈語中常見的法式，不求押韻與聯對。以下有一首示學人詩偈云：

> 從緣薦得相應疾，就體消停得力遲。
>
> 瞥起本來無處所，吾師暫說不思議。〔註99〕

此詩偈「疾」為入聲四質韻，「遲」上平聲四支韻，「議」為去聲四寘韻，上平聲四支韻與去聲四寘韻，古韻通轉，此作呈出古體七言詩絕句。

對此作，宋代永明延壽《宗鏡錄》卷四十一，云：「千聖皆目此一念心起時了不可得，是真不思議，離此決定別無殊勝，如是了者，豈非疾乎，何待消融，方能見道。若不直見其事，欲以意解情求，如將兔角之弓，駕龜毛之箭，以無手之者，擬射碎須彌之山，似傾壓沙之油，點無煙之火，貯漏之內，欲照破鐵圍之闇，徒役狂心，無有是處。」見道的功夫不在於著意作解，這是禪的妙處，若錯用功夫則如以有漏缺盆盛水，那會有得？忘掉一切情解，在空、無之中當下確有不可思議的禪機。從作品中我們似乎可以嗅得禪師肉身已不消應酬了，緣生緣滅，本來無一物。此首作品也告示學人應當了解質身是幻吧！這是曹山禪師最後留下的餘韻。

六、本寂禪師偈頌的聲律

以上本節所考本寂禪師偈頌作品中〈宗要偈〉首句入韻，以七言律詩形式，中間兩聯以對仗格式呈現，符合律詩標準。〈五相偈〉此詩有五首作品皆呈現五言古詩體式。〈無相身偈〉首句入韻式，整首皆為上平聲十一真韻，中間兩聯對仗，為標準的七言律詩體，第二首為七言絕句詩體形式呈現。〈四禁偈〉此作品應屬五言古體詩形式，第二首為古體七言詩絕句。以上所考作品皆符合詩歌作法規範。

經從《五家語錄》探討中之「曹洞宗」祖師作品，相對比較於《全唐詩》中之詩歌作品中，收入的有曹山本寂禪師一首〈辭南平鐘王召·章〉另比照《全唐詩補編》──全唐詩續拾，卷三十一／通行本，中收入的洞山良价禪師作品有五首〈開悟偈〉、〈偏正回互偈〉、偈「聖主由來法帝堯，御人以禮曲龍腰。」、〈囑咐偈〉、〈金鎖玄路偈〉。《全唐詩補編》──全唐詩續拾，卷三十四／通行本收入曹山本寂禪師之偈語有〈五位君臣的偈頌〉、〈五相偈頌〉

〔註99〕同上，頁500。此作品收入於《全唐詩補編》──全唐詩續拾·卷三十四／通行本。

二首、〈法身偈〉五首全收入，共計有八首作品。總計收入於《全唐詩》及《全唐詩補編》中有十三首作品。

　　探討曹洞宗祖師的「偈頌」其禪詩的闡釋，以〈洞山五位頌〉、〈五位君臣顯訣〉、〈曹山五位君臣圖〉、〈三種滲漏〉說明曹洞禪風，是以體悟自性為大事，並提倡「行鳥道」為確立空觀思想，禪的意境不能從口裡道的表達方式，種種方便都是善巧說法，為指自性的，目的是要破除禪學人超越文字語言的執著，去悟入禪的真諦，這種禪詩則具有超越語言文字的表面特質。

第五節　曹洞宗旨與特色

　　本節主要依據禪宗史書《祖堂集》、《景德傳燈錄》中，所記載曹洞初創期的禪法思想為考。對於曹洞宗風有「穩順綿密，其接化學人，諄諄不倦。」之說，而《五家宗旨纂要》對此家評論：「君臣道合，正偏相資，鳥道玄途，金針玉線，內外回互，理事混融。不立一法，空劫以前，自己為宗，良久處明之。」〔註100〕依此本文對曹洞宗的禪法一節，以簡明的方式為敘，梳理其思想略分三點論說。並酌參楊曾文《唐五代禪宗史》內文對曹洞宗思想所考。以三事略述曹洞接引學人特色（一）體悟自性是：「大事」，（二）提倡「行鳥道」在思想中確立「空」觀，（三）「正問正答，不以口裏道」。〔註101〕

　　第一點，體悟自性是「大事」，分說見性的重要乃是曹洞所謂的大事，依個人的身體相貌是無常變異的，並不能代表本質的屬性，只有人人相通的自性才是自己本來面目。以解脫之道重在覺悟自性，說明良价禪師的一生傳法生涯中，一直強調此種思想。認為世人最苦的是不知道自身具有的本性，對領悟自性的事不懂得，若是如此將永遠無法擺脫生死輪回。自性用文字語言表達只屬於「客中主」，真正的「主中主」是超越物我界限和時空的絕對本體，以「常樂我淨」的法身，才是超言語絕物相的；以此為認識的基礎上再進一步，就是確定體悟自性，要達到與真如契合，回歸法身則是更難的事。因此本寂禪師即常提醒弟子們要「明白己事」也就是見性為修行的大事，若能體悟則自己就是做得了主的主人翁。

　　第二點，提倡「行鳥道」在思想中確立「空」觀，乃以《般若經》的空

〔註100〕〔清〕性統編《五家宗旨纂要》，《卍新纂續藏經》第 65 冊，頁 266b。
〔註101〕楊曾文：《唐五代禪宗史》，北京：中國社會科學出版，2006 年 11 月（重印），
　　　　頁 408～415。

觀思想是為禪宗各派共同提倡的思想，來解說洞山良价用以「行鳥道」方式，的形象引導弟子建立空觀的方法。以鳥可以在遼闊（代表無礙）的天空自由飛翔，空中的一片都是鳥兒任翱翔的道路。其「鳥道」也就是虛空，反映諸法性空的道理。「行鳥道」也就是認識世間一切形象物質，及精神的事物和現象，都是空寂無有實體存在，指示良价禪師用以指導禪學人認識問題和修行空觀。以良价禪師的禪法歸納三點：「展手而學、鳥道而行、玄路而行」，〔註102〕大意是主張無證無修。

　　第三點，「正問正答，不以口裏道」。認為禪宗各派皆主張，以佛、真如、佛性等境界是達到覺悟解脫的道理，不是可以用語言文字表述的，任何語言文字的表達都是有局限的，它們都不能完全無差的表述佛、真如、佛性等境界。而以主張「正問正答，不以口裏道」的觀念，來應付有關佛性、真如等問題。楊曾文並說明禪宗越到後期禪師們越迴避正面說法，所以導至於禪宗流傳下來的許多語錄的對話就大多顯得支離破碎，且經常是詞意含糊，不知所云。《景德傳燈錄・良价傳》記載有文：

> 師有時云：「體得佛向上事，方有些子語話分。」僧便問：「如何是語話？」師曰：「語話時闍梨不聞。」曰：「和尚還聞否？」師曰：「待我不語話時即聞。」僧問：「如何是正問正答？」師曰：「不從口裏道。」〔註103〕

此中的「向上事」是指成佛解脫之道。良价禪師認為只有體悟到此道理才可說法，而當參禪僧人問到為何「語話」時，良价禪師卻又迴避解說，並且表示「正問正答」是不能從口中說出來的。諸如一些修行的重要問題，凡有人問：「何為祖師西來意」、「出離之要」，禪師皆避免去正面回答，或所答非所問，要不就是默然。只要無語則無失，沉默就成為應付各種重要質詢的問難了。不但良价禪師如此，唐宋禪僧有不少皆用此法應付參禪學人的提問。良价禪師曾以一句「本來無一物」讓其弟子在此後加上一句轉語，竟有一位僧人花上三年時間說了九十六個轉語，良价皆不認同他，到了最後一句良价禪

〔註102〕《五家宗旨纂要》，《卍新纂續藏經》第 65 冊，「鳥道：不開口處玄關轉，未措言時鳥道玄，此是不落語言，聲前一句。玄路：寫成玉篆非干筆，刻出金章不是刀，此是玄音妙旨，談而不談。展手：睒眼牙口叮嚀囑，豎拂拈槌仔細傳，此是覿面提持，隨機拈出。」頁 272b。

〔註103〕〔宋〕道原纂：《景德傳燈錄・良价傳》，《大正新脩大藏經》第 51 冊，頁 322c。（下同則簡註書名頁數）

師才認可他。這其中應也說明一個道理，就是表示禪法的妙意，實在是很難能用語言文字可以完全無差的表述，他是需要憑靠禪妙慧心者自領自悟的，即使是已領悟者所說出的話語亦難精準無差的。

以此三事可明曹洞宗的禪風特色，重修行以體悟自性是為首要的「大事」。而提倡「行鳥道」在思想中確立「空」觀，正是行般若智慧為精進的目標。對佛性的關鍵問題，採取各自體悟為要領，所以「不以口裏道」是怕禪學者落入執著語言文字相，就可能造成與佛性、自性、真如的本來面貌又形成差別了。

第六節　曹洞宗五位與回互詩偈的隱喻美學

禪五家之中曹洞的思想最具有中國道家的色彩，此宗依於道家本有的陰陽互為牽動的理論，而產生有五位圖相、太陽三句圖、王子五位圖、洞山偏正五位圖相，以正偏五位之說，這是受石頭希遷禪師〈參同契〉之作中陰陽、明暗之回互說的影響，曹洞在此基礎上而加以應用。洞山良价並作有〈偏正回互偈〉：

> 正中偏，三更初夜月明前，莫怪相逢不相識，隱隱猶懷舊日嫌。
> 偏中正，失曉老婆逢古鏡，分明覿面別無真，休更迷頭猶認影。
> 正中來，無中有路隔塵埃，但能不觸當今諱，也勝前朝斷舌才。
> 兼中至，兩刃交鋒不須避，好手猶如火裏蓮，宛然自有沖天志。
> 兼中到，不落有無誰敢和？人人盡欲出常流，折合還歸炭裏坐。
>
> 〔註104〕

此中「正」是道家二儀中的陰，喻為：靜、體、空、理、平等、絕對、本覺、真如等的意思。「偏」是道家二儀中的陽，喻為：動、用、色、事、差別、相對、不覺、生滅等的意思。並以黑白五種圓相配合，五種圖相可配於五方五行，喻顯正偏之五位。正偏五位之說對於曹洞宗來說特別有其重要性。故以偏正回互而建立了正中偏等五位之說，以說明法之德用的自在無礙。後來又有人依之而建立了「君臣五位」及「王子五位」等的說法。從每首標題可知有先立題旨的先意在，偈中每首內文皆未闡揚與修行相關境界的文字，只是藉由具體物象比喻之。但從全首詩的整體語意，不難分析語意的脈絡，是可

〔註104〕《五家語錄》卷四，〈瑞州洞山良价禪師〉，頁461。

以得知其創作的主體所欲表達的禪機理趣，雖不直接陳述，卻寄託物象以言之，讀者即可藉由其物象之類比，從中獲得此詩偈的喻含之意。

禪宗在中國化之後與印度本有的佛教思維形式產生了不同，禪詩的表現喜愛中國本土的語言形式，特別曹洞此宗的五方五行及圖相黑白更雷同於道家陰陽的卦象圖。洞山良价禪師〈玄中銘〉引言：

> 竊以絕韻之音，假玄唱以明宗，入理深談，以無功而會旨，混然體用。宛轉偏圓，亦猶投刃揮斤輪扁得手，虛玄不犯迴互傍參，寄鳥道而寥空，以玄路而該括。然雖空體寂然，不乖群動，於有句中無句，妙在體前；以無語中有語，迴途復妙，是以用而不動，寂而不凝。清風偃草而不搖，皓月普天而非照，蒼梧不棲於丹鳳，澄潭豈墜於紅輪，獨而不孤無根永固，雙明齊韻事理俱融。是以高歌雪曲，和者還稀，布鼓臨軒，何人鳴擊，不達旨妙難措幽微。儻或用而無功，寂而虛照，事理雙明，體用無滯，玄中之旨其有斯焉。

〔註105〕

在禪理提倡本體空寂用而不動中，所以體用、理事合一，無二無別。引言中強調「於有句中無句……以無語中有語」是說明禪機應於言外見意，禪師假以語言文字作詩偈頌贊，只是行方便說卻無說，言而無言。參禪者切勿落入假名言說之中，才是妙悟其中。而曹山本寂禪師所作〈五相偈〉：

> 「焰裏寒冰結，楊花九月飛。泥牛吼水面，木馬逐風嘶。」〔註106〕

以連續四個不相關的意象並列，且其意象的意義根本是違反常理所見。說明禪師的創作意象是常以無關事物暗示禪機，不遵循常規的符號法則和思維方式，常以其矛盾的語言採其隨手捻來的意象。但不管其說其言常不依循常理慣用的語言軌跡，從而另闢創新來詮釋禪的修法，參禪者只有從意象之外去參，方能契會禪師的言外所指的本旨。從以上偈頌之研究可說明曹洞禪師的偈頌文學性，比較趨向於中國詩作的隱喻之體。

綜合本論以上對於曹洞宗兩祖師的禪詩（偈、頌、贊），可說曹洞宗禪詩作品在文學上，具有濃厚詩境的美學。曹洞舉石頭禪師的〈參同契〉，併合曇晟禪師的〈寶鏡三昧〉，透過禪的實修，建立了「五位」之教，倡導正位、偏位、正中偏、偏中正、非正非偏的五位君臣道理。及「回互」之教，以偏正

〔註105〕《筠州洞山悟本禪師語錄》，《大正新脩大藏經》第47冊，頁515b。
〔註106〕《五家語錄》卷四，〈撫州曹山本寂禪師語錄〉，頁472。

回互的觀念，以正中偏、偏中正、正中來、兼中至、兼中到，說明禪境的不同境界。在縱橫交錯中，珠珠相含，影影相攝，使禪詩呈現出和諧又絢爛形式。曹洞詩歌形式展現出禪教的意義，藉由詩歌的美學形式啓發禪學人去除二元對立與分別的意識，以頓悟不二一體的眞如本性。並以無關事物暗示禪機，跳出常規的符號法則和思維方式，以矛盾的語言更具有中國詩文學的隱喻美學意象。

第五章　雲門宗與文偃禪師的偈頌

　　本章欲透過禪宗史籍研究關於雲門宗風，與文偃禪師的詩偈頌贊要義與詩偈頌贊中所呈現的中國詩文學意象特色。所欲涉入研究的內容則難於捨棄眾家對雲門宗熱絡探討的「一字關」與「雲門三句」議題的討論。除此之外並對雲門八要，作探討了解。而對於文偃禪師的詩偈頌，則從其《語錄》中載入〈十二時歌〉、〈七言偈頌〉與〈機緣偈頌〉，試從文偃禪師這些作品，欣賞雲門文偃禪師在詩作文學的造詣，並論其作品押韻及其格律問題，標準仍然依據唐朝律詩格律，並考其作品收入於《全唐詩》的多寡。

　　雲門宗祖師文偃禪師生於五代十國，嗣法於雪峰義存禪師，屬於青原第七世法系。由雪峰義存上承德山宣鑒→龍潭崇信→天皇道悟→石頭希遷。另有一說是，若天皇道悟是馬祖道一之脈，則雲門應屬於南嶽懷讓之下。此宗成立於韶州的雲門山，地處南漢政權管轄範圍，因之在創立過程中也得到南漢劉氏政權高祖、中宗的大力支持。於《佛祖統紀》昭宗天復三年，有文記載：「韶州雲門文偃禪師聚徒千人，漢主劉氏召入內殿（都廣州），咨問法要，事以師禮，師得法於雪峯，號雲門宗。」〔註1〕文偃之門徒有千人，可謂風光一時，從此雲門宗於宋初開始興盛起。

　　文偃禪師在未成立此宗之前，曾遊歷參訪各家禪風，最後舉揚一家宗風。舉凡雲門宗的「一字關」和「雲門三句」，都是研究此宗，不可不切入的議題。然一般研究者認為，雲門宗雖曾興盛於宋初，可是到南宋末時卻漸漸衰微，法系到了元朝時竟無可考據。這些凋萎原因，可能與雲門宗風孤危聳峻有關，在《人天眼目》有言：「大約雲門宗風，孤危聳峻，人難湊泊，非上

──────────────

〔註1〕　〔宋〕志磐撰：《佛祖統紀》，《大正新脩大藏經》第49冊，頁390a。

上根，孰能窺其彷彿哉。」〔註2〕此中所言的「孤危聳峻」致使「非上上根」器者難窺其奧，這應該是使後來此宗面臨凋萎的重要原因。雖然如此，但雲門宗之禪學與詩學特色，如「一字關」和「雲門三句」卻仍然餘波盪漾。如宋代葉夢得以「雲門三句」論詩，明代法藏以一句密咒取代「雲門三句」之意。又如「一字關」，則成了宋代大慧宗杲「看話禪」的好材料。〔註3〕。

第一節　文偃禪師生平學述

對於文偃禪師生平相關資料，出現在文獻中有《古尊宿語錄》卷十八《大正藏》，南漢乾和七年（949）雷岳錄《雲門山光泰禪院匡眞大師行錄》，南漢大寶員年（958）雷岳撰《大漢韶州雲門山光泰禪院匡眞大師時性碑并序》。及《全唐文》卷八九二，南漢大寶七年（964）陳守中撰《大漢韶州雲門山大覺禪院大慈雲匡聖宏明大師碑銘并序》，五代僧靜、筠二師編《祖堂集》卷十一〈雲門和尚傳〉，宋僧道原纂《景德傳燈錄》卷二十四〈文偃傳〉，宋沙門海寬編《五燈會元》卷十五〉〈文偃傳〉，《禪林僧寶傳》卷第二，宋惠洪撰《韶州雲門大慈雲弘明禪師》，共有七個出處，此中唯缺宋朝贊寧所著《宋高僧傳》中沒出現文偃禪師傳記。

一、文偃禪師生平

文偃禪師（864～949）俗姓張，蘇州嘉興人。有文：「師諱文偃，姓張氏，世爲蘇州嘉興人。」〔註4〕其上代十三代祖是晉王冏東曹參軍翰，文偃自幼聰穎宿具善根，宋惠洪傳《韶州雲門大慈雲弘明禪師》文曰：「性豪爽，骨面豐頰，精銳絕倫，目纖長，瞳子如點漆，眉秀近睫，視物凝遠，博通大小乘。」〔註5〕文中闡述了文偃禪師非凡的特質，很小就發願在空王寺禮志澄律師處出家，「寔晉王冏東曹參軍翰十三代孫也，師夙負靈姿，爲物應世，故繾

〔註2〕〔宋〕晦嚴智昭編集：《人天眼目》，《大正新脩大藏經》第48冊，頁313a～313b。（以下同則簡註書名頁數）

〔註3〕蘇欣郁：《雲門文偃禪學研究》，國立臺灣師範大學，國文研究所，碩士論文，2003年。

〔註4〕〔南漢〕雷岳錄：《雲門匡眞禪師廣錄》，〈雲門山光泰禪院匡眞大師行錄〉，《大正新脩大藏經》第47冊，頁575c。（以下同則簡註行錄及頁數）

〔註5〕〔宋〕惠洪撰：《禪林僧寶傳・韶州雲門大慈雲弘明禪師》，《卍新纂續藏經》第79冊，頁494b。

自髫齔，志尚率己厭俗，遂依空王寺志澄律師，出家為弟子。」〔註6〕於常州戒壇受具足戒後，回去在志澄律師身旁學習《四分律》「其敏質生知慧辯天縱，凡誦諸典無煩再閱，澄深器美之，及長落髮稟具於毗陵壇，後還澄左右侍講數年，賾窮四分旨，既毗尼嚴淨悟器淵發。」〔註7〕天生慧點大小乘經典並及中觀皆通，而受到志澄律師的器重，隨侍在其身旁講授數年。後來辭去志澄律師去參道縱禪師，道縱禪師嗣法於黃檗禪師「乃辭澄謁睦州道蹤禪師，蹤黃檗之裔也，知道不偶世，引己自處。潛居古伽藍，雖揖世高蹈，而為世所慕，凡應接來者，機辯峭捷無容佇思。」〔註8〕最讓後世人常道的是，文偃禪師去參道縱禪師幾次皆未獲得禪師的接受，第三次文偃又去扣道縱禪師的門，此次道縱禪師開門了，便問文偃前來做什麼？文偃回答：學人己事未明，請禪師教誨，道縱禪師一把抓住文偃：秦時輙轢鑽。」〔註9〕又把門給關上，據說文偃腳被門給夾傷了，可當下文偃卻釋然朗悟，於是留下在此參法數載，一直到深入禪的核心。在《五家語錄》中對雲門文偃禪師的這段法參有文：

> 初參睦州蹤禪師。州見來便閉却門。師三扣門。問：「誰。」
>
> 師云：「某甲。」
>
> 州云：「作什麼。」
>
> 師云：「己事未明，乞師指示。」
>
> 州才開門，師拶入，州擒住云：「速道！速道！」
>
> 師擬議，州托開云：「秦輙轢鑽。」師從此悟入，州即指師見雪峯。
>
> 〔註10〕

這則文偃禪師參睦州道縱禪師的經典公案，對話中禪師的接待方式是讓學人沒有思索作意的，當下的用意在於啟發參禪者的真知性空。後來道縱禪師知道文偃是個法器於是建議他往參福州的雪峰義存禪師。「蹤知其神器充廓覺轅可任，因語之曰：吾非汝師，今雪峯義存禪師可往參承之，無復留此。」

〔註6〕〈雲門山光泰禪院匡真大師行錄〉，頁575c。
〔註7〕同上，頁575c。
〔註8〕同上，頁575c。
〔註9〕同上，頁575c。
〔註10〕〔明〕圓信，郭凝之共編：《五家語錄》卷三，宋・守堅集：〈韶州雲門匡真文偃禪師〉《佛光大藏經》，高雄：佛光出版社，1994年12月（初版），頁163。（下同則簡註書名及頁數）

〔註11〕文偃禪師於是參謁雪峰義存禪師去。

雪峰義存（864～949）是青原法系的德山宣鑒嗣法弟子，在福州象骨山雪峰廣福院傳禪法。

> 師至雪峯莊，遇僧上山即教之云：「汝到山頭見和上。」
>
> 上堂眾才集，便出握腕立地云：「這老漢項上鐵枷，何不脫却。」
>
> 其僧如教致問，峯下座搊住云：「速道！速道！」僧無對。
>
> 峯云：「適來不是爾語。」
>
> 僧云：「是某甲語。」
>
> 峯云：「侍者將繩棒來。」
>
> 僧云：「某在莊上，見一浙中上座，教來恁麼問。」
>
> 峯云：「大眾！去莊上，迎取五百人善知識來。」
>
> 師上山才見雪峯。便問：「因什麼得到與麼地。」師乃低頭，從此契合。〔註12〕

上文所見對答的過程是雪峰禪師在勘驗文偃禪師見道與否，從最初所言「這老漢項上鐵枷，何不脫却。」到無言「師乃低頭，從此契合。」說明他們的禪機是在無言之下契入核心境界的。文偃禪師到此受到雪峰義存的賞識後傳法給他。「師依旨入嶺造雪峯，溫研積稔，道與存契，遂密以宗印付師。」〔註13〕後來文偃禪師又辭雪峰義存禪師至各處參訪，成就了他特殊的禪機「覈窮殊軌鋒辯險絕，世所盛聞。」〔註14〕，並於《佛祖統紀》記載：「韶州雲門文偃禪師聚徒千人。漢主劉氏（昭宗）召入內殿（都廣州）咨問法要，事以師禮。師得法於雪峯，號雲門宗（青原第七世）。」〔註15〕漢主劉氏並且尊他以師之禮，依此可明文偃禪師當時位尊，非比尋常也。

二、文偃禪師與佛教經典

文偃禪師生平的上堂說法及日常接引參禪學人的禪機話語，由他的弟子守堅集錄流傳下來。名為《雲門匡眞禪師廣錄》共有三卷，一般簡稱《雲門

〔註11〕〈雲門山光泰禪院匡眞大師行錄〉，頁575c。

〔註12〕《五家語錄》卷三，〈韶州雲門匡眞文偃禪師〉，頁164。

〔註13〕〈雲門山光泰禪院匡眞大師行錄〉，頁575c。

〔註14〕同上，頁575c。

〔註15〕〔宋〕志磐撰：《佛祖統紀》卷第四十二，《大正新脩大藏經》第49冊，頁390a。

廣錄》成書於五代，後來又經宋代人校勘過。這是一部比其他四家祖師的語錄要豐富，內容廣泛，此部《雲門廣錄》內容類分有九項是：(1)對機，共 320 則、(2)室中語要，共 185 則、(3)垂示代語，共 290 則、(4)堪辨，共 165 則、(5)遊方遺錄、(6)大師遺表、(7)遺戒、(8)行錄、(9)請疏。此部語錄乃是作為研究文偃禪師的禪法、思想及其雲門宗的重要典籍。〔註16〕

　　在這部《雲門匡真禪師廣錄》中文偃禪師所涉的大多是大乘經典，這也表現禪家們共同喜歡研究的趨向。文偃禪師在江州時，有一位陳尚書供養禪師用齋，尚書與文偃禪師一見面便說：我不問禪師你儒家的書籍，但我只問佛家的三乘十二分教。此話意中顯示有問難的意味，後來文偃禪師對他說：

　　師云：「見說尚書看《法華經》，是不？」書云：「是。」師云：「經中道：『一切治生產業，皆與實相不相違背。』且道非非想天有幾人退位？」書無語。〔註17〕

尚書被文偃禪師這麼一問，當下答不出個所以然來。文偃禪師主要說的是，十經五論只是黃卷赤軸（文字相），禪的旨意並非在文字上的。經義的深奧非常人能夠弄得懂的，切莫要說精通的狂語之意。即使入叢林中修個十年二十年，都不見得能真正進入其道核心。語中之意其實是想要去去這位齋主的傲慢心，並指示他禪理的真諦非在文字語言上執著可得。此則正也顯示禪家一貫的主張「不立文字、教外別傳」的風氣。

　　文偃禪師所涉及經典相當豐富，以下歸類所涉經典並引出處。有《般若經》：「問如何是教意？師云：爾看什麼經？僧云：《般若經》。師云：一切智智清淨，還夢見未。」〔註18〕「舉《般若經》云：無二、無二分、無別、無斷故。師乃指露柱云：與《般若經》相去多少？」〔註19〕「問僧看什麼經？僧云：《般若經》。師云：經中道。一切智智清淨是麼？僧云：是。」〔註20〕「問僧，看什麼經？僧云：《般若經》。師云：作麼生是清淨？僧云：共和尚商量了。師云：驢年夢見。又云：來來更共儞葛藤，蚊𧐢裏藏身，東海裏魚勃跳上三十三天，作麼生？僧云：和尚與麼道即得。師云：這虛頭漢，問僧：看什麼

〔註16〕〔宋〕守堅集：《唐五代禪宗史》，頁 430～431。
〔註17〕《雲門匡真禪師廣錄・機緣》，《大正新脩大藏經》第 47 冊，頁 574b。(以下同則簡註書名頁數)
〔註18〕《雲門匡真禪師廣錄・對機》，頁 545c。
〔註19〕《雲門匡真禪師廣錄・室中要語》，頁 556a。
〔註20〕《雲門匡真禪師廣錄・勘辨》，頁 568c。

經？僧云：《般若經》。師云：作麼生是清淨？僧云：什麼處不清淨？」〔註21〕

《參同契》：「舉《參同契》云：回互不回互？師云：作麼生是不回互。乃以手指板頭云：者箇是板頭，作麼生是回互？師云：喚什麼作板頭？」〔註22〕

《心經》：「舉《心經》云：無眼耳鼻舌身意。師云：爲爾有箇眼見，所以言無不可，如今見時不可說無也，然雖如此，見一切有什麼過，一切不可得，有什麼聲香味觸法？」〔註23〕

《楞嚴經》：「舉雪峯云：盡大地是爾將謂別更有。師云：不見《楞嚴經：云：眾生顛倒迷己逐物，若能轉物即同如來。」〔註24〕

《維摩》：「舉僧問投子，如何是此經？子云：《維摩》、《法華》。又問：塵中不染丈夫兒時如何？子云：不著。師云：不喚作法身，不喚作第一義，亦爲說法亦爲說眞空。」〔註25〕「又云：《維摩》頭《法華》尾。有僧辭師。師云：甚處去？」〔註26〕

《法華》：「舉僧問投子，如何是此經？子云：《維摩》、《法華》。又問：塵中不染丈夫兒時如何？子云不著。師云：不喚作法身，不喚作第一義，亦爲說法亦爲說眞空。」〔註27〕「又云：《維摩》頭《法華》尾，有僧辭師。師云：甚處去？僧云：湖南去。」〔註28〕

《華嚴》：「舉僧到曹溪有守衣鉢上座，提起衣云：此是大庾嶺頭提不起底。僧云：爲什麼在上座手裏？僧無語。師云：彼彼不了。師代：遠嚮不如親到。又云：將謂是師子兒，舉睦州問僧。莫便是清《華嚴》麼？僧云：不敢。州云：夢見《華嚴》麼？僧無語。師云：門前大狼藉生。」〔註29〕

《般若燈論》：「問僧：看什麼經？云：《般若燈論》。師云：西天金剛座上，甚人說佛法？」〔註30〕

〔註21〕《雲門匡眞禪師廣錄·勘辨》，頁572b。
〔註22〕《雲門匡眞禪師廣錄·室中要語》，頁555a。
〔註23〕同上，頁557c。
〔註24〕同上，頁558b。
〔註25〕同上，頁558b～558c。
〔註26〕《雲門匡眞禪師廣錄·堪辨》，頁567b。
〔註27〕《雲門匡眞禪師廣錄·室中要語》，頁558b。
〔註28〕《雲門匡眞禪師廣錄·堪辨》，頁570b。
〔註29〕《雲門匡眞禪師廣錄·室中要語》，頁560c。
〔註30〕《雲門匡眞禪師廣錄·堪辨》，頁568a。

《摩訶般若波羅蜜》：「上堂云：和尚子且須明取衲僧鼻孔，且作麼生是衲僧鼻孔：乃云：《摩訶般若波羅蜜》。」〔註31〕「僧云：不殺不活時如何？師便起云：《摩訶般若波羅蜜》。」〔註32〕「師云：衲僧作代，但打鐘一下云：《摩訶般若波羅蜜》。」〔註33〕

《瑜伽論》、《百法論》：「問僧。看什麼經？僧云：《瑜伽論》。師云：為甚義墮？僧云：什麼處義墮？師云：自領出去。代云：悔不先下手。問僧：曾講《百法論》是不？」〔註34〕

《唯識論》：「師云：見說有《唯識論》是不？僧云：是。師云：非非想天說箇什麼？僧云：不會。」〔註35〕

《金剛經》：「師問僧，轉《金剛經》那，云：是。師云：一切法即非一切法，是名一切法。乃拈扇子云：喚作扇子，是名拈也。」〔註36〕

《涅槃經》：「問座主，講什麼經？主云：《涅槃經》。師云：涅槃具四德是不。主云：是。師拈起椀子云：這箇具幾德？主云：一德也無。」〔註37〕

從《語錄》中所引共得有：《般若經》、《參同契》、《心經》、《楞嚴經》、《維摩》、《法華》、《華嚴》、《般若燈論》、《摩訶般若波羅蜜》、《瑜伽論》、《百法論》、《唯識論》、《金剛經》、《涅槃經》，可得文偃禪師共涉及了十四部大乘經典。

三、文偃禪師傳承之說

文偃禪師在雪峰義存之處得到印證後，雲門又遷至光泰寺，大闡禪法，在《人天眼目》卷之二：「初參睦州陳尊宿，發明心要。州指見雪峯存禪師，再蒙印可。初至靈樹，開法嗣雪峯。後遷雲門光泰寺，其道大振，天下學者，望風而至，號雲門宗。」〔註38〕從此天下參禪學者聞風而至雲門，開啓了雲門禪風。從《五燈會元》的文獻介紹中可清楚文偃禪師出家落髮受戒於毗陵壇，原為律部學子的文偃禪師，因對生命中的自性問題產生疑問，而開

〔註31〕同上，頁 551c。
〔註32〕同上，頁 558c。
〔註33〕同上，頁 568b。
〔註34〕同上，頁 569a。
〔註35〕同上，頁 567b。
〔註36〕同上，頁 572b。
〔註37〕同上，頁 573a。
〔註38〕〔宋〕晦巖智昭編集：《人天眼目》，《大正新脩大藏經》第 48 冊，頁 312a。

始了雲遊生涯。第一站雲門到了睦州參學〔註 39〕。文偃禪師就在睦州此處悟入禪理。而睦州卻指示文偃禪師再參雪峰，並在福州雪峰禪師義存之處與雪峰契合。文偃禪師就在雪峰這裡承蒙義存密以宗印授於文偃禪師，並印可其悟道。

> 州指見雪峰存禪師，再蒙印可。初至靈樹，開法嗣雪峰。後遷雲門
> 光泰寺。其道大振，天下學者，望風而至，號雲門宗。〔註 40〕

此中「州指見雪峰存禪師」乃指的是睦州道明禪師推薦文偃至雪峰處，文偃至雪峰處因緣具足而相契機合道。後來文偃遷到「雲門光泰寺，其道大振，天下學者，望風而至，號雲門宗。」依上引文中可以了解雲門的創立因緣。其文雖精簡沒有舉出禪師的修道過程，但可知成就的背後必非易得。在《五燈會元》中有文：「師出嶺，徧謁諸方，覆窮殊軌，鋒辯險絕，世所盛聞。」〔註 41〕在最後成就的背後已歷諸方的參學訪道了。到底文偃禪師去了那些地方？又參訪了那些大師呢？可待追查的。

於《禪林僧寶傳》中，宋代惠洪撰《韶州雲門大慈雲弘明禪師》所載，他從少依兜率院得度，後參陳尊宿到雪峰義存後，訪曹山章公，又訪疎安山仁、陳尚書，到曹溪禮塔，再訪靈樹敏公〔註 42〕，有六處。根據楊曾文所著《唐五代禪宗史‧文偃和雲門宗》對文偃禪師在雪峰義存禪師之處，以後出參的其它行腳地方所做歸納有：「浙中蘊和尚、共相和尚、峻中臥龍和尚，雪峰長慶院信州鵝湖長慶和上、洞岩、疏山、天童、信州鵝湖、江州陳尚書、歸宗、乾峰、灌溪，最後投到韶州曲江縣靈樹寺如敏禪師的門下擔任首座。從上述雲門參訪的人來看，他在出世傳法之前接觸的禪師除道縱、灌溪、如敏等人是馬祖法系的人之外，很多是石頭希遷法系的人，其中是德山－雪峰法系和洞山－曹山法系的人。他遊方的範圍遍及現在的江西、湖南、浙江、福建、廣東等廣闊地方。」〔註 43〕。這些整理可以很清楚提供了文偃禪師他

〔註 39〕睦州是道明禪師，黃檗禪師的法嗣，一般通稱為陳尊宿。見〔宋〕道原撰：《景德傳燈錄》卷第十二：「懷讓禪師第四世一十二人，洪州黃檗山希運禪師法嗣一十二人，鎮州臨濟義玄禪師——睦州龍興寺陳尊宿……。」頁 577。

〔註 40〕〔宋〕晦巖智昭編集：《人天眼目》，《佛光經典叢書》，高雄：佛光出版，1997年，頁 196。

〔註 41〕〔宋〕普濟著：《五燈會元》卷第十五，臺北：文津出版社 1990 年，頁 923。

〔註 42〕《韶州雲門大慈雲弘明禪師》，頁 494b。

〔註 43〕楊曾文：《唐五代禪宗史》，北京：中國社會科學出版社，2006 年 11 月（重印），頁 427。

參法之地有十三處大約皆在南方，也清楚的提供了文偃禪師融通了石頭希遷法系與德山宣鑑法系的禪法思想，所以若說他是清原行思或是南嶽懷讓支系，又有何分別呢？畢竟他是一位多方參學的禪師，以融通兩系之思想為他的禪法特色。

　　文偃禪師繼任了靈樹寺的住持，不久經南漢王批准，文偃禪師率弟子在今廣東乳源縣的雲門山經過五年又建立了新道場。南漢高祖敕寺名光泰寺之額，後來又改稱證眞禪寺，於南漢將滅亡時又獲得大寶七年（964）後主又賜寺名為大覺禪院。最後文偃禪師坐化於大覺禪院，年八十六歲。「偃以南漢乾和七年四月十日，坐化而示，即大漢乾祐二年也，以全體葬之，本朝太祖乾德元年。」〔註44〕文偃禪師坐化前曾留有〈遺誡〉，是寫給弟子們的遺誡。在臨入滅時還諄諄告誡門徒，無非是盼其發揚宗風。內容謙說自己雖無德，但不可無誠言垂示弟子們，自說從靈樹寺到遷居雲門山，有三十多年，日夜總以祖師所傳之道來激勵教導學人。在他圓寂之後弟子們莫要哭泣、穿孝服及事俗的祭祀都要免去。這也顯示出家人的超越凡人的思想，不得同俗人一般視物化為悲哀。後來他的弟子將其遺體安封於方丈之中，後傳有夢托，而「啓塔見偃顏貌如昔，髭髮猶生」，遺體曾受迎奉至京都，舉行供養儀式。

> 雄武軍節度推官阮紹莊，夢偃以拂子招曰：寄語秀華宮使特進李托，我在塔久，可開塔乎。托時奉使韶州，監修營諸寺院，因得紹莊之語，奏聞奉聖旨，同韶州牧梁延鄂至雲門山，啓塔見偃顏貌如昔，髭髮猶生，具表以聞。有旨李托迎至京師，供養月餘，送還山，仍改為大覺禪寺，諡大慈雲匡眞弘明大師。〔註45〕

遺體供養儀式完後迎回本山，又賜寺名為大覺禪寺，並追諡文偃禪師為大慈雲匡眞弘明大師。宋朝惠洪贊語曰：「余讀雲門語句，驚其辯慧渦旋波險，如河漢之無極也，想見其人，奇偉傑茂，如慈恩大達輩。……嗚呼！豈所謂命世亞聖大人者乎。」〔註46〕驚嘆讀其法語禪句雖隔世不得面見眞人，但可想見其人偉大傑出，禪機滋潤後生的浩大，眞謂大聖人也。文偃禪師在乾和七年己酉四月十日，示滅，後諡號大慈雲匡眞弘明禪師。

　　文偃禪師住韶州雲門山，由他建立此宗風，後自成一系。因為稱雲門文

〔註44〕《韶州雲門大慈雲弘明禪師》，頁494b。
〔註45〕同上，頁494b。
〔註46〕同上，頁496a。

偃，所以其禪風有所謂雲門三句：「函蓋乾坤，截斷眾流，隨波逐浪」〔註47〕
往來的學徒不只千人，而在其脈下嗣法者有六十一人。在圓寂後有南漢雷岳
撰〈雲門山光泰禪院匡眞大師行錄〉、〈大漢韶州雲門光泰禪院匡眞大師實性
碑并序〉，及南漢陳守中撰〈大漢韶州雲門山大覺禪院大慈雲匡眞宏明大師碑
銘并序〉，這些資料都是後世研究雲門文偃禪師的寶貴佐參。

　　文偃禪師是吉州青原山行思禪師第七世，根據《景德傳燈錄》嗣法者共
六十一人，在卷第二十二，嗣法者有二十五人，韶州白雲祥和尚、朗州德山
緣密禪師、潭州南臺道遵禪師、韶州雙峯山竟欽和尚、韶州資福和尚、廣州
黃雲元禪師、廣州龍境倫禪師、韶州雲門爽禪師、韶州白雲聞和尚、韶州披
雲智寂禪師、韶州淨法章和尚、韶州溫門山滿禪師、岳州巴陵顥鑒大師、連
州地藏慧慈大師、英州大容諲禪師、廣州羅山崇禪師、韶州雲門寶禪師、郢
州臨谿竟脫和尚、廣州華嚴慧禪師、韶州舜峯韶和尚、隨州雙泉師寬禪師、
英州觀音和尚、韶州林泉和尚、韶州雲門煦和尚、益州香林澄遠禪師，已上
二十五人皆見錄。另卷第二十三，資料記載，其有弟子有三十六人，二十六
人留有語錄，有十人無有語錄。他們是：南嶽般若啓柔禪師、筠州黃檗法濟
禪師、襄州洞山守初大師、信州康國耀和尚、潭州谷山豐禪師、潁州羅漢匡
果禪師、朗州滄谿璘和尚、筠州洞山清稟禪師、蘄州北禪寂和尚、洪州泐潭
道謙禪師、廬州南天王永平禪師、湖南永安朗禪師、湖南潭明和尚、金陵清
涼明禪師、金陵奉先深禪師、西川青城乘和尚、潞府妙勝臻禪師、興元普通
封和尚、韶州燈峯和尚、韶州大梵圓和尚、灃州藥山圓光禪師、信州鵝湖雲
震禪師、廬山開先清耀禪師、襄州奉國清海禪師、韶州慈光和尚、潭州保安
師密禪師，以上二十六人有語錄見傳。洪州雲居山融禪師、衡州大聖寺守賢
禪師、廬州北天王徽禪師、郢州芭蕉山弘義禪師、眉州福化院光禪師、廬州
東天王廣慈禪師、信州西禪欽禪師、江州慶雲眞禪師、筠州洞山凜禪師、韶
州雙峯慧眞大師，以上十人無機緣語錄。

　　文偃弟子傳法遍佈於當今之廣東、福建、江蘇、四川、江西、湖南、湖
北等省。雲門禪法於文偃禪師圓寂後，由法球禪師擔任住持之職，其弟子白
雲祥禪師生前曾被南唐國主迎入宮中說法，將其雲門禪法興盛於一時。繼他
之後有弟子志文、達正、雲端、雲福、惠龍、常簡等禪師傳其禪法。由於後
繼者無名師其雲門禪法就漸衰微了。

〔註47〕《人天眼目》，頁196。

第二節 雲門文偃詩偈頌的要義與聲律

雲門有「十二時歌」談的是修行的方法，敦煌寫本佛教的《十二時》出現了多作，表示過去佛教中這種以十二時來傳誦修行的精進是很常見的，它亦是一種流行的傳教曲子。考雲門詩偈並出現有八首七言詩偈，是否首首爲七言絕句的形式呈出？而雲門文偃的機緣偈頌又述說了怎樣的禪機妙語，將是本節所需著重探討的。

一、〈十二時歌〉的要義

「十二時歌」是以十二地支的計時方法，將今日我們慣例的一日之中的二十四小時，以兩個小時爲單位而分作十二個時辰，依此爲時間的順序將之套爲偈語，用來宣講佛理。文偃禪師的十二時歌，是以十二時辰的名稱作爲詩句中之首，並在其後以詞誦出，這種方法在宣導宗教的歌曲上，歷史文獻常見運用。依筆者參考曲金良《敦煌佛教文學研究》一書的第四章敦煌佛教詩詞之一、敦煌佛教曲子詞，中有云：「在敦煌寫本佛教《十二時》曲子詞，今廣爲人們所知，較爲重要的作品，有下列幾種《天下傳孝十二時》，每時一首，凡十二首組爲一套；《禪門十二時》，也每時一首，凡十二首組爲一套；《聖教十二時》，《法體十二時》，《維摩十二時》，《十二時行教》，《太子十二時》，體式多與上同；《十二時普勸四眾依教修行》，則長達一百三十五首，每時少則九首，多則十六首，可謂鴻篇巨制了。」〔註48〕此則研究可以說明「十二時歌」是佛教過去中很流行的傳教曲子，同時也可用來歌唱的。

十二時一般均作「夜半子、雞鳴丑、平旦寅、日出卯、食時辰、隅中巳、日南午、日昳未、晡時申、日入酉、黃昏戌、人定亥」。有一僧人問雲門禪師云：「十二時中如何不空過？」〔註49〕僧人請示文偃禪師說明用功的方法如何自處方爲最佳。在他的十二時歌談的是修行的方法，其詩是在闡釋佛法中無常的道理。十二時歌云：

> 夜半子，愚夫說相似。
>
> 雞鳴丑，癡人捧龜首。

〔註48〕 曲金良：《敦煌佛教文學研究》，臺北：文津出版社，1995 年 10 月（初版），頁 237～238。

〔註49〕 〔宋〕晦巖智昭編集：《人天眼目》，《佛光經典叢書》，高雄：佛光出版，1997 年，頁 215。

平旦寅，曉何人？

日出卯，韓情枯骨咬。

食時辰，歷歷明機是悞真。

隅中巳，去來南北子。

日南午，認向途中苦。

日昳未，夏逢說寒氣。

晡時申，張三李四會言真。

日入酉，恆機何得守？

黃昏戌，看見時光誰受屈？

人定亥，直得分明沈苦海。〔註50〕

此詩偈重點著眼於十二時，每二句為一時，句句押韻，且二句一轉韻。此外，十二時皆為對仗，下句呈現三言、五言、七言等句式，在格律中仍有長短不拘的自由空間。

　　禪門之中修行的用功不單止於白天，夜裡亦是精進的重點，若以禪功的精進也有不倒單的可能。當禪修者進入到深層的禪功時，則禪坐時就是最佳狀況的休息了。若以體悟生命的禪理而言，每一時辰皆應保持在正念之中。此十二時歌即是以十二時為主題，歌頌出對人生禪理的感言。

二、〈七言偈頌〉的要義

　　雲門文偃禪師在《五家語錄》卷三，中有八首七言偈頌，可以說首首皆押韻整齊。從檢視作品中亦可欣賞到雲門文偃禪師在詩作文學的造詣。

　　雲門聳別白雲低，水急遊魚不敢棲。

　　入戶已知來見解，何勞更舉轢中泥？〔註51〕

此首作品「低」、「棲」、「泥」為上平聲押八齊韻，首句入韻式，符合七言絕句作品。

　　這是闡釋接引學人的態度，說明雲門修行中用心虔誠以低姿態迎接上門學人。一般初學者對於禪理的契機總難合乎標準，此時若以資深見地去衡量要求新入道者，就如水道急速流動其中游魚豈能棲息呢？而下句顯出雲門禪

〔註50〕〔明〕圓信，郭凝之共編：《五家語錄》卷三，宋・守堅集：〈韶州雲門匡真文偃禪師〉，《佛光大藏經禪藏・語錄部》，高雄：佛光出版社，1994年12月（初版），頁402。（下同則簡註書名及頁數）

〔註51〕《五家語錄》卷三，〈韶州雲門匡真文偃禪師〉，頁403。

簡約的風格，不多言語常以切要核心的單句或單詞回應參學者。這是雲門家風的簡約特色，覺知者自能見解，不能解者若多加諸言詞，可能只是拖泥帶水增加迷亂的心思。

　　藥病相治學路醫，扶籬摸壁小兒戲。

　　幽谷不語誰人測？管解師承孰不知？〔註52〕

此作品中「醫」、「戲」、「知」為上平聲四支韻，首句入韻式，符合七言絕句作品。

　　禪機的對答就像一種醫者對來診患者，要視其病症並開對的藥，方能藥到病除。而有一種醫者是依循規範模式不講變通，雖然患者得病相仿但體質有異，卻開著相同藥劑、藥量給予服用。那麼有可能治不好病症，更可能導致病症添加惡化而已。此偈頌是說明，禪學者若依樣畫葫蘆地，在語言中探索禪理，那是不能契入禪機的，唯有跳開語言文字的束縛，方能入禪機理趣之中。

　　康氏圓形滯不明，魔深虛喪擊寒冰。

　　鳳羽展時超碧漢，晉鋒八博擬何憑？〔註53〕

此作「明」為下平聲八庚韻，「冰」、「憑」皆為下平聲十蒸韻，下平聲八庚與十蒸韻，古韻相通，首句入韻式，符合七言絕句的標準。

　　這首作品是雲門綱宗偈頌，主要還是以物喻禪機。若說眾生有不明魔障只因心隨物轉滯形所產生。在《禪家龜鑑》有云：「工夫到，行不知行，坐不知坐。當此之時，八萬四千魔軍在六根門頭伺候隨心生設，心若不起爭如之何？」〔註54〕心掌舵得善則任他萬物於眼前翻滾，哪怕有八萬四千魔障皆不能起效應。

　　是機是對對機迷，鬪機機遠遠機棲。

　　夕日日中誰有挂？因底底事隔情迷。〔註55〕

此詩偈首句「迷」為上平聲八齊韻，「棲」、「迷」亦為上平聲八齊韻，首句入韻式，是七言絕句的標準作品。

　　此詩的要義是說，常人喜歡追逐難得的事物，愈是難得愈覺其珍貴。世間物其最珍貴的物卻是最乎尋常；如人之眼、耳、鼻、舌、身，一個人沒有

〔註52〕同上，頁403。

〔註53〕同上，頁403。

〔註54〕〔朝鮮〕退隱述：《禪家龜鑑》，《卍新纂續藏經》第63冊，頁739a。

〔註55〕《五家語錄》卷三，〈韶州雲門匡真文偃禪師〉，頁404。

了這些就是殘缺，而人的心意識更是與生具足。這些看似人人天生具足的東西，常人卻常常忽略他不加關照，隨其任外境物欲侵犯擾動不能安寧，這就是對機迷惑。在《六祖大師法寶壇經》有言：「菩提自性，本來清淨，但用此心，直了成佛。」〔註56〕本來清淨的自性是人因物欲而情迷，自性他非外求可得到。話頭的禪機無非是導迷人認清此清淨心而已。

　　太陽溢目極玄微，誰人說道我渠非？

　　句中有路人皆響，覿面難遭第一機。〔註57〕

此首詩偈「微」、「非」、「機」皆為上平聲五微韻，首句入韻式，是一首七言絕句作品。

　　此詩偈以太陽的光照為說玄妙不可測量，正也說明雲門之道如太陽光照亮學人的心性是微妙難道的。雲門慣用簡句的話頭，這般的禪機要在當下會得，不容疑信參半。

　　卅歲依山人事稀，松下相逢話道奇。

　　鋒前一句超調御，擬問如何歷劫違。〔註58〕

此作首句「稀」為上平聲五微韻，「奇」為上平聲四支韻，「違」為上平聲五微韻，作品上平聲四支韻與上平聲五微韻，古韻相通，首句入韻式，符合七言古絕句作品。

　　世間物質的東西包括人，都是一種假相，所謂假相就是沒有單一恆常不變異的。此詩偈在說明心的重要性，若能在話頭相逢時即應驗語言所指無相的禪機內函，那麼這個人是調御丈夫（佛的名號之一），萬年暗室只因一燈而破除，用以闡釋真如自性人人本來具有，只要一朝悟入，即可拔除歷劫災殃。

　　翫古松高雲不齊，鴻鶴鶴抱幾年棲？

　　剖卵同時殊有異，羽張騰漢碧霄低。〔註59〕

此作中之「齊」、「棲」、「低」為上平聲八齊韻，作品皆為上平聲八齊韻，首句入韻式，七言絕句作品。

　　詩偈中禪理說的是古佛道同，就佛法而言人有五陰障礙以及心所可掌握一切。在五陰之說色蘊即是身，這色蘊譬如那古松高雲不等齊，而心譬如那

〔註56〕〔元〕宗寶編：《六祖大師法寶壇經》，《大正新脩大藏經》第48冊，頁347c。
〔註57〕《五家語錄》卷三，〈韶州雲門匡真文偃禪師〉，頁404。
〔註58〕同上，頁404。
〔註59〕同上，頁404。

鴻鵠鶴棲所於色蘊中，只因心智未明。有朝一夕心所明白其色蘊的牽絆，則能回光反映出朗朗的智慧光，心即是智也。這種新認知心開朗的智慧光，其實與古代成佛者成就是相同的，眾生與佛的殊異就在那微細的差異中。

> 萬象森羅極細微，素話當人卻道非。
>
> 相逢相見呵呵笑，顧佇停機復是誰？〔註60〕

此作中「微」、「非」為上平聲五微韻，「誰」為上平聲四支韻，作品是上平聲五微韻與上平聲四支韻，古韻相通，首句入韻式，符合七言絕句作品。

以世間物而喻，物質種類可說是森羅萬象不可以一而概括，但禪機的話頭卻可以用一種很簡易的方式去呈現出，只是不契機者常以尋常說其非道。相契機者與之相逢，就是一言不語的呵呵大笑中，亦隱含有不可透露的機密在其中。若說其禪機於何處與誰會機之，那便不可說不可語。

三、〈機緣偈頌〉的要義

雲門文偃禪師的禪機在本文前說，有所謂的一字關，他對於問法者總以一字回應，例如有僧問：「如何是雲門劍？」師云：「祖。」〔註61〕問：「如何是祖師西來意？」師云：「師。」〔註62〕可以看出文偃禪師回答禪機時的特色是不多言語，凡有所問但以一字酬之是也，這即是所謂：雲門一字關，有云：「雲門恁麼道，謂是齒不關風，謂是舌頭太短，有人透得此關，許你親見雲門。」〔註63〕這種禪機豈是一般泛泛之輩可以契合？宋代人說：「一字關，一字關，何不成雙獨成單，單單一字誠難測。一字誠難測也難，難！難！目前隔箇須彌山。」〔註64〕雲門認為禪機中重的是妙，會機者自然體悟又何須多言語，以下例一首。

> 話盡途中事，言多何省機？
>
> 貴人言是妙，上士見知虧。
>
> 大道何曾討？無端入荒草，
>
> 卷來復卷去，不覺虛生老。
>
> 上不見天，下不見地，

〔註60〕《五家語錄》卷三，〈韶州雲門匡真文偃禪師〉，頁404。

〔註61〕《雲門匡真禪師廣錄》，《大正新脩大藏經》第47冊，頁546a。

〔註62〕〔明〕守堅集：《雲門匡真禪師廣錄》，《大正新脩大藏經》第47冊，頁575a。

〔註63〕〔清〕性統編：《五家宗旨纂要》，《卍新纂續藏經》第65冊，頁281a。

〔註64〕《五家宗旨纂要》，頁281b。

> 塞卻咽喉，何處出氣？

> 笑我者多，哂我者少。〔註65〕

此作品乍看似無押韻，作品字數亦不劃一，細看則可見出靈活處。首先，前四句為上平四支五微通押；次四句轉押上聲十九皓，轉韻首句入韻；接下來的四句四言轉押去聲四寘韻；最後二句再轉為上聲十七小韻。藉由轉韻與字句的靈活變化，恰可展現出禪機的靈動性。而雲門文偃禪師很特別的是他的三言偈頌作品，在《語錄》中有三首。

> 喪時光，藤林荒。圖人意，滯肌尫。〔註66〕

> 舉不顧，即差互。擬思量，何劫悟？〔註67〕

> 咄咄咄，力韋希。禪子訝，中眉垂。〔註68〕

第一首「光」、「荒」、「尫」為下平聲七陽韻；第二首「顧」、「互」、「悟」皆為去聲七遇韻；第三首「咄」為入聲六月韻，「希」為上平聲五微韻，「垂」為上平聲四支韻，上平聲四支與五微古韻相通。觀此三首作品皆是首句入韻式，以三言詩為作品特色。

其中的一首依前文有例，有一僧問禪師每一天十二個時辰，如何才能不空空度過？禪師反問僧：你從什麼地方體會到這個問題？僧人回答：學生不理解，請禪師舉例。而禪師即頌出此偈來「舉不顧，即差互。擬思量，何劫悟？」〔註69〕禪論中所舉例若不能即時解得那其中的理趣，便有了差別。沒有當下悟得而心生旁枝打算思量，便又錯失了禪悟，那會導致一生都難得以悟其道。

第三節　雲門文偃禪師偈頌的聲律與禪機

上節所考得雲門文偃禪師的詩偈頌作品中，除了「話盡途中事，言多何省機？貴人言是妙，上士見知虧。大道何曾討？無端入荒草，卷來復卷去，不覺虛生老。上不見天，下不見地，塞卻咽喉，何處出氣？笑我者多，哂我者少。」此首不見押韻，字數靈活外，其它作品皆符合唐詩歌作法的規範。

〔註65〕《五家語錄》卷三，〈韶州雲門匡眞文偃禪師〉，頁404。
〔註66〕同上，頁405。
〔註67〕同上，頁405。
〔註68〕同上，頁405。
〔註69〕同上，頁405。

八首七言偈皆爲七絕句式，每偈首句皆入韻，首句入韻則四句中有三句押韻，這樣形成韻腳很密的現象，讀起詩來則重復性的旋律也高；那麼讀者透過重復性高的旋律則易於熟悉它，假設是以詩爲傳播禪理，那麼就能達到其目的。

作者參考曲金良《敦煌佛教文學研究》一書的第四章敦煌佛教詩詞之二、敦煌佛教詩歌，中有云：「敦煌所出的詩歌作品，……總數可達三千首左右，而其中佛教詩歌佔有相當大的數量。……就其命題立意，主要表現了禪宗的習禪、保禪、安心、調心、無相、無念、無爲等思想，勸人修道成佛。」〔註70〕其中引出（執迷篇）、（解悟篇）兩首，兩例皆爲七言四句押韻的佛教詩歌。若根據此我們對凡七言四句的禪宗詩偈亦可遵照其例來歌唱的。也就是說明一點，雲門文偃禪師的這些七言偈頌作品是可歌唱的絕無疑問。

雲門文偃禪師的七言偈頌不單僅有以上所舉之例，在《從容錄》中七言押韻整齊的作品。有雲門須彌：「不起一念須彌山，韶陽法施意非慳。肯來兩手相吩咐，擬去千尋不可攀。蒼海闊，白雲閑，莫將毫髮著其間。假雞聲韻難謾我，未可模胡放過關。」〔註71〕其中雖有一句「蒼海闊，白雲閑」看似六言的，但與其下句卻成完整的對句。而《從容錄》另一首是，雲門文偃餬餅，其文是：「餬餅云超佛祖談，句中無味若爲參。那僧一日如知飽，方見雲門面不慚。」〔註72〕另有，雲門一寶：「收卷餘懷厭事華，歸來何處是生涯。爛柯樵子疑無路，掛樹壺公妙有家。夜水金波浮桂影，秋風雪陣擁蘆花。寒魚著底不吞餌，興盡清歌卻轉槎。」〔註73〕首首押韻，由這些資料可看出雲門文偃禪師的詩作皆已符合中國詩歌體式。

第四節　雲門宗旨與特色

雲門宗旨的特色經從考其詩偈頌贊作品，似乎看出文辭中所呈現強調山水自然，以一切現成不假造作純乎自然之下即事即眞。這種文學意象慣常以雲門三句稱道，內容是：「函蓋乾坤，截斷眾流，隨波逐浪」，雲門文偃並

〔註70〕曲金良：《敦煌佛教文學研究》，臺北：文津出版社，1995 年 10 月（初版），頁 241。
〔註71〕〔宋〕行秀著：《從容錄》，《大正新脩大藏經》第 48 冊，頁 239b。
〔註72〕《從容錄》，頁 367。
〔註73〕《從容錄》，頁 441。

慣常在回答參禪者問話時，用極為簡短的隻字片語，來作應答，以直下截斷參禪學人心中的妄念，後世稱為雲門一字關，用一個字來作回答，這種方式參禪者若其非上上根器人，則難得窺其旨意，雲門以此開出了獨特一派宗旨特色。

一、無心任自然

文偃禪師生於唐末五代中，此時可說是藩鎮割據社會動盪不安。但文偃的禪法在這一時期，卻仍然能表現得出色，此中說明此家禪法必有吸引禪學者的妙方。文偃曾於上堂云：「諸和尚子，莫妄想，天是天，地是地，山是山，水是水，僧是僧，俗是俗。」〔註74〕由《語錄》中這些文辭所呈現的是，他強調山水自然，一切現成無需造作。這種意象就合乎他所說：「真空不壞有，真空不異色。」〔註75〕純乎自然之下即事即真。表示禪學思想應要簡化，在尋覓自然的當下即是自家本來風光。雲門宗禪法在《人天眼目》中〈圓悟五家宗要〉對其宗風特色有云：「北斗藏身，金風體露。三句可辨，一鏃遼空。」〔註76〕所謂「三句」是：「函蓋乾坤，截斷眾流，隨波逐浪」，原意是要表明，雲門的家風氣度宏偉，雲門簡潔禪理的家風是無所不摧的。禪的法既是一切現成，原在當下自性中生才是，何用追空逐有心起分別？又何須追求取那外來的法？問佛問法只為求解會，在《語錄‧對機》中文偃云：

> 爾欲得會麼？都緣是汝自家無量劫來妄想濃厚，一期聞人說著，便
> 生疑心，問佛問法，問向上問向下，求覓解會，轉沒交涉擬心即差，
> 況復有言，莫是不擬心是麼，更有什麼事？〔註77〕

此段文是在開示禪學人，自心若是黑漫漫不能開通，到處尋道訪禪，只有浪擲生命。說明文偃禪法，強調自然與自悟自性佛，看來其道其實只要守住本心自然顯現，又何有其所謂的「孤危聳峻」呢？〈對機〉中，文偃又有云：「爾若實未得箇入頭處，且中私獨自參詳，除卻著衣喫飯，屙屎送尿，更有什麼事？無端起得如許多般，妄想作什麼？」〔註78〕說明禪道皆從自然生活中的

〔註74〕〔明〕守堅集：《雲門匡真禪師廣錄》，《大正新脩大藏經》第 47 冊，頁 547c。（以下同則簡註書名頁數）

〔註75〕《雲門匡真禪師廣錄》，頁 554a。

〔註76〕《人天眼目》，頁 331a。

〔註77〕《雲門匡真禪師廣錄》，頁 555a。

〔註78〕同上，頁 548b。

「著衣喫飯，屙屎送尿」以至於心，應物卻不累於物，又云：

> 一切有心，天地懸殊，雖然如此，若是得底人，道火不能燒口，終
> 日說事，未嘗挂著脣齒，未曾道著一字，終日著衣喫飯，未曾觸著
> 一粒米，挂一縷絲。〔註79〕

這是勸導禪學人，勿隨外談言語起伏動心，即使是禪師假以言語文字來示道，在其托像寄妙其中雖含禪機妙意，必有道體可運用。但文偃禪師在強調一個「無心」的禪機，禪者終日生活應物應事，一切應不加執著。故禪師雖以揚眉瞬目示其道又有何防？「見人道著祖師意，便問超佛越祖之談。道理爾且喚什麼作佛？喚什麼作祖？即說超佛越祖之談，便問箇出三界，爾把將三界來。有什麼見聞覺知，隔礙著爾，有甚聲色法，與汝可了。」〔註80〕說明哪有個外來的佛，外來的祖師呢？一切在自心生，在自心現成不必外求，表示禪法的妙用一切要聽任自然。

在〈五家要括〉中對雲門有一首頌云：「輥出木毬迷了眼，借婆裙子拜婆年。一瓢惡水猶嫌少，欠負蒲鞋舊價錢。」〔註81〕這是說禪悟是以空性，來論禪法的因緣，一切因方便設法，萬法都是緣生緣滅，其中哪有一法可執取呢？說明一切都是假因緣而行化度。以禪機說有似無，說東西又非是物，不是前不是後，不是樂不是苦，非尊貴非卑下，禪的真機就如空性說，在當下說的是，過時又非是。文偃的這種禪法思想特色，也就呈現出當下應以無心任其自然。

二、雲門三句

考《五家宗旨纂要》中對雲門宗家風特色，有云：「雲門宗風，出語高古，迥異尋常，北斗藏身，金風露體。三句可辨，一鏃遼空。超脫意言，不留情見。以無伴為宗，或一字，或多語，隨機拈示明之。」〔註82〕在唐末禪發展了特殊的不同以往的禪機，它像是一種迷樣的話頭，隨其參者時間空間的不同差異，而有一番密語禪機。對於雲門三句，其本源出自，有一日文偃禪師示眾時所說的，有云：

〔註79〕同上，頁545b。
〔註80〕同上，頁548b。
〔註81〕《人天眼目》，頁331a。
〔註82〕〔清〕性統編：《五家宗旨纂要》，《卍新纂續藏經》第65冊，頁279c。（以下同則簡註書名頁數）

雲門示眾云:「函蓋乾坤,目機銖兩,不涉萬緣,作麼生承當。」眾
無語,自代云:「一鏃破三關。」後德山圓明密禪師,遂離其語為三
句,函蓋乾坤句、截斷眾流句、隨波逐浪句。〔註83〕

後由德山圓明密禪師歸納而成固定語句。此中三句中之「函蓋乾坤句、截斷
眾流句、隨波逐浪句。」成為雲門之家風的特色。

　　雲門三句,最初出現在《雲門匡真禪師廣錄》內文有云:「天中函蓋乾
坤,目機銖兩,不涉春緣,作麼生承當。」〔註84〕後來其門人,德山圓明密
禪師,析為「函蓋乾坤句」、「截斷眾流句」、「隨波逐浪句」。由雲門宗法嗣朗
州德山第九世,圓明禪師,有一日在上堂時,曰:

師上堂示眾曰:「僧堂前事時人知有,佛殿後事作麼生?」師又曰:
「德山有三句語:一句函蓋乾坤,一句隨波逐浪,一句截斷眾流。」
〔註85〕

此上三句有學者書文,是雲門宗的教學綱領〔註86〕,認為此是雲門宗的門庭
施設〔註87〕。因為由德山統整義理定為精華三句,後來禪林中亦稱為「德山
三句」,以下略抒其三句大意。

(一)「函蓋乾坤句」〔註88〕

　　此句「函蓋乾坤」指絕對的真理徧布宇宙天地之間,涵蓋整個宇宙說的
是自性真空道理,凡物任一色一味一切語言無不概括當下會得,不用躊躇妙
體即現。用語言文字闡釋是借事以明理,其體玄妙事物無不包羅。這中所比
喻禪的境界是已經達到物我一體,法身佛的最高解脫境界。搜索《五家宗旨
纂要》有頌曰:「函蓋乾坤事莫窮,頭頭物物露真風。頂門亞豎摩醯眼,萬象
森羅一鏡中。」〔註89〕說明宇宙萬象本來是真空的,所以可以將萬物具現出,
也就是名為一切現成的道理。

〔註83〕《五家宗旨纂要》,頁279c。
〔註84〕〔明〕守堅集:《雲門匡真禪師廣錄》,《大正新脩大藏經》第47冊,頁563a。
〔註85〕〔宋〕道原纂:《景德傳燈錄》卷第二十二,《大正新脩大藏經》第51冊,頁
　　　　384c。(以下同則簡註書名頁數)
〔註86〕蘇欣郁:〈雲門文偃禪學研究〉,國立臺灣師範大學,國文研究所,碩士論文,
　　　　2003年。
〔註87〕楊曾文:《唐五代禪宗史》,〈雲門宗禪法〉,北京:中國社會科學出版社,2006
　　　　年11月,頁439。
〔註88〕《五家宗旨纂要》,頁279c。
〔註89〕同上,頁279c。

（二）「截斷眾流句」〔註90〕

雲門用字的簡潔，目的是要排遣紛雜的解析，若思路紛雜言語即亂；若能當下會得則萬念具息，諸紛亂之見頓消則返我本來面目。本來面目是禪宗對眾生本具的質性所立之名相，他是人人具足的原來眞性，或可名爲本心、本分、本覺〔註91〕，也是父母未生前的光明本性。在《五家宗旨纂要》有頌曰：「截斷眾流意若何，算來一字已成多。推排解會徒勞力，肯把要津放得過。」〔註92〕這是說明，雲門接引禪學人的方法，截斷情識心念去語言文字的牽絆，把握眞如從心頓悟起修。

（三）「隨波逐浪句」〔註93〕

禪師因隨機度化，對於來求法義的參禪學人在相見時語言的施化，無非都是巧設方便，應要一切不著心不牽掛，隨眾生因緣方便，有權有巧不加以分別，這即是所謂的隨機應化。其中的道理可喻爲像筏一葉扁舟般，端視它的大小可以乘載多少眾生，一定要方便隨其能力。相應的是說，禪師對於度眾生的情緣心，也要隨其自然了無牽掛。在《五家宗旨纂要》對此義有頌曰：「隨波逐浪過前川，綠笠青簑把釣閑。一曲漁歌江際晚，高低棹破水中天。」〔註94〕此偈中之義理也說明禪師對參學者應機說法，乃隨時節因緣，亦須要如世間醫者看病，是良醫則能以正確的判斷出患者需以何藥得癒則給予何藥。這種應病與藥就是禪師度化眾生智慧的才情，從觀察眾生不同根器基礎，採不同教學方法，目的即是令其能開悟佛性爲要。

三、雲門一字關

關於雲門的「一字關」，有一說是文偃禪師，常常在回答參禪者問話時，慣常以一個字來作回答，而參禪者若能當下悟出文偃禪師的那一字的含義，即如同參禪過關，有僧問雲門：

〔註90〕同上，頁279c。
〔註91〕禪家經文中常提及的本來面目，又有稱爲本地風光、本覺眞心、本分田地、自己本分等名稱。名相雖不同，但所指的皆是禪學之人，參禪所要悟道的宗旨。圓悟佛果禪師在《圓悟錄》卷十三，有云：「只爲從無始來，妄想濃厚，只在諸塵境界中，元不曾踏著本地風光，明見本來面目。」《大正新脩大藏經》第47冊，頁774c。
〔註92〕《五家宗旨纂要》，頁279c。
〔註93〕同上，頁279c。
〔註94〕同上，頁280a。

問如何是正法眼，師云：「普」〔註95〕。問如何是心。師云：「心」
〔註96〕。問如何是祖師西來意？但云「師」〔註97〕。如何是雲門劍？
門云：「祖」〔註98〕又云：「揭」〔註99〕。問如何是吹毛劍？師云：
「骼」。又云：「嚳」。〔註100〕問如何是雲門一路？師云：「親」。
〔註101〕

如上等等一字之類，凡有所問雲門但以一個字對答就是了。此中所回答的那
一字，有時是與問題有關聯的，有時回答的那一個字卻與問題毫無關聯。這
種禪機的背後目的，是要截斷參禪者正在思惟的過程，當下能回歸到自己內
心去探究，去找回自心，目的是要終止學人向外探詢的念頭。

關於雲門文偃，常用極為簡短的隻字片語來作應答，使其非上上根器人，
難得窺其旨意。在其《語錄》中，雲門片語有：

師云：「驢年會麼。」〔註102〕

問如何是清淨法身？師云：「花藥欄。」進云：便與麼會時如何？師
云：「金毛師子。」〔註103〕

問背楚投吳時如何？師云：「面南看北斗。」問六國未寧時如何？師
云：「千里何明。」〔註104〕

雲門還有一特色，不但是用簡單片語，還用較為粗俗的用語。

問如何是釋迦身？師云：「乾屎橛。」〔註105〕

除却著衣喫飯屙屎送尿。〔註106〕

僧云。和尚有什麼事但問。師云：「草賊大敗。」〔註107〕

〔註95〕〔明〕守堅集：《雲門匡真禪師廣錄》，《大正新脩大藏經》第47冊，頁545c。
（以下同則簡註書名頁數）
〔註96〕《雲門匡真禪師廣錄》，頁549c。
〔註97〕同上，頁575a。
〔註98〕《雲門匡真禪師廣錄》，頁546a。
〔註99〕同上，頁550a。
〔註100〕同上，頁546a。
〔註101〕同上，頁550b。
〔註102〕同上，頁546a。
〔註103〕同上，頁552c。
〔註104〕同上，頁549b。
〔註105〕同上，頁550b。
〔註106〕同上，頁548b。
〔註107〕同上，頁567b。

　　師云：「者掠虛漢。」便打。問如何是禪？師云：「是。」進云。如
何是道：師云：「得。」問如何是一切法皆是佛法？師云：「三家村
裏老婆盈衢溢路。」〔註108〕

　　師云：「雖然屎臭氣熏我。」〔註109〕

　　秖如鬧市裏坐朝時，豬肉案頭苆坑裏蟲子，還有超佛越祖之談麼。
〔註110〕

這些從《語錄》中所節錄的語言看似罵詈言詞，有些卻是用來斥責當時禪界
中不良風氣的，可以表明的是種種平常語言，無非都是用來強調禪在日常生
活之中。從這些參禪的對話語，可看出雲門還帶有辛辣味，這應該是稱其禪
道爲「孤危聳峻」的由來之原因。

　　根據《禪林僧寶傳》說文偃禪師，每見僧即曰：「鑒、咦」。而錄之者，
曰：「鑒咦」。〔註111〕記錄其語錄的人，就稱爲：「抽顧頌，鑒咦。」〔註112〕
「鑒」、「咦」這兩個字語，就成爲文偃禪師平常招呼人的用語特色。在《禪
苑蒙求瑤林》有〈雲門抽顧〉一說，本來在《人天眼目》中記載，雲門每顧
見僧即曰：「鑒咦」。而錄之者曰：「顧鑒咦。」這種接引學人的三字旨，由德
山密禪師刪去顧字，但曰：「鑒咦。」所以在叢林稱之爲「抽顧頌」。有北塔
祚禪師將此作了一首偈曰：

　　　雲門顧鑒笑嘻嘻，擬議遭渠顧鑒咦。

　　　任是張良多智巧，到頭於是也難施。〔註113〕

從此則「抽顧頌」，亦可觀察到文偃禪師對於參禪者，是個不喜歡多加言辭語
句的；可能文偃禪師認爲參禪者只要會心的，一字即可令他自修自參，又何
必多用語詞呢？此詩偈爲七言絕句，押上平四支韻，首句入韻式，平仄合於
近體詩格律。

　　對於雲門宗的風格特色，以下略錄各家所說，有汾陽無德禪師云：「或
稱提，或拈掇，本色衲僧長擊發。句裏明人事最精，好手還同楔出楔。或
撞薦，或垂手，切要心空易開口，不識先人出大悲，管燭之徒照街走。」

〔註108〕同上，頁546c。

〔註109〕同上，頁550c。

〔註110〕同上，頁559a。

〔註111〕〔宋〕惠洪撰：《禪林僧寶傳》，《卍新纂續藏經》第79冊，頁494b。

〔註112〕《雲門匡眞禪師廣錄》，頁553c。

〔註113〕〔金〕志明撰：《禪苑蒙求瑤林》，《卍新纂續藏經》第87冊，頁60a。

〔註114〕「如何是雲門宗」圓悟佛果禪師云：「當面蹉過。」〔註115〕。宏智禪師云：「目前薦取。」〔註116〕宏智禪師，又云：「開口見膽，莫亂商量。」〔註117〕《五家宗旨纂要》有，雲門宗旨頌：

> 睦州爐鞴雪峰機，打就金毛獅子兒。
>
> 三句楷磨區法則，十門規度別機宜。
>
> 樹凋葉落西風急，雲淡天低晚日遲。
>
> 情見到頭窺不得，離心意識始方知。〔註118〕

雲門宗旨可說以三句、一字關，的形象特色，給人又隱晦又玄妙的禪機風格。使不能契機者，難以理解與接受，所以在《人天眼目》中對於雲門門庭，有云：「大約雲門宗風，孤危聳峻，人難湊泊，非上上根，孰能窺其彷彿哉。」〔註119〕可說是非常切實地說明雲門的禪機是上上根器者適機，大凡中下根器者之平常人則難以受持。此詩頌為七言律詩，首句入韻式，頷聯、頸聯對仗工整。

第五節　雲門三句感悟自然的美學意象

　　中國詩歌體式大致皆以五言或七言為主，在文字結構如此短的方式中，卻表現了詩人的靈妙意象，從中展現詩人對人生的經驗體悟與感受，因此詩有精緻審美的形象。而禪師因受其中國詩歌文學薰陶，以中國詩歌文學方式填入了禪家的思維意象，表現出在禪門偈頌中則明顯有中國詩歌的文學語言模式，這可從雲門文偃禪師的偈頌看出其雷同之處。即使禪家強調無為，禪師的創作並非是用語言來作思維，偈頌亦只是禪家傳法的工具，但為傳禪法其溝通的方便，則不能少於善用它，因之禪以詩作的形式表現了禪境理趣。

　　以雲門宗的「函蓋乾坤」的意象，強調的是現象界一切皆能顯現真如；

〔註114〕〔宋〕楚圓集：《汾陽無德禪師語錄》〈廣智歌一十五家門風〉，《大正新脩大藏經》第47冊，頁621b。

〔註115〕〔宋〕紹隆編：《圓悟佛果禪師語錄》，《大正新脩大藏經》第47冊，頁733c。

〔註116〕〔宋〕集成編：《宏智禪師廣錄》卷第一，《大正新脩大藏經》第48冊，頁2a。

〔註117〕〔宋〕中翼曇像編：《宏智禪師廣錄》卷第五，《大正新脩大藏經》第48冊，頁68b。

〔註118〕《五家宗旨纂要》，頁281c。

〔註119〕《人天眼目》卷之二，頁313a。

天上星辰雲霞，地上山河自然的黃花、翠竹、蕉雨，這一切修行者須要擁有
佛家所謂的空靈的心境，就能感悟自然界所展示的菩提妙心。這種自然禪道
的意境雲門宗宋代奇遇禪師對於自然界的禪機體悟作有一詩云：

> 春山青，春水綠，一覺南柯夢初足。
>
> 攜筇縱步出松門，是處桃英香馥郁。
>
> 因思昔日靈雲老，三十年來無處討。
>
> 如今競愛摘楊花，紅香滿地無人掃。〔註120〕

自然界的桃花紅、青山綠雖如南柯一夢有盡時，禪詩闡釋那是因爲人們少了
一顆靈敏妙悟的心。眾生遇景只沉迷於摘楊花，表示被境迷了覺悟的本心。
詩中有興意，寄寓禪理應對於自然界物象即物即眞，心境空靈淡泊，從中相
應自然界付予的禪機。

　　而清代有三山來禪師對雲門禪法的意境，以一首七言絕句詩來闡釋此中
的自然現象，詩云：

> 函蓋乾坤事莫窮，頭頭物物露眞風。
>
> 頂門亞豎摩醯眼，萬象森羅一鏡中。〔註121〕

此作是詮釋「函蓋乾坤」宇宙萬物皆包含在裏頭的禪意。雲門宗禪機的象徵
在天上星斗、乾坤萬象、地獄天堂、東日出西日下、天上人間等，凡一切宇
宙萬物自然界現象無非是眞如妙體。《人天眼目》卷二，圓悟禪師解釋此「函
蓋乾坤」句云：「本眞本空，一色一味，非無妙體，不在躊躇，洞然明白，則
函蓋乾坤也。」〔註122〕說明雲門宗的思想，認爲現象界的乾坤萬象，上至「天
堂」下至「地獄」，都是眞如妙體的顯現，一切由本體界變現而來，因此在事
物中無一不是眞如的「妙體」，就像天上的星辰都朝向北斗一樣，此道無所不
在，普天蓋地，山河大地即是眞如，道在一切處所，道在山河大地中，道在
禪者的日用當中。指向一切有情法性本自平等，一切眾生皆具佛性，只要識
得本心則生佛不二、物我等同，如此深切體悟到宇宙間「青青翠竹總是法身，
鬱鬱黃花無非般若」的禪機妙諦。

> 截斷眾流意若何，算來一字已成多。
>
> 推排解會徒勞力，肯把要津放得過。〔註123〕

〔註120〕〔宋〕超永編輯：《五燈全書》卷第三十四《卍新纂續藏經》第 82 冊，頁 03。

〔註121〕〔清〕性統《五家宗旨纂要》《卍新纂續藏經》第 65 冊，頁 279c。

〔註122〕《人天眼目》卷之二，頁 312a。

〔註123〕同上，頁 279c。

此作是詮釋「截斷眾流」不通一滴，禪道是在不假思索的當下會得，如大地的坦平，如普安：「推山積岳來，一一盡塵埃，更擬論玄妙，冰消瓦解摧。」〔註124〕又形容如鐵山橫在路，亦以說似佛組開口無分，還形容此義有如「窄」，這一切都是要說明「截斷眾流」是禪師教人修行的方式，要截斷紛亂奔馳的眾生情識心念，要參禪者不以語言意識來認識真如自性，需要返照自心才得頓悟。

前引普安禪師所作之頌，意在闡明不管參禪者帶有多少難題，只要透徹禪道的禪師對它們都視如塵埃，隨意以一個字或一句話就把問題解決了。學人如果還意想論辯玄妙，禪師就採用更為峻烈的手段使他的情識計較當下冰消瓦解。圓悟禪師解釋為：「本非解會，排疊將來，不消一字，萬機頓危，則截斷眾流也。」〔註125〕印證了雲門善用一字關截斷眾流的特色。雲門教導學人時常喜以簡潔的一字闡釋禪的要旨，禪門即稱為「雲門一字」。使用答非所問的一字，如鐵山橫亙在面前，使參禪者如湍急奔馳的意念嘎然中止，即便是佛祖也無法開口。以「窄」而不通的當下為禪機關口，使參禪者離卻原來的紛雜思路，於片言隻語的當下，超脫言意以消除知見的妄想，掃除情識徹見本心。修禪原來只要能隨順自然，任運自在自識本性，別無用心便是解脫。

如雲門宗「一字禪」以精簡鍊字的禪關風氣與其晚唐詩歌創作中錘鍊字句有異曲同工之妙。唐代詩歌創作之風在聲律、風骨、意境上的用功都是極為講究的，於字的雕琢審慎更是詩人們用心處，在中唐時有韓愈與賈島對詩歌用字的「推敲」典故，賈島曾是身為僧人，或許是他的推敲形式影響著禪門中推禪悟詩歌的風氣〔註126〕。到了晚唐詩歌中對字句的錘鍊相對於中唐情形明顯，《唐才子傳》卷九云：「鄭谷在袁州，齊己攜詩偈之。《早梅》云：「前村深雪裡，昨日數枝開。谷曰：數枝非早也，未若『一枝』佳。己不覺設拜曰：我『一字師』也。」〔註127〕這則最早的「一字師」記載在《詩人玉屑》

〔註124〕同上，頁312a。
〔註125〕同上，頁312a。
〔註126〕《唐才子傳》卷五：「……因唐突大京兆劉棲楚，被系一夕，旦釋之。後復乘閒策蹇訪李餘幽居，得句云：『鳥宿池中樹，僧推月下門。』又欲作『僧敲』，煉之未定，吟哦引手作推敲之勢，傍觀亦訝。時韓退之尹京兆，車騎方出，不覺衝至第三節，左右擁到馬前，島具實對，未定推敲，神遊像外，不知迴避。韓駐久之曰：『敲字佳。』遂並轡歸，共論詩道，結為布衣交，遂授以文法，去浮屠，舉進士。」見賈島傳。
〔註127〕《唐才子傳》卷九：「游江海名山，登岳陽，望洞庭，時秋高水落，君山如

六，云「自是士林以谷爲一字師」似乎可呼應雲門宗禪師「一字禪」的詩歌意境。

在中國文學的詩法有多種，其中有所謂「興」者，表示詩有感發興起之意。所謂「興」是說先有外在事物的觸動，而引發詩人的內在情感，當下觸發了詩人反省舊有情感經驗，而促成作品。但外物與所觸發的內部情境可能並非是類比性的，所以也就無意義關連性，其外物單純是觸媒而已，因之其所成就的作品常是不相干的隨機所見之景。以禪師的禪機問答常可見如此案例，有僧問雲門文偃：「如何是佛法大意？」雲門文偃答：「春來草自青。」〔註 128〕看其所答非其所問，當下禪師只是借自然中景觀傳達心中所悟的禪境，像似沒有回答學生的問題。此種傳遞眞理的語言運用純粹是針對當下實際狀況，依其機緣所設，我們後人不能單從邏輯的認知角度去解讀。其當下所答的語言只是隨興所發，是借物以喻之，隨機設法以當下耳所聽聞、眼所目擊的鮮明意象闡發，是爲了烘托內在的心境禪蘊，所傳達的完全是純粹近於禪師直覺的當下經驗。雲門文偃禪師的偈頌作品，可說近於詩中的興發風格。

對於雲門家風特色，他有深遠奧妙之義，是禪機的哲學，又具有神祕難測難思的眞理。宋朝蘇澥在爲《雲門匡眞禪師廣錄》作序，有言：「祖燈相繼數百年間，出類邁倫，超今越古，盡妙盡神，道盛行於天下者，數人而已。雲門大宗師，特爲之最。擒縱舒卷，縱橫變化，放開江海，魚龍得游泳之方；把斷乾坤，鬼神無行走之路。草木亦當稽首，土石爲之發光。」〔註 129〕這正顯得雲門宗的簡潔、精要之風格。隨從方便，因應機會所施設的禪理教化手段。在施設這樣的一種方法上，禪家使出了，奪取纏擾心境的，執是執非之心，破除學禪者在求師求法障礙的根本。看似不能合乎禪理的謬語，卻是雲門爲啓發學人的本能智慧所用的巧方便；所以聖者有超越凡人的認知，雖其表面看似無情，實際是眞慈悲。佛家有言，五蘊六識如熱浪摧殘眞如本性，

黛，唯湘川一條而已。欲吟杳不可得，徘徊久之。來長安數載，遍覽終南、條、華之勝。歸過豫章，時陳陶近仙去，已留題有云：「夜過修竹寺，醉打老僧門。」至宜春，投詩鄭都官雲：「自封修藥院，別下著僧床。」谷曰：「善則善矣，一字未安。」經數日，來曰：「別掃如何」谷嘉賞，結為詩友。」見齊己傳。

〔註 128〕〔宋〕道原撰：《景德傳燈錄》卷十九，《佛光大藏經》，高雄：佛光出版，1994年，頁 1146。

〔註 129〕《雲門匡眞禪師廣錄》卷上并序，頁 544c。

它是迷惑人心性的元兇；本性眞如才是自家珍寶，他不用向外求取，當下會得即現眼前。

　　禪家以不直說的禪機爲原則，所強調的是言語非其自性本體，而禪師以詩偈示禪又怕參禪者誤解，雲門文偃禪師有云：「莫道今日謾諸人好，抑不得已向諸人道遮裏作一場狼藉，忽遇明眼人見，謂之一場笑具，如今亦不能避得也。……爾諸人更擬進步，向前尋言逐句，求覓解會，千差萬巧，廣設問難，只是贏得一場口滑，去道轉遠，有什麼休歇時？此箇事，若在言語上，三乘十二分教豈是無言語？因什麼更道教外別傳？若從學解機智得，只如十地聖人說法，如雲如雨，猶被呵責，見性如隔羅縠，以此故知，一切有心，天地懸殊。」〔註130〕雲門文偃要說明的，是其所說一切言語，包括其作詩偈主旨，皆是在言外之意，若是有所執取即非是經教言說。禪非言語所能無誤的傳達出，但意識到不得不用語言的方便，那麼只求將語言純熟運用達到所指的目的。隨機應用禪機的方法，則能八面玲瓏妙用無方。於一切處無所執法，出入無方，則天上人間，自在翱翔任飛揚。

〔註130〕《景德傳燈錄》，頁 1137～1138。

第六章　法眼宗與文益禪師的偈頌

　　中國禪宗從六祖惠能大闡禪機以後，其禪法開枝散葉，法嗣子孫出現眾多龍象。一直到唐武宗會昌五年（845）下令禁斷佛教一切行為，使得禪法亦在此時受到打擊。但禪家卻發展以山林佛教自居，以務農自給自足的生活禪。也因此禪宗在會昌法難後，仍然可以保存禪法的延續。

　　在禪門五宗當中，法眼宗是最晚發展創立的。創立時候已過會昌法難後幾十年，正逢五代時期南唐李氏和吳越錢氏政權對佛教的優遇大力支持。〔註1〕從文益禪師（885～958）創宗，後被南唐中主李璟追諡他為「大法眼禪師」，之後此宗世稱為法眼宗，而文益禪師曾在金陵清涼院開堂說法過，故有「清涼之宗」的異名。

　　法眼文益為法眼宗之開山祖師，以下為行文方便，均稱法眼文益禪師。法眼宗歷經了德韶（891～972）、延壽（904～975）三祖，活躍於唐末、五代、宋初時期。本章依吉州青原行思禪師第四世之下，漳州羅漢寺桂琛禪師法嗣，法眼宗祖師法號文益〔註2〕，考文益禪師的生平，並依《語錄》探討其宗旨特

〔註1〕　楊曾文：《唐五代禪宗史》，北京：中國社會科學出版社，2006年11月（重印），頁441。

〔註2〕　〔清〕天龍會集：《緇門世譜》：「六祖有慧能大鑒禪師，自六祖下，並出兩枝，一曰青原行思禪師；一曰南嶽懷讓禪師。其後列五宗者，又以二師，為始祖也。青原下出石頭希遷禪師，遷下復出二枝，一曰藥山惟儼禪師，一曰天皇道悟禪師。儼下出雲巖曇晟禪師，晟下出洞山良价禪師，价下出曹山本寂禪師，由是遂創立曹洞一宗。天皇下出龍潭崇信禪師，信下出德山宣鑒禪師，鑒下出雪峰義存禪師。存下復出二枝，其一曰玄沙師備禪師，一曰雲門文偃禪師，由是遂創立雲門一宗。備下出羅漢桂琛禪師，琛下出清涼文益禪師，以示寂後，諡大法眼禪師。由是遂創立法眼一宗。以上三宗，俱青原之後也。」

色及詩偈的要義。

第一節　清涼院法眼文益禪師生平學述

　　法眼宗文益禪師爲其傳記的文獻有《宋高僧傳》卷十三〈文益傳〉、普濟《五燈會元》卷十〈文益傳記語錄〉、《景德傳燈錄·文益傳》、《聯燈會要》卷二十六、《禪林僧寶傳》卷四、七〈文益傳記〉、《續古尊宿語要》卷二〈文益語錄〉。並及文益禪師自著有一部《宗門十規論》，內容是文益禪師提出對當時禪門的不良風氣與弊端所針對的問題而書。

　　本節探討文益禪師生平及其身後之德頌，探求明了此宗號爲法眼宗〔註3〕，之緣起。文益禪師生平在初入佛門時，先學律後又轉向禪法；律與禪，表面看似兩類修行法則，事實上對於一位修行者是有層次漸進的助力。依律修者可在心性上得到安住，所謂由戒生定，定而後能發慧，佛家稱戒、定、慧爲「三學」，此「三學」是論述開解心境次第的功能，修行者必須依「戒」學，止惡修善，依此而能得定。然後依「定」學安靜身心，使神思統一，而能得慧；「慧」是依著靜心，而得神悟徹觀實相，即是所謂的般若智慧。可知文益禪師的精進是依循其學法步驟次第而進，正如他從慧稜轉投羅漢桂琛禪師法嗣下，亦是一種修學的漸進法則。

一、清涼院文益禪師生平

　　文益禪師生於唐中和（885～958），俗姓魯，是餘杭（今之浙江杭州市）人。對於文益禪師生平，禪史記載，禪師乃宿秉聰慧而來，本是餘杭魯氏子。《五家語錄》法眼祖師：「七歲依新定智通院全偉禪師落髮，弱齡稟具於越州開元寺。」〔註4〕文益禪師在初入佛門時，親近的是智通院全偉禪師，並在此處出家。二十歲後到越州（今浙江紹興）開元寺受具足戒。當時希覺律師正

《卍新纂續藏經》第86冊，頁083a。

〔註3〕〔宋〕晦嚴智昭編集：《人天眼目》：「師諱文益，餘杭魯氏子。得法於漳州羅漢琛禪師。初住撫州崇壽，次住建康清涼。大振雪峰、玄妙之道。示寂後，李後主諡曰大法眼禪師。」高雄：佛光文化事業出版，1997年（初版），頁349～350。

〔註4〕〔明〕圓信、郭凝之編集：《五家語錄》卷五，〈金陵清涼院文益禪師〉，《佛光大藏經禪藏·語錄部》，高雄：佛光出版社，1994年12月（初版），頁505。

在明州的育王寺（今浙江鄞縣）在興說戒律之學，文益禪師當時即前往親近學習律學。「屬律匠希覺師，盛化於明州鄮山育王寺，師往預聽習，究其微旨。復傍探儒典，遊文雅之場。」〔註5〕當中文益禪師不但學律學，還將餘力研究儒家經典，並且善作文章。被希覺律師讚譽為：「覺師：目為我門之游夏也。」〔註6〕肯定其在文學上的造詣非凡。後來文益禪師卻對禪宗的玄奧旨趣所吸引，而放棄先前的律學與儒學「師以玄機一發，雜務俱捐。」〔註7〕而決定向南方遊學去。

向南方遊學首先，文益禪師投於福州長慶院的慧稜禪師「振錫南邁，抵福州參長慶，不大發明。」〔註8〕因為在此無所契悟，又決定另參他處去。因與紹修、洪進結伴南遊至漳州，途中遇到大雨而進石山的地藏院避雨。「後同紹修法進三人欲出嶺，過地藏院，阻雪，少憩附爐次。」〔註9〕在地藏院中文益禪師與桂琛禪師見面，而有一段對答：「地藏問：此行何之？師云：行腳去。地藏云：作麼生是行腳事？師云：不知。地藏云：不知最親切。」〔註10〕因有此段對話因緣，引起文益禪師對桂琛禪師開始注意，當他們又討論起《肇論》內容：

> 又同三人舉肇論。至天地與我同根處。地藏云：山河大地，與上座自己，是同是別？師云：別。地藏豎起兩指。師云：同。地藏又豎起兩指，便起去。雪霽辭去。地藏門送之。問云：上座尋常說三界唯心，萬法唯識。乃指庭下片石云：且道，此石在心內在心外。師云：在心內。地藏云：行腳人，著甚麼來由安片石在心頭。師窘無以對，即放包依席下。〔註11〕

在這當中的兩句「天地與我同根處」、「三界唯心，萬法唯識。」是法的核心，指出宇宙萬物一切唯心所識。桂琛禪師指出了文益還未能了解同與別不二的道理，依不二的觀點來看世間萬物是同亦是別，別亦是同。重點在「地藏又豎起兩指，便起去。」這裡就含藏著只能悟不許言語的禪機在，這是桂琛禪

〔註5〕〔明〕圓信、郭凝之編集：《金陵清涼院文益禪師語錄》，《大正新脩大藏經》第47冊，頁588a。

〔註6〕《金陵清涼院文益禪師語錄》，頁588a。

〔註7〕同上，頁588b。

〔註8〕同上，頁588b。

〔註9〕同上，頁588b。

〔註10〕同上，頁588b。

〔註11〕《金陵清涼院文益禪師語錄》，頁588b。

師要傳達給文益禪師的玄妙禪機。最後他們將離去時，桂琛禪師指著石頭問文益禪師：「此石在心內在心外。」文益禪師回答：在心內。桂琛禪師云：「行腳人，著甚麼來由安片石在心頭。」眞理既在心內，文益還要四處雲遊參外境法嗎？文益此時有所悟，當下感到慚愧而無語「師窘無以對，即放包依席下。」便與另外一起參學的二人留下師事桂琛禪師，「近一月餘，日呈見解說道理。地藏語之云：佛法不恁麼。師云：某甲詞窮理絕也。地藏云：若論佛法，一切見成。師於言下大悟。」〔註12〕最後文益禪師便在地藏桂琛禪師處開悟了。

後來文益的禪法也由湖南傳開，住錫之地求益者慢慢地日以劇增，求法者不在千計，可見文益禪師道德遠播。《宋高僧傳》：「變塗迴軌確乎不拔，尋遊方卻抵臨川。邦伯命居崇壽，四遠之僧求益者不減千計。江南國主李氏始祖知重迎住報恩禪院，署號淨慧。厥後微言欲絕大夢誰醒。」〔註13〕文益道行傳開來之後受到國主之尊崇，並受迎自報恩禪院，賜號淨慧，褒揚其德行。人生無常終有休止時，禪師生命亦要示滅。《宋高僧傳》卷第十三，文益示滅時「俗年七十四，臘五十五」〔註14〕。對照《五家語錄》卷五，法眼文益禪師於周顯德五年戊午七月十七日示滅。其文：「壽七十有四，臘五十四」〔註15〕上引兩則資料臘年差一數。最後「諡大法眼禪師」〔註16〕，更顯文益禪師禪教思想法化無疆。「塔云無相。後李主刱報慈院，命師門人玄覺言導師開法，再諡師大智藏大導師。」〔註17〕塔號爲「無相」。文益禪師一生致力宏揚禪法，本隨其因緣遊歷而成一家宗風特色，正如韶國師受其引喻而悟道之偈：「通玄峰頂，不是人間。心外無法，滿目青山。」〔註18〕贊揚法眼宗祖師文益禪師的德頌。

二、清涼院文益禪師與佛教經典

文益禪師因胸懷大志，於受戒後精習戒法，又研究儒學，《傳法正宗

〔註12〕同上，頁588b。
〔註13〕《宋高僧傳》卷第13，頁179。
〔註14〕同上，頁179。
〔註15〕〔明〕圓信、郭凝之共編：《五家語錄》卷五，〈金陵清涼院文益禪師〉，《佛光大藏經禪藏・語錄部》，1994年12月，頁545。
〔註16〕《五家語錄》卷五，〈金陵清涼院文益禪師〉，頁545。
〔註17〕同上，頁545。
〔註18〕同上，頁527。

記》：「傍探儒術，而文藝可觀。」〔註19〕《五家語錄》云：「屬律匠希覺師盛
化於明州鄮山育王寺，師往預聽習，究其微旨，復傍探儒典，遊文雅之場，
覺師目爲我門之游夏也。」〔註20〕所謂「游夏」乃指孔門弟子之中擅長文學
的子游、子夏，意思是稱讚文益禪師有精湛儒典修養。文益禪師先天慧根稟
足，七歲出家實具宿根善願而來，又具儒學涵養背景，在《宋高僧傳》卷十
三，周金陵清涼文益傳中亦有詳文，說明文益禪師本爲修律與精通儒學修
養。〔註21〕

　　文益禪師，在《語錄》中所涉經典頗多部，過地藏院時，因遇下雪阻擾
去路，即「少憩附爐次。地藏問：此行何之？師云：行脚去。地藏云：作麼
生是行脚事？師云：不知。地藏云：不知最親切。又同三人舉《肇論》。」
〔註22〕

　　文益禪師上堂時「大眾立久。乃云：祇恁麼便散去，還有佛法道理也
無，試說看。若無，又來這裏作麼，若有，大市裏人叢處亦有，何須到這
裏。諸人，各曾看《還源觀》、《百門義海》、《華嚴論》、《涅槃經》諸多策
子……。」〔註23〕

　　文益禪師後來住在清涼院，於上堂云：「出家人，但隨時及節便得，寒即
寒，熱即熱，欲知佛性義，當觀時節因緣，古今方便不少。不見，石頭和尚，
因看《肇論》云：會萬物爲已者，其唯聖人乎。他家便道，聖人無已，靡所
不已，有一片言語，喚作《參同契》。」〔註24〕

　　文益禪師問參禪的學人「《百法論》僧云：百法，是體用雙陳。明門，是
能所兼舉。座主是能，法座是所。」〔註25〕

〔註19〕〔宋〕釋契嵩編修《傳法正宗記》卷八，《大正新脩大藏經》第 51 冊，頁
　　　　762a。
〔註20〕《五家語錄》卷五，頁 505。
〔註21〕〔宋〕贊寧等撰：《宋高僧傳》卷第 13：「釋文益，姓魯氏，餘杭人也。年甫
　　　　七齡挺然出俗，削染於新定智通院。依全偉禪伯，弱年得形俱無作法於越州
　　　　開元寺，于時謝俗累以拂衣。出樊籠而矯翼，屬律匠希覺師盛化其徒于鄮山
　　　　育王寺，甚得持犯之趣，又遊文雅之場，覺師許命爲我門之游夏也。」《文淵
　　　　閣四庫全書》，臺北：臺灣商務印書館，頁 178。
〔註22〕〔明〕圓信、郭凝之編集：《金陵清涼院文益禪師語錄》，《大正新脩大藏經》
　　　　第 47 冊，頁 588b。（下同則簡註書名頁號）
〔註23〕《金陵清涼院文益禪師語錄》，頁 588c。
〔註24〕同上，頁 589b。
〔註25〕同上，頁 590c。

有一靈隱僧，名清聳禪師，福州人。初參師，師指雨謂云：「滴滴落在上座眼裏，清聳初不喻旨。後因閱《華嚴》感悟，承師印可。」〔註26〕

永明道潛禪師是河中府人，初來參文益禪師，師問云：「子於參請外，看甚麼經？道潛云《華嚴經》。師云：總別同異成壞六相，是何門攝屬？」〔註27〕

文遂導師是杭州人，嘗究《首楞嚴》。謁師述已所業，深符經旨。師云：「《楞嚴》豈不是有八還義？遂云：是。師云：明還甚麼？云：明還日輪。師云：日還甚麼？遂懵然無對。師誠令焚其所注之文，自此服膺請益，始忘知解。」〔註28〕

文益禪師舉亮座主參馬祖時。「祖問：講甚麼經。云：《心經》。祖云：將甚麼講？云：將心講。祖云：心如工伎兒，意如和伎者，爭解講得經。亮云：心既講不得。莫是虛空講得麼？祖云：却是虛空講得，亮拂袖而去。」〔註29〕

清涼文益禪師從《語錄》中所得，他所涉及的經典有《肇論》、《還源觀》、《百門義海》、《華嚴論》、《涅槃經》、《參同契》、《百法論》、《華嚴》、《華嚴經》、《首楞嚴》、《楞嚴經》、《心經》，這些都是大乘經典，而其中《華嚴經》是在語錄中最常出現討論的一部經典。由此可明，清涼文益禪師本身對《華嚴經》的六相義有專研，且喜好的層度，都來得比其他經典要深。

文益禪師並著有《宗門十規論》其目次是：序文，自己心地未明妄爲人師第一，黨護門風不通議論第二，舉令提綱不知血脉第三，對答不觀時節兼無宗眼第四，理事相違不分觸淨第五，不經淘汰臆斷古今言句第六，記持露布臨時不解妙用第七，不通教典亂有引證第八，不關聲律不達理道好作歌頌第九，護己之短好爭勝負第十，跋〔註30〕。《宗門十規論》是涉及當時禪宗的一切重要行持方面的細節，依此書可以了解文益禪師對當時禪宗體制的看法。

三、清涼院文益禪師傳承之說

文益禪師本於長慶院慧稜禪師處參禪，慧稜禪師是雪峰義存的弟子

〔註26〕 同上，頁 591b。

〔註27〕 同上，頁 591b。

〔註28〕 《金陵清涼院文益禪師語錄》，頁 591b。

〔註29〕 同上，頁 592c。

〔註30〕 〔五代〕清涼文益禪師著：《宗門十規論》，《卍新纂續藏經》第 63 冊，頁 036c。

〔註31〕，後來文益禪師卻與玄沙師備的弟子桂琛禪師結下法嗣因緣，在《宋高僧傳》有文：「雜務俱損」、「已決疑滯」〔註32〕所強調的是文益禪師對所學法義已然明朗，遂有再遊學另參的心願。漳州羅漢院桂琛禪師，是玄沙師備禪師法嗣〔註33〕，「羅漢素知益在長慶穎脫，銳意接之。唱導之由玄沙與雪峰血脈殊異。益疑山頓摧，正路斯得。欣欣然挂囊栖止。」〔註34〕說明羅漢桂琛本已知文益在長慶院的慧稜禪師那裡已有傑出的表現，而有意傳法於他，於是便結下這段因緣，從此文益禪師便依止在羅漢桂琛禪師法嗣。《景德傳燈錄》言文益禪師在希覺律師處「師以玄機一發，雜務俱捐」，由專研佛教戒律的行持，激發出參禪印證的雄心，乃是大多數雪峰系禪師所共有的經歷。文益禪師南下福州至長慶慧稜禪師處參禪，在《宋高僧傳》言及文益參與慧稜禪師法會後「已決疑滯」，故與道友相約至湖南參學，此處所說的「已決疑滯」應非悟道之意，而是說他已理會慧稜禪法的旨趣，然而卻覺得有所不足，因此與道友相約至湖南，參訪其他的禪師。途中因遇到天雨，溪水上漲，故至城西的石山地藏院暫避，因而得以參見羅漢桂琛禪師，成爲桂琛禪師的法嗣〔註35〕。文益禪師，先參學慧稜禪師再參雪峰義存禪師，並因契機而成爲羅漢桂琛禪師法嗣。

　　文益禪機師法，從法眼文益禪師講法時總喜宣揚雪峰義存與玄沙師備倆師徒的道統，是有其因緣可尋。文益禪師本參法於慧稜禪師，慧稜禪師與玄沙禪師皆同爲雪峰義存禪師弟子，而文益禪師是羅漢桂琛禪師法嗣，桂琛嗣法玄沙師備是雪峰義存法脈之下，文益禪師與桂琛禪師應爲同兄輩份又何必再嗣法於羅漢桂琛禪師？對於慧稜禪師與玄沙師備都是雪峰義存的嗣法弟

〔註31〕長慶慧稜禪師是雪峰義存的弟子，《大正新脩大藏經》第49冊，卷第十七《佛祖歷代通載》：「五月雪峯義存禪師示寂，師泉州人，姓曾氏。十七落髮，往幽州受具，綿歷禪會緣契德山，……長慶問：從上諸聖傳受一路，請師垂示，師默然，長慶禮拜而退。」頁650b。

〔註32〕〔宋〕贊寧等撰：《宋高僧傳》中〈法眼文益傳〉：「尋則玄機一發雜務俱損，振錫南遊止長慶禪師法會，已決疑滯，更約伴西出湖湘爾日暴雨不進，暫望西院寄度信宿，避溪漲之患耳，遂參宣法大師。」卷第13，頁179。

〔註33〕〔明〕大建校：《禪林寶訓音義》：「漳州羅漢院，珪琛禪師，常山李氏子，嗣玄沙師備禪師，後漳州，牧主請住地藏院，次遷羅漢院，破屋壞垣，師恬然自樂也。」《卍新纂續藏經》第64冊，頁451c。

〔註34〕《宋高僧傳》卷13，〈法眼文益傳〉，頁788b。

〔註35〕蔣義斌：〈法眼文益的禪教思想〉，中國文化大學史學系教授《中華佛學學報》第13期，頁435。

子，考〈福州雪峰山故眞覺大師碑銘〉雪峰義存弟子有玄沙師備、洞巖可休、鵝湖智孚、長慶慧稜、鼓山神晏〔註36〕。玄沙與義存之師徒間的禪法應是有所不同的。玄沙行頭陀苦行：「師備，閩縣謝氏子，父以漁爲業，因夜泛船墮水，備鼓棹而救，見水中月。乃云：先達有言，一切諸法皆如水月，若父存與其同殺，只益三途之苦，今既不可救，莫若捨緣出家報父恩也。於是斷髮受具，芒鞵布衲，食纔接氣，宴坐終日。與義存親近，存以其苦行，呼爲頭陀。」〔註37〕而羅漢桂琛乃爲玄沙師備的嗣法弟子，對玄沙與義存禪法的異同（頭陀行、入世道）當有所理解，所以向文益禪師介紹玄沙師備的禪法，也成了造就了文益禪師舉揚一家宗風的特色，即法眼宗。〔註38〕

文益禪師既是承襲雪峰義存這支法脈，其禪機思想如何？《祖堂集》述及雪峰禪法思想，最爲特別的，是「入地獄去」之論述，「入地獄去」象徵著義存禪法思想，是爲「入世苦行」的宗旨。義存禪師於四十四歲時，曾與巖頭一起告別德山宣鑒禪師行腳去，又隔年與欽山相遇，三人於是結伴雲遊行腳去〔註39〕，於途中三人各自述及將來志願。「問：古人有言：『欲得不招無間業，莫謗如來正法輪。』如何得不謗去？師云：『入地獄去』。問：『如何是涅槃？』師云：『入地獄去。』」〔註40〕此中「入地獄去」代表著禪者行菩薩道，需要「入世苦行」這是南宗禪的特色，視一切眾生皆有佛性，覺悟在人間，離世覓菩提無有是處。考《雪峰義存年譜》義存禪師是在武宗會昌毀佛前，依止於慶玄律師受佛學教育，當年他只是十二歲的孩子〔註41〕，後又經

〔註36〕 義存的主要弟子有玄沙師備、洞巖可休、鵝湖智孚、長慶慧稜、鼓山神晏，均獲錫紫袈裟，參見黃滔，〈福州雪峰山故眞覺大師碑銘〉，《黃御史集》卷5，頁35a。玄沙師備與雪峰義存，如下文所述實介於師友之間。

〔註37〕 〔宋〕濂編：《佛祖綱目》卷三十三，《卍新纂續藏經》第85冊，頁662a。

〔註38〕 〔清〕守一空成重編：《宗教律諸宗演派》：「自六祖法下七傳至雪峰存，雪峰傳玄沙備，玄沙傳地藏琛，地藏傳法眼文益禪師，後人立爲法眼宗。」《卍新纂續藏經》第88冊，頁565a。

〔註39〕 義存辭別德山行腳的時間，見《雪峰義存年譜》，收於《雪峰義存禪師語錄》，《卍續藏》冊119，頁488b。

〔註40〕 〔五代〕靜、筠編：《祖堂集》卷7，〈雪峰義存傳〉，高雄：佛光出版社，1994年12月（初版），頁377。

〔註41〕 〔清〕覺岸撰：《釋氏稽古略》：「戊辰，開平二年正月，晉王李克用卒，子存勗十一月立。梁遷都洛陽，鴆濟陰王於曹州，謚曰唐哀皇帝。」《大正新脩大藏經》第49冊，頁846c。「福州雪峯禪師，名義存，泉州南安曾氏子，年十二從莆田玉澗寺慶玄律師出家。年十七落髮，往幽州寶刹寺受戒，久歷禪會，三登投子，九到洞山，後仍緣契德山。唐懿宗咸通中回閩雪峰創院，徒侶翕

歷了會昌法難後，才去參訪弘照靈訓、洞山與德山禪師。此中「入地獄去」之論述，表徵著義存禪法思想的宗旨是行入世道。而玄沙師備與義存不同處是行頭陀苦行自修，《佛祖歷代通載》：「師少為漁家子，年甫三十，始出家具戒習頭陀行與雪峯師資道契。雪峯每歎曰：備頭陀再來人也。」〔註42〕證明玄沙師備他所主張修行的方法是與雪峰禪法不同的。

　　入地獄去表徵的是行人間道，亦是表徵行禪在日常處，而頭陀行用功處是在自修，兩者雖異卻能內外兼修，相輔成就人間菩薩道。禪者一直以山林佛教自居，在中唐時發展了以務農自給自足的生活禪，也因此禪宗在會昌法難後，仍然可以保存禪法的延續。以義存禪師之「入地獄去」正展現出家僧人能入世苦修之精神，是實踐人間佛法的表徵。文益禪師法脈師承禪機處亦在此點展現出特色。

　　《景德傳燈錄》卷第二十五，根據資料所載，文益禪師是吉州青原山行思禪師第九世，他的法嗣弟子有三十三人，十三人留有語錄，二十人無留語錄。他們是：蘇州薦福紹明禪師、澤州古賢謹禪師、宣州興福可勳禪師、洪州上藍守訥禪師、撫州覆船和尚、杭州奉先法璠禪師、廬山化城慧朗禪師、杭州永明道鴻禪師、高麗靈鑒禪師、荊門上泉和尚、廬山大林僧遁禪師、池州仁王緣勝禪師、廬山歸宗義柔禪師，以上一十三人見錄。泉州上方慧英禪師、荊州護國邁禪師、饒州芝嶺照禪師、廬山歸宗師慧禪師、廬山歸宗省一禪師、襄州延慶通性大師、廬山歸宗夢欽禪師、洪州舍利玄闈禪師、洪州永安明禪師、洪州禪谿可莊禪師、潭州石霜爽禪師、江西靈山和尚、廬山佛手嚴因禪師、金陵保安止和尚、昇州華嚴幽禪師、袁州木平道達禪師、洪州大寧道邁禪師、楚州龍興德賓禪師、鄂州黃龍仁禪師、洪州西山道聳禪師，以上二十人無機緣語句不錄。

　　文益禪師之弟子德韶禪師據說他曾前後參了五十四位禪師，皆未能契入禪理，最後才在文益禪師下參禪契入禪理。文遂禪師曾對《首楞嚴經》下功夫注釋過，但當參於文益禪師時卻答不出何謂「本妙明淨的本心」，此後他便在文益處參受禪法。泰欽禪師在文益禪師處受益禪法之後，曾住於洪州雙林

然，僖宗賜號真覺禪師，仍賜紫衣。師之法席常有千五百眾，至是開平二年三月示疾，閩帥命醫來。師曰吾非疾也，遺偈付法訖，五月二日出遊藍田暮歸，澡浴中夜入寂，壽八十七。師嗣德山鑒，鑒嗣龍潭信。」頁846c。並參《雪峰義存年譜》，頁487d；《祖堂集》卷7，頁359。

〔註42〕〔元〕念常集：《佛祖歷代通載》，《大正新脩大藏經》第49冊，頁651a。

院、金陵龍光院傳禪法，並受到南唐國主李煜的禮敬，請他住持清涼大道場。之外文益禪師的弟子還有慧炬禪師，被高麗國王迎請回其國家，受到極尊禮遇，封其為國師。

第二節　文益禪師偈頌要義與聲律

文益禪師本以律學為基礎，後來又轉向趣入禪法，再抒以儒學涵養，用文字般若闡發禪機。本節重點即考法眼文益禪師偈頌詩的要義，一、〈無常偈〉，二、〈悟道偈〉，三、〈三界唯心頌〉，四、〈華嚴六相義頌〉。類分四法要義，探討文益禪師的禪法落在其偈頌詩作品中表現的要義。

一、〈無常偈〉的要義

無常是佛家一種對生命了悟的真諦，修行者能認清生命無常，可助益在修行路上的道念。無常義之說在經文中常出現《菩薩本生鬘論》：「行蘊遷流無常之義。」〔註43〕《大寶積經》：「無常之義，其義何謂？都不生不增不起不滅。」〔註44〕《華嚴經探玄記》：「以生滅流轉為無常義。」〔註45〕依以上所列各經文意，無常就是不能永久住於一定之狀態，這種觀念是導引修行者去除執著愛念，因之可幫助把握當下修行。文益禪師有一日與李王（李璟皇帝）論道結束時，一同觀賞牡丹花，李王即命禪師作詩偈，文益禪師隨機而賦偈詩一首云：

擁毳對芳叢，由來趣不同。

髮從今日白，花是去年紅。

豔冶隨朝露，馨香逐晚風。

何須待零落，然後始知空。〔註46〕

首句「叢」為上平聲一東韻，「同」、「紅」、「風」、「空」亦為上平聲一東韻，

〔註43〕聖勇等造，〔宋〕紹德慧詢等譯：《菩薩本生鬘論》卷第十五，《大正新脩大藏經》第3冊，頁379b。

〔註44〕〔西晉〕竺法護譯：《大寶積經》卷第十三，《大正新脩大藏經》第11冊，頁73a。

〔註45〕〔魏〕法藏述：《華嚴經探玄記》卷第十二，《大正新脩大藏經》第35冊，頁325a。

〔註46〕《五家語錄》卷五，頁522。此詩亦見編於：《全唐詩》冊22，卷770，頁8743。

首句入韻，名詞「髮」對「花」，時間「今日」對「去年」，形容詞「白」對「紅」。此作首句入韻，對仗皆整，合乎中國唐朝近體詩歌標準。〔註47〕

　　此詩五言八句中讀來令人有無常之嘆。「擁毳對芳叢，由來趣不同」文益禪師說自己穿著皇上賞賜錦毛的袈裟，面對皇宮後花園盛開的花朵，可貧僧與皇上因所處的環境與地位不同，賞花的雅趣也就不一樣。「髮從今日白，花是去年紅」花兒謝了，有再開的時候，今日所見，還是跟去年一樣鮮紅。而我們的頭髮今日卻比去年更白了。「豔冶隨朝露，馨香逐晚風」花朵再豔麗，也會隨著朝露凋謝；花香再濃郁，也會跟著晚風飄散。「何須待零落，然後始知空」此中無常的道理事物已經呈現出了，又何須等到親自面臨無常時，才覺醒空的實象呢？

二、〈悟道偈〉的要義

　　禪門悟道偈皆是禪師經過多年自修參禪的體悟，所語出的妙語皆有一番獨到的風光，文益禪師亦有一首作品名悟道偈頌云：

　　　　理極忘情謂，如何有喻齊？

　　　　到頭霜夜月，任運落前谿。

　　　　果熟猿兼重，山長似路迷。

　　　　舉頭殘照在，元是住居西。〔註48〕

本偈「謂」為去聲五未韻，「齊」、「谿」、「迷」、「西」皆為上平聲八齊韻，動詞「到頭」對「任運」，名詞「月」對「谿」，名詞時間「果熟」對「山長」，五言偈中押韻整齊，對仗亦整。

　　詩義「理極忘情謂」修法到了極點是明悟道了，此處是表真理無言可說。「如何有喻齊」表示理之義用任何比喻都不需要，妙在如人飲水冷暖自知，沒有一個比喻可以用來完全無差相比。「到頭霜夜月」其自然物境之界也是悟道的境界，任其多冷、靜夜、霜寒、光寂，天地一切皆空。「任運落前溪」月光一照，百尺竿頭還是落於平地上，回光反照之意。「果熟兼猿重」此句是寫景物，亦是喻禪理功夫，如心猿、道果功夫到了，自然果熟，心境自然能達莊嚴之境地。「山長似路迷」用功的情形如插秧歌，退步原來是向前的

〔註47〕標準參照，許清雲博士編：《增廣詩韻集成》，臺北：文津出版社，2006年10月（三刷）。（以下同則省註）。

〔註48〕《五家語錄》卷五，頁524。此詩見收入於《全唐詩補編》——全唐詩續拾・卷四十三（吳南唐上）／通行本。

哲理思想。「舉頭殘照在，元是住居西」是句描寫夜景的，但也是喻爲修證境界，原來眞理是在自己本來居住的那個殼。「西」是歸到西方，代表極樂世界，亦代表心地法門，本來清淨之意。「元是住居西」到了家，原來就是我的本來面目。

　　此詩偈表達悟道之境界。所強調的是理與事的重要，行者在用功階段，有時覺得自己在退步，茫然像走錯路；用功行修一段後，卻覺得疲勞而失去精進動力，失去了勇猛心，正如此句所云：「山長似路迷」不到終點畢竟有些迷惑，但認清這只是過程，便能拾起道心，鍥而不捨地修道去。

三、〈三界唯心頌〉的要義

　　在佛經有一部《楞伽經》內容思想主張三界唯心、萬法唯識。三界所指的是欲界、色界、無色界〔註49〕。代指眾生輪迴的世界，亦表示眾生心中貪瞋癡來回不已。重在說明現象界一切都是一心所變現，唯心所現，心外無別法。這是佛教唯識宗思想，以阿賴耶識爲要義；也是華嚴宗的主要思想，意指如來藏之自性清淨心。兩宗都強調眞如自性心能生萬法，法眼文益禪師思想更重於唯識的義理。文益禪師的〈三界唯心〉頌：

> 三界唯心，萬法唯識。
> 唯識唯心，眼聲耳色。
> 色不到耳，聲何觸眼？
> 眼色耳聲，萬法成辦。
> 萬法匪緣，豈觀如幻？
> 山河大地，誰堅誰變？〔註50〕

此〈三界唯心〉「心」爲下平聲十二侵韻，「識」爲去聲四置韻，「色」爲入聲十三職韻，「眼」爲上聲十五潸韻，「幻」爲去聲十六諫韻，「變」爲去聲十七霰韻。此是四言十句作品，顯然非是押韻，但依佛法的專有術語來講卻是對仗工整，「三界唯心」對「萬法唯識」，「色不到耳」對「聲何觸眼」，對於詮釋佛家法義卻是到位的。

　　此中意思是說，心和識，眼耳對色聲。眼色耳聲等，萬法能形成。萬法如無緣，怎能如虛幻？大地和山河，都是誰變現？心爲萬法源頭，是欲界是

〔註49〕　〔元〕居簡編：《月江正印禪師語錄》：「何謂三界？貪是欲界，瞋是色界，癡是無色界。」《卍新纂續藏經》第71冊，頁118a。
〔註50〕　《五家語錄》卷五，頁525。

色界也是無色界，做惡是他，造善也是他，萬法唯心識也，此作品是在闡明
修道用功處該把握心識的作用重點。

四、〈華嚴六相義頌〉的要義

　　《人天眼目》云：「昔日曹溪淌下一滴水，不是永遠不變位。我宗之奇譬
如虎，頷下金鈴大如斗。人只要理解了欲界、色界、無色界的一切皆由心所
造，心為萬物之本體，三界萬法，都是由阿賴耶識所變，便是了解了法眼宗
所建立的綱要。」〔註51〕此段引文內意已然說明法眼宗要建立的綱要是「三
界唯心，萬法唯識」，文益禪師作〈華嚴六相義〉頌詩文意就是要闡釋唯識之
道理。頌云：

　　　　華嚴六相義，同中還有異。

　　　　異若異於同，全非諸佛意。

　　　　諸佛意總別，何曾有同異？〔註52〕

　　　　男子身中入定時，女子身中不留意。

　　　　不留意，絕名字，萬象明明無理事。〔註53〕

此頌「義」、「意」、「事」皆為去聲四寘韻，重點在闡釋華嚴義涵，以「男子
身中入定時」「時」為上平聲四支韻，首句入韻，對應「女子身中不留意」兩
句對仗最工整，以下可成一首絕句詩體形式。末句以七言而論加上了逗號，
並不損害一首詩的完整性。

　　詩中說「華嚴六相義」是：總、別、同、異、成、壞。其中以總攝取差
異，為根本印〔註54〕。《人天眼目》有文，其中要義說明，所謂因緣是產生自

〔註51〕〔宋〕晦嚴智昭編集：《人天眼目》：「曹源一滴水，不爾依位住。我宗奇特虎，
　　　　頷下金鈴甚。人解得，三界唯心，萬法唯識，此法眼所立鋼宗也。」《佛光經
　　　　典叢書》，高雄：佛光出版社，1997年，頁353～354。
〔註52〕《五家語錄》卷五，頁525。
〔註53〕《五家語錄》卷五，頁525，此中：「男子身中入定時」此首作品收入於《全
　　　　唐詩補編》——全唐詩續拾‧卷四十三（吳南唐上）／通行本。
〔註54〕〔宋〕釋題頭法師著：《華嚴一乘法界圖》：「所謂六相者：總相、別相、同相、
　　　　異相、成相、壞相。總相者，根本印；別相者，餘屈曲，別依止印，滿彼印
　　　　故；同相者，印故，所謂曲別而同印故；異相者，增相故，所謂第一、第二
　　　　等，曲別增安故，成相者；略說故，所謂成印故，壞相者；廣說故。所謂：
　　　　繁迴屈曲，各各自本來不作故，一切緣生法，無不六相成也。所謂：總相者，
　　　　義當圓教。別相者，義當三乘教。如總相、別相、成相、壞相等。不即不離，
　　　　不一不異，常在中道，一乘三乘，亦復如是。主伴相資，不即不離，不一不

果的內在原因，此中之緣適用於物質與精神的一切現象〔註55〕。文益也曾於參法中對萬法唯心所識錯解用心，「地藏問云：『上座尋常說三界唯心，萬法唯識。』乃指庭下片石云。『且道，此石在心內？在心外？』師云：『在心內。』地藏云：『行腳人，著甚麼來由安片石在心頭？』師窘無以對，即放包，依席下求決擇。」〔註56〕依佛法的真諦乃一切現成，心外無法，心內亦不應執有，才能究竟無礙。

　　清涼法眼文益禪師之詩偈頌，本節探討偈頌四法義。〈無常偈〉是文益禪師要說明事物無常、空的道理。〈悟道偈〉是文益禪師要表達悟道境界之偈，所強調的是理與事的重要。〈三界唯心頌〉說明：三界只是心，萬法只是識。只是心和識，眼耳對色聲。色不到耳，聲音不觸眼。眼色耳聲等，萬法能形成。萬法如無緣，怎能如虛幻？大地和山河，都是誰變現？重點在闡明心的作用。〈華嚴六相義頌〉闡釋六相：總相、別相、同相、異相、成相、壞相，之義函，闡釋一切事物名相乃相對而論，正所謂：事理不二之義函〔註57〕。六相中是互相權變應用的。

第三節　文益禪師偈頌的聲律與禪機

　　首詩〈無常偈〉，本偈文押上平聲，一東韻，名詞「髮」對「花」，時間「今日」對「去年」，形容詞「白」對「紅」，對仗皆整，合乎中國唐朝近體詩歌標準。見編入《全唐詩》冊22，卷770，頁8743。二、〈悟道偈〉，本偈文押上聲，八齊韻，動詞「到頭」對「任運」，名詞「月」對「谿」，名詞時間「果熟」對「山長」，五言偈中押韻整齊，對仗亦整。此詩見收入於《全唐

異，雖利益眾生，而唯在中道，主伴相成，顯法如是。」《大正新脩大藏經》第45冊，頁711b。

〔註55〕　《人天眼目》：「今依因門，智照古德，略以喻六相者：『一總、二別、三同、四異、五成、六壞。總相者，譬如一舍是總相，椽等是別相。椽等諸緣和合作舍，各不相違，非作餘物，故名同相；椽等諸緣，遞相互望。一一不同，名異相。椽等諸緣，一多相成，名成相；椽等諸緣，各住自法，本不作，故名壞相。則知真如一心為總相，能攝世間出世間法故。約攝諸法得總名；能生諸緣成別號；法法皆齊為同相；隨相不等稱異門；建立境界故稱成；不動自位而為壞。』」高雄：佛光文化事業出版，1997年4月（初版），頁362。

〔註56〕　《五家語錄》，頁506。

〔註57〕　《景德傳燈錄》：「理無事而不顯，事無理而不消，事理不二，不事不理，不理不事。」《大正新脩大藏經》第51冊，頁448c～449a。

詩補編》——全唐詩續拾·卷四十三（吳南唐上）／通行本。三、〈三界唯心
頌〉，此〈三界唯心〉是四言十句，非有押韻，顯然以闡發禪機為重點，若依
佛法的名相來論其內容確為對仗工整的，「三界唯心」對「萬法唯識」，「色不
到耳」對「聲何觸眼」。四、〈華嚴六相義頌〉，此頌押去聲，四寘韻，重點在
闡釋華嚴義涵。此首作品收入於《全唐詩補編》——全唐詩續拾·卷四十三
（吳南唐上）／通行本。

　　本節對法眼文益禪師詩偈頌作品於《語錄》中所載入的此四首詩偈頌唯
〈三界唯心頌〉押韻不整。此中作品有一首〈無常偈〉在《全唐詩》中，托
名為殷益作〈看牡丹〉見收入於《全唐詩》冊22，卷770，頁8743。另〈悟
道偈〉作品及《華嚴經》的六相義頌〉收入於《全唐詩補編》——全唐詩續
拾·卷四十三（吳南唐上）／通行本。由上引證觀察法眼文益禪師對詩歌聲
律要求嚴謹，詩學修養皆符合唐詩歌規範的標準。觀此正也呼應法眼文益禪
師在其著《宗門十規論》中第九規云：「不關聲律不達理道好作歌頌」所制訂
要求對聲律以及禪理的掌握要確實，的確相互呼應著。

第四節　法眼宗旨與特色

　　法眼禪師著《宗門十規論》論曰：「心地法門者，參學之根本也。心地者
何耶？如來大覺性也。由無始來，一念顛倒，認物為己，貪欲熾盛，流浪生
死，覺照昏蒙，無明蓋覆，業輪推轉，不得自由，一失人身，長劫難返。所
以諸佛出世，方便門多，滯句尋言，還落常斷。祖師哀憫，心印單傳，俾不
歷堦級，頓超凡聖，只令自悟，永斷疑根。」〔註58〕此中強調心地法門是參
學根本。並指出禪家觀念的特色，心、佛、眾生無差無別，一念悟則超凡入
聖。這也體現出，文益禪師以義存禪師之「入地獄去」為行人間道視為禪家的
方式。這種觀念正也展現出「南禪」僧家入世苦修之精神，是實踐人間佛法
（生活禪）的表徵。法眼宗文益禪師所興揚的宗旨，亦在此點展現出特色。

一、法眼宗旨

（一）華嚴六相義

　　依《五家宗旨纂要》三山來禪師所言：「法眼家風，則聞聲悟道，見色明

〔註58〕〔五代〕法眼禪師著：《宗門十規論》，《卍新纂續藏經》第63冊，頁37a。

心，句裏藏鋒，言中有響，三界惟心為宗，拂子明之。」〔註59〕見色明心是不辭塵囂，以入世為修行的場域。三界惟心，重在啟發本自具有的本體自性。法眼宗以宣法《華嚴六相義》為此宗主要的教義。六義相：總相、別相、同相、異相、成相、壞相等六方面所見之諸法體性，是華嚴教學所說此六相常住。如「舉一齊收，於一一法中，有此六義，經中蓋為初地菩薩說也。」〔註60〕依華嚴教學，說明一切諸法互相圓融無礙的六種方法。也就是六相圓融的說法，是「若究竟欲免斷常邊邪之見，須明華嚴六相義門，則能任法施為，自忘能所，隨緣動靜，不礙有無，具大總持，究竟無過。」〔註61〕此六相義，是在辨別所有世間一切法，都是自在無礙的。

　　華嚴六相義，強調世間一切法所起之相皆因有一個正緣顯發起，不能獨立存在；所以在這當中是無分別之理的，若是心中存有一分別則非善見者。而所謂善見者則能觀一切法無分別相，此則得智慧總持門，名為不墮諸見。正見者不可廢一取一，要雙立雙忘，雖名為總同時，實際亦無有一總之名可持有。「縱各具別，冥寂非無，不可以有心知，不可以無心會。詳法界內，無總別之文。就果海中，總成壞之旨。今依因門智照，古德略以喻顯六相者：一總、二別、三同、五異、五成、六壞。」〔註62〕因之一切名相的分別只是古德為顯發無自性之理則而已。

　　說總相者，以一間房子來作譬喻，它是藉由諸多因緣才能合併而成，人們所稱呼的房子之名則為是「總相」，而架構房子等的諸多材料則是「別相」。這建造房子的種種物件等都是成就房子的諸因緣，將眾多的因緣和合則成就了房子，但其中各種物件卻又各不同質。只因它們皆是建造房子的材料所以皆稱為建材。所以在此定義下是同名。若仔細分析所有建造房子的每一種物件，它們每一種名稱卻皆可有其不同稱謂。但其名稱雖有不同，因都是為建房子的材料，所以皆可稱它們為建材之名「同相」。如果將這些房子所組成的建材，一一拆解再挪作他用，在它用的情形下就不能稱它為健材「異相」如：木材未作成傢俱名稱是木材，但作成各種傢俱，如：書桌、椅子、衣櫥、地板等，這時候就不稱它為木材了，而是視其成就何種物件為其名，「成相」。

〔註59〕〔清〕性統編：《五家宗旨纂要》，《卍新纂續藏經》第65冊，頁283b。（下同則簡註書目、頁數）

〔註60〕《五家宗旨纂要》，頁282a。

〔註61〕同上，頁282a。

〔註62〕同上，頁282a。

房子的材料若這時也分解了，也就是這裡所說的「壞相」。

如此可以了解華嚴六相義當中所謂的「總相」是爲關鍵詞，是能攝持世間與出世間法，也就暫稱他爲總名，但他亦能隨不同因緣而另有別號。說明世間萬法皆一樣，可同名亦可別名。一切無非隨其因緣不同則其名相不能共稱，不能共成。用以闡揚世間法沒有一事物是獨立因緣而成的，或是獨立因緣而壞的，這是華嚴六相圓融的主要義函。

（二）法眼四機用

1、「箭鋒相拄，機鋒相敵也。」〔註63〕

法眼以眾生根器不同，指導方式亦有所變通。這在禪師接引學生參禪過程中，都是根據學生本人的具體情況作出靈活的指導方式。《人天眼目》：「法眼宗者，箭鋒相拄句意合機，始則行行如也。終則激發，漸服人心，削除情解，調機順物。斥滯磨昏，種種機緣不盡詳舉。」〔註64〕三山來頌云：「兩陣交鋒莫可當，彎弓架矢豈尋常。箭頭的的相逢處，脫却征衣笑一場。」〔註65〕此中說明師家與學生的互相勘驗，所激發起的禪法逗機。

2、「泯絕有無，不存朕兆也。」〔註66〕

如《語錄》中地藏云：山河大地，與上座自已是同是別。文益回答：別。地藏卻豎起兩隻手指。文益又回答：同。地藏又豎起兩隻手指。當中其實是就文益所回答而做的動作，同、別皆回應兩隻手指，隨即地藏則走人。就是要文益泯絕有無。三山來頌云：「大用臨機不可窺，卷舒出沒妙相隨。竝無面目教人見，誰向虛空強畫眉。」〔註67〕說明南禪法義的一種特色，此中強調無相中的隨機妙用。

3、「就身拈出，當面直提也。」〔註68〕

如上所說地藏與文益的一些言語動作，皆要當下會得禪機才能顯發。三山來頌云：「自從闢破祖師關，掣電轟雷任往還。不識當機拈弄處，低頭已隔

〔註63〕《五家宗旨纂要》，頁282c。
〔註64〕〔宋〕晦巖智昭編集：《人天眼目》卷第四，《大正新脩大藏經》第48冊，頁325a。
〔註65〕《五家宗旨纂要》，頁283a。
〔註66〕同上，頁283a。
〔註67〕同上，頁283a。
〔註68〕同上，頁283a。

萬重山。」〔註69〕禪法的一種試機方式，如雷厲風行，若當下不能會得，就如眼前橫隔著萬重山。

4、「隨流得妙，即境設施。」〔註70〕

此說的是真心妙用，自知體用，則不假外求，才能妙用無方「古人云：風動心搖樹，雲生性起塵。若明今日事，昧却本來人。乃妙體起用也；真心妙體本來不動，安靜真常，真體上妙用現前，不妨隨流得妙。」〔註71〕三山來頌云：「祖意明明百草頭，相逢到處逞風流。隨家待客無豐儉，把筋拈匙一笑休。」〔註72〕祖師所呈家風，是眾生本來面目，洒洒呈於自家中；能明白其中意者，如如自在者。

二、法眼特色

法眼宗特色可從其宗要強調出，以「三界唯心」、「萬法唯識」。「三界唯心，三界唯心萬法澄，盤鐶釵釧一同金。暎階碧草自春色，隔葉黃鸝空好音。」〔註73〕「三界唯心」三界是指欲界、色界、無色界等三種迷界，是眾生輪回的三種世界，此是佛教的世界觀。法眼認為一切現象唯心所現。一切的存在只是依心而存在，離心則無它法之思想。是心外無別法的對句，這是依《華嚴經》經意所造的名言。強調三界所有完全是心中現出的影像，離了心並無他物存在。「萬法唯識，不曾出世立功勳，萬國文明草木春。野老不知堯舜力，鑿鑿打鼓祭河神。」〔註74〕「萬法唯識」說明一切現象，唯依阿賴耶識而成立。《攝大乘論釋》：「能證一切所知共相，是分別智知遍計義自相分別，展轉不同以無邊故，決定無能具證一切，若知此唯阿賴耶識，能生習氣轉變力故。」〔註75〕說明別相、共相一切皆是唯心所認知分別的。

法眼宗風特色諸家分說，在《人天眼目》說：「對病施藥相身裁縫，隨其器量掃除情解，要見法眼麼？人情盡處難留跡，家破從教四壁空。」〔註76〕《禪家龜鑑》說：「言中有響句裡藏鋒，髑髏常于世界。鼻孔磨觸家風，風柯

〔註69〕同上，頁283a。
〔註70〕同上，頁283a。
〔註71〕〔高麗〕知訥著作：《真心直說》，《大正新脩大藏經》第48冊，頁1000b。
〔註72〕《五家宗旨纂要》，頁283a。
〔註73〕同上，頁282c。
〔註74〕同上，頁282c。
〔註75〕〔唐〕玄奘譯：《攝大乘論釋》卷第一，《大正新脩大藏經》第31冊，頁385b。
〔註76〕〔宋〕晦巖智昭著：《人天眼目》，《大正新脩大藏經》第48冊，頁325a。

月渚顯露真心。翠竹黃花宣明妙法，要識法眼宗麼？風送斷雲歸嶺去，月和流水過橋來。」〔註77〕《五家宗旨纂要》說：「法眼家風則聞聲悟道，見色明心，句裏藏鋒，言中有響，三界惟心為宗，拂子明之。」〔註78〕《萬法歸心錄》說：「對症施藥，垂機迅利，掃除情解。六相義門，會歸性地。萬象之中，全身獨路。三界惟心，萬法惟識。直超異見，圓融真際。」〔註79〕法眼家風啟蒙眾生的方法是以契機為施法藥。以唯心為宗，萬法唯識，掃蕩情執。以華嚴六相義會歸理事圓融之義。

法眼宗特色以入世行人間道，而因應病與藥，正就是隨眾生根器而開法度人。但真正能入其理者自是大根大器者。有一頌：「即俗明真總萬方，法身從此露堂堂。山河大地皆標的，草木叢林盡發揚。秋雨徧催梨葉老，春風齊拆杏花香。義天覺海周沙界，窺管持蠡試測量。」〔註80〕法眼宗開創者文益禪師以其德化世間，使得「諸方叢林咸仰風化，致異域有慕其法者涉遠而至。師調機順物斥滯磨昏，凡舉古德三昧，或呈解請益，皆應病與藥，隨根入者不可勝記。尋以韶國師等化旺東南，遂剏立法眼宗旨。」〔註81〕最後法眼文益禪師舉揚此宗風後應化而去。

第五節 法眼宗詩偈空與三界唯心的美學意象

文益禪詩〈無常偈〉點出地點「擁毳對芳叢，由來趣不同。」運用比喻象徵的手法說明僧人與世人志趣不同，又以「髮從今日白，花是去年紅。」巧妙地將人和花交織一起，以實物「豔冶隨朝露，馨香逐晚風。」來感嘆著人生是：朝如青絲暮成雪的無常，佛家看透生命的無常皆為成住壞空，美艷的花朵一樣會遭無常的催殘，這是禪師見景生情，並將情感化作詩句勸人體認青春不能常住，該珍惜當下追求禪道為要，而用花、人來作對比，呈現出比喻手法，頷聯雖然沒有明顯的說明主旨，卻巧妙地用尾聯「何須待零落方知空」遙相呼應，此作意境更深富隱喻文學美詩意象。

〔註77〕〔高麗〕退隱述：《禪家龜鑑》，《卍新纂續藏經》第63冊，頁744c。
〔註78〕〔清〕性統編：《五家宗旨纂要》，《卍新纂續藏經》第65冊，頁281c。
〔註79〕〔清〕祖源、超溟著：《萬法歸心錄》，《卍新纂續藏經》第65冊，頁420a。
〔註80〕《五家宗旨纂要》，頁283b。
〔註81〕〔宋〕祖琇撰：《隆興編年通論》卷第二十八，《卍新纂續藏經》第75冊，頁251a。

文益禪師他參桂琛禪師時，桂琛禪師曾指著一塊石頭問：「你尋常『三界唯心，萬法唯識』試問這塊石頭在你心外還是心內？」文益禪師答：「在心內。」桂琛禪師當下即提醒他：「你一個行腳人應該輕裝上路，如何要安塊石頭在心裡呢？」文益禪師聽聞後，頓時無言以對，便放下行囊依止桂琛禪師。他的〈三界唯心頌〉正是闡明此種「三界唯心，萬法唯識」的道理。雖一切唯心所識，但並不表示用眼聞聲、用耳觀色。萬物自然天成，用眼根觸色才能成形，用耳根聞聲才能成響，這是天然所成的規律秩序，遵循它則一切現成。萬物因緣而起，用般若智慧觀之，一切現象物界無非如夢幻般虛有幻化不實。法眼門人德韶禪師作詩偈：「通玄峰頂，不是人間。心外無法，滿目青山。」法眼稱贊他「即此一偈，可起吾宗。」在詩偈中表示心境已超脫了凡間著境的障礙，心外無法，此時禪境界達到了巔峰。這種禪境的美學即是「一切現成」的觀念。桂琛禪師曾指示他：「若論佛法，一切現成。」於是文益禪師當下了悟「唯識無境」連境亦不能著於「心內」。此「一切現成」亦是成就法眼禪法的特色。

作品〈三界唯心頌〉的思想亦受到華嚴宗影響，華嚴六相義乃是詮釋「萬法唯心」的道理。文益禪師作〈華嚴六相義頌〉：「同中有異」此異中不能超出同的範疇，因之「異」始終皆屬於「同」的，「事」亦總是表現「理」的，此中乃從「事」入「理」，說明事理不二。在〈華嚴六相義頌〉呈現「圓融」意境源自華嚴宗所倡「理事無礙」的思想美學，由法界緣起的概念藉由「男子身中入定時，女子身中不留意」相對名相來展現對比差異的意象，雖出現種種的差異但因彼此相互影響，全體與差異個體之間相入又相即地交涉，以「不留意，絕名字，萬象明明無理事」來說明「圓融」的境界實質上全體與差異之間卻又是互相依持的。

在他著作的《宗門十規論》有云：「大凡祖佛之宗，具理具事，事依理立，理假事明，理事相資，還同自足。若有事而無理，則滯泥不通，若有理而無事，則汗漫無歸。俗其不二，貴有圓融。」〔註 82〕說明事與理乃自然相互協助，非有人為功夫。此種思想正在呼應其所倡導的「一切現成」理論，這種理論乃建立在「唯識觀」與「理事論」的基礎，而成法眼禪教的風格特色。從詩作〈無常偈〉中倡「無常」來闡釋「空」的意象，又以〈三界唯心〉再以〈華嚴六相義頌〉前呼後應來回歸「法界一切圓融」詩的美學意象。

〔註82〕 〔五代〕法眼禪師著：《宗門十規論》，《卍新纂續藏經》第 63 冊，頁 37c。

　　法眼文益禪師的詩歌表達了「一切現成」的現量境禪悟美學境界，此乃得益於般若的空觀論，並用詩歌方式呈現出對物質相的淡泊呈現出寧靜意境。對於世間智慧用邏輯思維所推理出認可的現象界，禪師認為是虛幻不實的；在佛法以般若空觀的神秘經驗，不必借助語言文字，泯滅所有分別意識，於予直觀當下，心性通體澄明，才能如實的呈現萬物。「一切現成」乃以山河大地自然為禪者悟道的契機，以景色春風、秋雨、夏荷、冬雪，蟲鳴、鳥叫、蟬聲、蛙鳴在在無非啓人菩提心智的禪機，這種境界使禪師入詩則更具有詩歌的美學。

　　以法眼禪詩「一切現成」為此宗風特色，此種思想與雲門宗的三句：「函蓋乾坤，截斷眾流，隨波逐浪」，強調「無心任自然」，山水自然，一切現成，無需造作，表示雲門家風的簡潔禪理，既然禪法是在「一切現成」，理應在當下自性中生才是，不用追空逐有，心起分別，兩者意象有異曲同工之妙。看來雲門與法眼兩宗都有吸取華嚴宗理事互融、事事無礙的思想，強調理在事中，由事體現真理的感悟詩境。

　　文益禪師所作禪詩的標準，大致合乎中國近體詩歌文體，詩作中不但講求聲律的工整，更重於表詮禪理。在其所作《宗門十規論》第九條〈不關聲律不達理道好作歌頌〉，用以批評當時禪學人違背古德先賢作詩的本意，隨意著詞歌頌，卻無基本實學功夫。

> 宗門歌頌，格式多般，或短或長，或今或古，假聲色而顯用，或托事以伸機，或順理以談真，或逆事而矯俗。雖則趣向有異，其奈發興有殊，總揚一大事之因緣，共讚諸佛之三昧，激昂後學，諷刺先賢，皆主意在文，焉可妄述。稍觀諸方宗匠，參學上流，以歌頌為等閒，將製作為末事，任情直吐，多類於埜談，率意便成，絕肖於俗語，自謂不拘麤礦，匪擇穢屛，擬他出俗之辭，標歸第一之義，識者覽之嗤笑，愚者信之流傳，使名理而寖消，累教門之愈薄。不見華嚴萬偈，祖頌千篇，俱爛熳而有文，悉精純而靡雜，豈同猥俗兼糅戲諧，在後世以作經，在群口而為實，亦須稽古，乃要合宜。苟或乏於天資，當自甘於木訥，胡必強攀英俊，希慕賢明，呈醜拙以亂風，纖弊詭而貽戚，無惑妄誕，以滋後羞。〔註83〕

文中可見文益禪師強調作禪詩的本質意涵乃在宣揚佛法，絕不能粗率隨意而

〔註83〕〔五代〕法眼禪師著：《宗門十規論》，《卍新纂續藏經》第 63 冊，頁 38b。

作，不但要懂得詩作的規範準則，也要對佛法教相準確的掌握住。並標以祖師大德皆在修習成熟後才能精純法義，用來告戒後生晚輩不要傲慢，自以為俊秀而流於卑俗。文中強調作詩偈是要啓發後學人頓悟自性法義，它如同佛陀祖師之禪教。可見文益禪師強調以詩偈為禪。時空背景的更換，禪宗從祖師禪強調不立文字，到不離文字的發展以文字為禪，似此有跡可尋。

　　本章通過對《語錄》探討法眼文益禪師的生平，了解其修學過程及參法的轉折，可得文益禪師律學、儒學及禪學修養皆豐富。以律學安定其心智而得慧眼，依儒學修養造作文辭典雅的偈頌詩。又以禪學的知識豐富不但隨緣視機開導參禪學人，並成著了一部《宗門十規論》。對於文益禪師所作的「偈頌」探討，以「三界唯心」為宗，以「六相法義」會歸說明理事圓融之義。文益禪師依偈頌闡釋法義，對於參學此宗禪法者，可進一步瞭解禪的真諦，也扮演著非常重要的意義，偈頌要義中也表現出法眼宗的特色，說明法眼文益禪師的種種善巧說法，皆以直指自性為方便，文益禪師善用日常生活點滴，來說明微妙的禪法，即是對症施藥、觀機逗教，目的是要讓眾生本地風光呈現於平凡之中，顯示法眼禪宗落實人間菩薩道的風範。

第七章　結　論

　　禪宗史所謂的「一華開五葉」，是本論探討文中由惠能六祖之兩位弟子，南嶽懷讓與青原行思兩系再傳所開展出的五家；此五家是溈仰、臨濟、曹洞、雲門、法眼，歷史的年代記錄以溈仰最先建立，於「會昌法難」前後（854），由當時裴休宰相大力支持下，而門庭興盛。次有臨濟是在唐宣宗後期（847～859）至唐懿宗咸通年間（859～874）所創立，在河北一帶受到藩鎮軍閥的支持而漸壯大。再而有曹洞，此宗是在洞山唐宣宗大中十三年圓寂後（860）至咸通十年（869）間，由曹山本寂發揚光大。此溈仰、臨濟、曹洞三家到了晚唐都非常興盛。續而有雲門是在唐哀帝四年（907）唐末時創立，雲門在初創時並不有多大建樹，一直到了五代時期才形成勢力。其中的法眼是五家中最晚成立，時間大約於五代時（937）才成立，受到五代南唐時李氏和錢氏政權支持下而顯赫一時，才漸形突出。

　　禪宗的祖師語錄，內涵都在表現禪師們對禪體悟的經驗，其語錄不單是純粹的傳記，還有無數禪法的智慧蘊藏其中。以五家祖師各家皆有其獨特的禪風，與接引禪學人的方法特色。五家雖門庭不同宗風各異，但基本上不離最初禪宗所倡的「明心見性」之思想，尤其各宗祖師之詩偈作品可以說大致已呈現其特色，綜括五家之禪法思想於下。

　　溈仰宗發揚「理事如如」的精神，倡導眾生皆有佛性，只要眾生能見自本性，即能立地成佛，從而發明《楞嚴經》的三種生思想。此中的三種生是：「想生、相生、流注生」此三種生有石佛忠禪師，用簡單的解釋來說明，如何是想生？忠云：「兔子望月。」如何是相生？忠云：「山河大地。」如何是流注生？忠云：「無間斷。」想生：可解爲是心有所想、有所執，此中因見分

而執有「我」是「妄我」，因之生出種種計較分別，而致使心被拘束，不得解脫。相生：可解為因前面的妄我所執而對虛幻不實的假相以虛偽為真，而導致五蘊隨波逐流，從而愛惡、喜怒、貪瞋等等煩惱產生。流注生：因想生、相生，從而有見分、相分流轉糾葛中，使人陷入愛惡情愁，因果相續循環系統中往復不間斷的輪回受苦著。溈山靈祐禪師則在此思想中作有〈業識茫茫〉一首詩偈以闡揚其義：「驅耕夫之牛，拽迴鼻孔，奪肌人之食，把訂咽喉。」而仰山慧寂則針對此要義有〈啓迷〉一首詩偈闡揚要義：「滔滔不持戒，兀兀不坐禪。釅茶三兩椀，意在钁頭邊。」仰山認為不持戒、不坐禪，但以日常生活中的飲茶為禪道，去盡穢念斷盡塵垢，雖無坐禪形式，實已為坐禪。此中仰山之禪道觀念與南禪的一貫風格是相應的，以「理事如如」貫徹其中。此宗在文學的美學上，常用圓相圖來表示遠離文字語言的內證境界，共計有九十多個圓相圖，可見出此宗善用畫圓相圖代替了禪悟之境，在文學性詩歌的美學亦在此中展現出。

臨濟宗的禪風特色是「多行棒喝」，義玄禪師接引禪學人是根據其機緣的不同而使用「四料簡」、「四照用」、「四賓主」配套設施，隨眾生各種機緣而制宜。認為主賓之間是師徒之間的「互換為機」教法，採以視機為施教之法。其中「四料簡」的方法，提出所謂：「有時奪人不奪境，有時奪境不奪人；有時人境俱奪，有時人境俱不奪。」此中「有時奪人不奪境」針對的是下根器人，主要為破除其「人我執」。「有時奪境不奪人」針對的是中根器人，主要為破其「法我執」。「有時人境俱奪」針對的是上根器人，主要為破其「人法二我執」。「有時人境俱不奪」針對已證道者，故無執可為破。臨濟義玄禪師還常提出「無位真人」的話頭，主要是為破除禪學人對佛聖的迷信，以提高禪學人對自我的信心。目的是要喚醒修行者對外求佛覓祖的向外攀緣心態，導向敢於自我作主，因而有「逢佛殺佛，佛祖殺祖」的激烈說法，此中無非皆本於打破外求，堅持自我本心本性的作主思想而發。此宗在展現禪詩的文學性與中國詩歌的純文學性有所不同，禪詩歌其著眼處不在文字上的華美或技巧上的求工，而是禪境的神悟與其內蘊禪理思想的豐富。

曹洞宗禪法的特色，乃延續於石頭希遷所主張的「即事而真」之理論發揚，良价禪師在參曇晟以後還是有不明之處，一日經過岸邊因涉溪水睹見水中之影而對理事的道理有所悟，此中的哲理在其一首詩偈有言：「切忌從他覓，迢迢與我疏。我今獨自往，處處得逢渠。渠今正是我，我今不是渠。應

須恁麼會，方得契如如。」此中「渠」指水中的相，也是喻指事相；「我」指自我自性，也喻指理體。「渠」、「我」之間的關係是「正是」相應「回互」之理，也有「不是」相應「不回互」之理。指出若無水上之我亦無水中之我影，水上之我與水中之我影，是有分別的當不可混而為一。曹洞並以五位君臣來闡述偏正回互著眼於理事關係的道理，良价禪師作有一首〈五位君臣頌〉用以說明正偏五位：「正中偏、偏中正、正中來、兼中至、兼中到」的哲理。此中正與偏所指的是君臣，喻指理事的應用，闡釋理事的應用要圓融，所以正偏皆兼，亦有亦無，非染非淨成就可以契證的最高涅槃境界，這即是曹洞之理想目的。曹洞宗的禪詩在文學上，非常具有詩境的美學在。曹洞以石頭禪師的〈參同契〉，併合曇晟禪師的〈寶鏡三昧〉，透過禪的實修，建立了「五位」之教，並以詩歌形式展現出禪教的意義，藉由詩歌的美學形式啟發禪學人應去除二元對立分別的意識，以頓悟不二一體的真如本性。比較其他四家，此宗禪詩有較多的隱喻與象徵性的詩境美學趣味在。

　　雲門宗以概括三句為其禪法的特色，有所謂的〈雲門三句〉：一、「函蓋乾坤」，用以詮釋宇宙萬物，一歸真如。以山河大地為西來意，青青翠竹盡是法身，體認真如的本體都在現象界中。世間一切事物無一不是真如妙體，由此發展理事無礙之思想。禪道在山水中、在日用中融入於般若智慧。二、「截斷眾流」，用以詮釋頓悟真如，不由言表的意涵。截斷眾生心中不斷奔馳的情識意流，目的是要修行者把握語言當下真如的顯現，不落心機意識，要回光反照頓悟自己本來面目，文偃禪師以一首：「舉不顧，即差互。擬思量，何劫悟。」說明頓悟真如是不能僅僅從語言文字或裡論中作義解的，一切超出用語言文字筌表，阻絕意路不起一念當下即會得。三、「隨波逐浪」，用以詮釋當機說法，不經由意。此中表現了雲門隨機接引、隨緣適性的禪機。雲門詩歌的文學性皆在此雲門三句中表現出，強調平常心是道，對生活的一種自在自適，肌來飲食，睏來即睡眠，一切不假人為造作，運乎天工自然。有可適應眾生的機緣即可隨其方便歡喜接引，不適機的方法即使是強求附加亦罔效。

　　法眼宗禪法的特色，文益禪師以「三界唯心、萬法唯識」的哲理藉以華嚴義理闡揚其思想。文益禪師作有一首〈三界唯心〉之詩偈：「三界唯心，萬法唯識。唯識唯心，眼聲耳色。色不到耳，聲何觸眼？眼色耳聲，萬法成辦。萬法匪緣，豈觀如幻？山河大地，誰堅誰變？」並有一作〈華嚴六相義〉來

頌揚，詩文意就是要闡釋唯識之道理：「華嚴六相義，同中還有異。異若異於同，全非諸佛意。諸佛意總別，何曾有同異？男子身中入定時，女子身中不留意。不留意，絕名字，萬象明明無理事。」文益的禪法受華嚴宗的理事圓融思想影響，強調理事與物我乃同宇宙萬有，其中以顯發眾生本具的真如佛性為前提。禪宗強調人人本具的自性與佛同等，所謂：「色心不二、理事圓融」，差別在於眾生迷與悟，為導修行人體悟此中道理，文益禪師採華嚴六相義為其門庭施設。其中目的是導引修學者體悟有無，自己與對方相即不二，說明物我一體的哲理。法眼文益禪教強調的「一切現成」表現禪法運乎於自然，並用詩歌文學方式，呈現出對物質現相界的淡泊寧靜意境。

禪宗雖然主張「不立文字，教外別傳」表面看似排斥語言文字的，可禪師卻又常假以文字的方便，闡發禪理，發展其思想，用以接引禪學後輩。語言雖只是作為一種傳達的工具作用，善用它則能啟發聽者的禪心慧智。從歷史的語言發展中看，語言會受到時空的限制，在不同的時空有其特定的語彙特色，同其時空中的人們有其共同認定的語彙。

所謂禪宗的公案本身都脫離不了其時空背景的因緣在，本論研究唐五代南禪五家祖師的禪詩偈頌，只能就其歷史的文獻，加以闡釋其精神的意涵試作分析，可是真正禪之精神核心及其禪味的深度，所謂禪之味乃「如人飲水冷暖自知」，作者又何能完全無差的表現當下的狀況呢？

禪師用詩偈的初衷本意，是作為標月之指，或有以指為月之後人，但仍不應以此作全盤否定，禪詩偈頌讚對參禪學人的啟發作用，以為文字之害無益於禪心妙旨。禪之神靈妙趣只有會心者得之，切勿在文字語言上執取，這是歷來禪師們常所告戒的。但文字為禪跡，以文字的特殊符號作為禪旨妙趣的工具，它具有一定的價值在。所以禪詩偈頌是以具體的文字意象表現，其有一種非確定的意義在其內蘊當中；表示其隱藏著無限可能的解釋之生命和可能性。研究者在透過歷史禪師語錄所留下的語言文字，尋得了探索的指標，讓後學者對禪理有跡可尋，方可省去無謂的摸索光陰。所謂：「站在巨人的肩上」可以看得更遠，因之文字的堆砌並非完全沒有生命價值意義在的。

本論研究禪偈雖脫離不了，歷史文化的時空背景之隔閡，使用文字雖永遠無法精確表達當時禪師們的禪悟本質。但說，禪宗的精神重在打破名言與本體之間的對應關係，從中才能獲得精神上的解放。所以雖本論目的在探討

禪師偈頌的意義，亦只是在歷史文學上依其與中國詩歌的對應，作自我主觀意識的觀察，對於五家禪祖師所留下的禪機妙偈，本論的詮釋是否有所流弊，當亦難免。但禪詩偈頌所暗示的意蘊，依文學而言他是允許讀者一再重新解讀的；換句話說，他是充滿無限可能的有機生命。禪詩偈頌留下的目的，就是為啟發參禪者入禪道所設，一首禪偈作品從最初的禪師完成後，其作品所蘊含的內在意義，就是為開發參禪者的禪理。或許後學無法完全無差的趣入其時代禪的悟境，但也許因為他本質上帶有的無限可能的有機體，讓後學可以跨越其文字表面上障礙，參悟得其暗示的真理，甚至於超越其本來的層次。這也就是說明禪詩偈頌的存在意義，他留存在歷史中，而一再被後人歌頌傳播著的原因。

本論依《五家語錄》探討，禪師以文字為媒介，透過它展現出詩偈頌讚的方式來闡述禪機妙理。雖在於唐五代的時空中，卻並沒有受到當時流行的律詩格律束縛，相對於五家禪師的詩偈作品，乃抓住詩作的某些特質，展現出詩作靈活變化；如字數的多元，有三言、四言、五言、六言、七言等多體，並依韻腳的使用呈現出方便記誦的功能。

而對於《五家語錄》禪詩作品的聲律，雖不首首按律詩方式作詩，其首句也有不入韻的，在律詩中有所謂孤雁出群的方式，乃借鄰近韻為入首句，是否也說明首句不入韻者應當是符合詩作的方式。五家禪師之詩偈作品呈現出有五古、五絕、七古、七絕、或雜言體等，如此多樣性恰可呈現出禪宗的靈通性。但在這些詩偈裡面可以看出他們喜歡用七絕形式的特色。從七絕規範的作品中，裡面通常首句入韻，如溈仰宗作品「一喚回頭識我不？依稀蘿月又成鉤。千金之子才流落，漠漠窮途有許愁」、臨濟宗作品「沿流不止問如何，真照無邊說似他。離相離名人不稟，吹毛用了急須磨。」、曹洞宗作品「聖主由來法帝堯，御人以禮曲龍腰。有時鬧市頭邊過，到處文明賀聖朝。」、雲門作品「雲門聳劍白雲低，水急遊魚不敢棲。入戶已知來見解，何勞更舉轢中泥？」、法眼宗作品「男子身中入定時，女子身中不留意。不留意，絕名字，萬象明明無理事。」可看出從七絕作品韻腳較密造成運作微婉效應，相對的能加強記憶，加強印象。在五家禪師七絕作品皆為首字押韻，如此則造成四句中有三句是押韻的，其中只有一句是變化的。一首詩中有三句押韻則產生韻腳綿密，讀起來旋律的重復性很高，讓人容易記誦（可幫助記憶），可以引起更多的咀嚼與思維，這樣對傳播禪理的功能來講則能達成

效應。

　　五家禪師作詩主要本身並非爲寫詩而做詩，而是爲傳播禪法而作詩偈，但還是講求押韻的，只是禪師作品也產生了詩偈有平仄通押的情形。是否因爲禪詩的此種現象，所以提供了某些詩韻的自由空間，影響了後來詞作的平仄通押情形；雖目前並沒有提供數據，但顯然這是個有趣的現象。禪師本非爲寫詩而做詩，但因受中國詩化的語言影響，使其禪詩作法不同於佛教本有的偈頌體，沒有轉折的直鋪陳述，從考據中可明禪詩加入了更具有啟發性的情境語言。禪師運用詩歌的「言外見意」，營造出更多的意境，也給讀者留有更寬廣的想像空間。晚唐以來禪師以中國近體詩來抒發禪境的情感，使其禪宗詩偈更活潑多元了。根據本文所考五家禪詩中的曹洞宗禪詩比較其他四家，此宗禪詩似乎有較多的隱喻與象徵的詩境美學趣味在。看來禪詩在超越語言文字的表面特質上，其中義理有言外見意的文學表現，更有詩歌的美學特色。

　　本論題目以〈《五家語錄》禪僧詩偈頌贊研究〉，目的是研究其語錄中的禪僧詩偈頌贊。而在本論中考據五家禪的特色似乎佔了不少篇幅，看似有喧賓奪主之嫌。禪宗于人以「不立文字」爲特色，在《語錄》中適度的加入詩、偈、頌、贊作品，使得聽講者可以在語體文字以外，有更多體悟的空間。這些《語錄》中的詩、偈、頌、贊，扮演者對禪理開發有著很重要的地位，它對禪機有著補強與提點作用。也就是說在《語錄》中的詩、偈、頌、贊，它成爲了語錄中畫龍點睛的作用，用詩化的意象將繁瑣的語體文，化爲精簡巧妙的文字，這樣可使讀者不會過於執著於文字。詩偈既是《語錄》中畫龍點睛的作用，也只是以精簡的文字成詩句來作爲禪理的補強。《五家語錄》既然是語錄體，爲避免解詩有錯謬，因此作者當亦難免在研究五家禪師之詩、偈、頌、贊前，對禪師的語錄要義先作其分析，以呼應禪師的詩、偈、頌、贊作品眞諦，求其更爲精確地分析，用來闡發其詩偈內在禪趣之神韻。

　　最後想說明一點，本論題目《五家語錄》禪師詩偈頌贊〉爲研究，主旨擬定結合中國文學較文學性的詩學問題切入，後經爬梳之後，考慮禪師所作偈頌贊的背景乃著重在闡揚教理爲出發點，所以作者在內文上有作較多的佛教義理詮釋，而對於詩的文學性切入的篇幅卻比教少。一方面是作者在這方面可能還有很大學習的空間；另一方面考量如果將禪師的作品一味地向文學意象特色作研究，可能就太偏離禪教的原義。

　　禪門五家雖說在本質上是不異於曹溪宗旨，且五家禪師皆有互參的情形，臨濟義玄與曹洞良价皆曾參於潙山的靈祐，南禪之風有著共同特點「不立文字，教外別傳，直指人心」，然五家各有其門庭施設，以接物利生不同方法作風，最後呈出五家禪法之異同，表列之：

五家宗師	傳　承	宗　風	興　衰
潙仰宗 潙山靈祐 （771～853） 仰山慧寂 （807～883）	法承：百丈懷海 嗣法：潙山靈祐禪師有四十幾位弟子，當中最得意弟子當屬仰山慧寂，還有大安、智閑等優秀的弟子。	機用圓融，室中驗人，句能陷虎。又父子一家，師資唱和語默不露，明暗交馳，體用雙彰，無舌人為宗，圓相明之。	此家是五宗最早創立之一宗，但也是最早衰亡之一宗，僅僅兩代興隆，此後潙仰宗就逐漸衰微。 此宗禪風嚴謹，不能適應江南的民風應是其早衰之因。
臨濟宗 義玄禪師 （？～866）	法承：黃檗希遷 嗣法：興化存獎→南院慧顒→風穴延昭→首山省念，到了宋代至汾陽善昭禪師，臨濟門庭興隆於世。	機鋒峻烈，如迅雷之走疾風，凡僧有所問，即喝破或擒住托開，其接化之熱烈辛辣。 全機大用，棒喝齊施，虎驟龍奔，星馳電掣，負沖天意氣，用格外提持，卷舒縱擒，殺活自在。掃除情見，迴脫廉纖。以無住真人為宗，或棒或喝，或豎拂明之。	此家盛用禪機，實行棒喝，舉揚了「無事」的宗風，家風鋼猛，承襲黃檗思想以生佛不二立場，建立無心為重，無事為宗。此宗到了宋代汾陽善昭禪師開始大展其禪機有「臨天下」之謂，還繁衍出楊岐與黃龍二宗，此臨濟的法脈至今仍然興盛著。
曹洞宗 良价禪師 （807～869） 本寂禪師 （840～901）	法承：青原行思 嗣法：弟子有二十六人，由道膺禪師受到良价的讚賞為「室中領袖」，此宗之興起也是由於有本寂禪師與道膺禪師共扶起。	穩順綿密，其接化學人，諄諄不倦。 君臣道合，正偏相資，鳥道玄途，金針玉線，內外回互，理事混融。不立一法，空劫以前，自己為宗，良久處明之。	此家以〈五位君臣頌〉用以說明正偏五位。此宗融合道家思想為其特色，倡「即事而真、內外回互、理事混融」。此家以石頭禪師的〈參同契〉，併合曇晟禪師的〈寶境三昧〉，透過禪的實修，建立了「五位」之教。此宗至今在台日兩岸依然興揚其宗風。

雲門宗 文偃禪師 （864～949）	法承：雪峰義存 嗣法：共六十一人其弟子白雲祥禪師生前曾被南唐國主迎入宮中說法，將其雲門禪法興盛於一時。繼他之後有弟子志文、達正、雲端、雲福、惠龍、常簡等禪師傳其禪法。由於後繼者無名師其雲門禪法就漸衰微了。	出語高古，迥異尋常，北斗藏身，金風露體，三句可辨，一鏃遼空，超脫意言，不留情面。	接化手段在於縱橫無盡的殺活機用，出人意表的運用一語一字，如：鑒、咦，以頓悟的禪風，直下截斷學人心中的葛藤，所以稱爲一字關。 此家宗風孤危聳峻，非上上根器者難窺其奧義，使其凋萎的快。
法眼宗 文益禪師 （885～958）	法承：地藏院桂琛 嗣法：弟子有三十三人德韶，文道，慧炬均爲國師，爲王候所重者十四人……次爲龍光，泰欽等四十九人均各化一方。 文益禪師之弟子德韶禪師據說他曾前後參了五十四位禪師，皆未能契入禪理，最後才在文益禪師下參禪契入禪理。文遂禪師曾對《首楞嚴經》下功夫注釋過，但當參於文益禪師時卻答不出何謂「本妙明淨的本心」，此後他便在文益處參受禪法。泰欽禪師在文益禪師處受益禪法之後，曾住於洪州雙林院、金陵龍光院傳禪法，並受到南唐國主李煜的禮敬，請他住持清涼大道場。之外文益禪師的弟子還有慧炬禪師，被高麗國王迎請回其國家，受到極尊禮遇，封其爲國師。	聞聲悟道，見色明心，句裡藏鋒，言中有響，三界唯心爲宗。 簡明處似雲門，穩密處類曹洞，其接化之言句似頗平凡，而句下自藏機鋒，有當機見面，能使學人轉凡入聖者。	此家是五家中最晚成立，文益禪師也喜愛石頭希遷的禪風，推獎《參同契》並爲之作註解，禪學思想除了富有石頭希遷的禪風色彩，也宣揚禪淨融合以及華嚴的圓融，三界唯心、萬法唯識等的教理思想，也正由於此融合太多外在因素，失去了禪的眞面目，此宗也面臨早衰的命運。

※此表酌參《景德傳燈錄》、《人天眼目》、《五家宗旨纂要》。

　　若說佛祖在心中，自心本具佛性而論，作者在經過數月浸潤於五家禪祖師之禪詩偈頌的研究，從跨時空的心靈交集，其中受教於各家禪機妙語，感受自性的禪機理趣似有被召喚回自心靈中的體驗，所獲得的禪機理趣，與其心靈所得的禪法醍醐利益，雖數月勞其筋骨，傷其血氣當已無所遺憾了。

參考文獻

一、**佛教經典**（依冊數排列）

（一）**禪藏語錄類**

1. 《鎮州臨濟慧照禪師語錄》，《大正新脩大藏經》第 47 冊。

2. 《黃龍慧南禪師語錄》，《大正新脩大藏經》第 47 冊。

3. 《汾陽無德禪師語錄》，《大正新脩大藏經》第 47 冊。

4. 《大慧普覺禪師語錄》，《大正新脩大藏經》第 47 冊。

5. 《筠州洞山悟本禪師語錄》，《大正新脩大藏經》第 47 冊。

6. 《瑞州洞山良价禪師語錄》，《大正新脩大藏經》第 47 冊。

7. 《撫州曹山本寂禪師語錄》，《大正新脩大藏經》第 47 冊。

8. 《雲門匡眞禪師廣錄・雲門山光泰禪院匡眞大師行錄》，《大正新脩大藏經》第 47 冊。

9. 《潭州溈山靈祐禪師語錄》，《大正新脩大藏經》第 47 冊。

10. 《袁州仰山慧寂禪師語錄》，《大正新脩大藏經》第 47 冊。

11. 《金陵清涼院文益禪師語錄》，《大正新脩大藏經》第 47 冊。

12. 《宏智禪師廣錄》，《大正新脩大藏經》第 48 冊。

（二）**禪門公案集**

1. 《禪林寶訓音義》，《卍新纂續藏經》第 64 冊。

2. 《無門關》，《大正新脩大藏經》第 48 冊。

3. 《人天眼目》，《大正新脩大藏經》第 48 冊。

4. 《禪林寶訓》，《大正新脩大藏經》第 48 冊。

（三）禪宗古逸類

1. 《楞伽師資記》,《大正新脩大藏經》第 85 冊。

（四）禪門雜著

1. 《祖庭事苑》卷第五,《卍新纂續藏經》第 64 冊。
2. 《禪林寶訓音義》,《卍新纂續藏經》第 64 冊。
3. 《五宗原》,《卍新纂續藏經》第 65 冊。
4. 《五家宗旨纂要》,《卍新纂續藏經》第 65 冊。
5. 《禪宗指掌》,《卍新纂續藏經》第 65 冊。
6. 《潙山警策註》,《卍新纂續藏經》第 65 冊。

（五）禪藏語錄通集

1. 《禪門諸祖師偈頌》,《卍新纂續藏經》第 66 冊。
2. 《禪林類聚》卷第三,《卍新纂續藏經》第 67 冊。
3. 《禪林類聚・棒喝》卷第六,《卍新纂續藏經》第 67 冊。
4. 《正法眼藏》,《卍新纂續藏經》第 67 冊。
5. 《古尊宿語錄》,《卍新纂續藏經》第 48 冊。

（六）禪藏語錄別集

1. 《馬祖道一禪師廣錄》（四家語錄卷一）,《卍新纂續藏經》第 69 冊。
2. 《五家語錄》（序）,《卍新纂續藏經》第 69 冊。
3. 《雪峰義存年譜》,《雪峰義存禪師語錄》,《卍續藏經》第 119 冊。

（七）佛光藏經, 高雄：佛光出版社,1994 年 12 月。

1. 《五家語錄》卷一～卷五,明・圓信、郭凝之共編《佛光大藏經禪藏・語錄部》。
2. 《五家語錄・序言》,明・圓信撰《佛光大藏經》。
3. 《五家語錄・五宗源流圖》,明・圓信、郭凝之共編《佛光大藏經》。
4. 《祖堂集》,五代・靜、筠編著《佛光大藏經》。
5. 《景德傳燈錄》,宋・道原撰《佛光大藏經》。
6. 《臨濟宗旨》,明・白庵居沙門惠宏撰《佛光大藏經》。

（八）佛光經典叢書, 高雄：佛光出版,1997 年。

1. 《人天眼目》,宋・晦巖智昭編集《佛光經典叢書》。
2. 《指月錄》,明・瞿汝稷編集《佛光經典叢書》。

3. 《祖堂集索引》,《佛光經典叢書》。

4. 《從容錄》,萬松行秀著《佛光經典叢書》。

5. 《臨濟錄》,張伯偉釋譯《佛光經典叢書》。

（九）《大正新脩大藏經》參考原版發行,日本:東京大藏經刊行會,臺北:
中華古籍出版社,臺北:福峰圖書光碟有限公司,2001 年〔初版〕。

1. 《中阿含經》卷第四十五,《大正新脩大藏經》第 1 冊。

2. 《雜阿含經》卷第四十一,《大正新脩大藏經》第 2 冊。

3. 《菩薩本生鬘論》卷第十五,《大正新脩大藏經》第 3 冊。

4. 《賢愚經》,《大正新脩大藏經》第 4 冊。

5. 《大般若波羅蜜多經》卷第五百七十六,《大正新脩大藏經》第 7 冊。

6. 《大方廣佛華嚴經》卷二十五,《大正新脩大藏經》第 9 冊。

7. 《法華經·譬喻品》,《大正新脩藏經》第 9 冊。

8. 《大寶積經》卷十三、卷九十,《大正新脩大藏經》第 11 冊。

9. 《菩薩瓔珞經》卷第十二〈清淨品〉第三十四,《大正新脩大藏經》第
16 冊。

10. 《大般涅盤經》卷第二十九,《大正新脩大藏經》第 17 冊。

11. 《大智度論》卷二十,《大正新脩大藏經》第 25 冊。

12. 《俱舍論》,《大正新脩大藏經》第 29 冊。

13. 《成唯識論》卷第三,《大正新脩大藏經》第 31 冊。

14. 《攝大乘論釋》卷第一,《大正新脩大藏經》第 31 冊。

15. 《大乘起信論》,《大正新脩大藏經》第 32 冊。

16. 《妙法蓮華經玄義》,《大正新脩大藏經》第 33 冊。

17. 《般若心經略疏連珠記》,《大正新脩大藏經》第 33 冊。

18. 《仁王護國般若經疏》卷第四,《大正新脩大藏經》第 33 冊。

19. 《法華義疏》,《大正新脩大藏經》第 34 冊。

20. 《妙法蓮華經玄贊》,《大正新脩大藏經》第 34 冊。

21. 《華嚴經探玄記》卷第十二,《大正新脩大藏經》第 35 冊。

22. 《瑜伽論記》,《大正新脩大藏經》第 42 冊。

23. 《華嚴一乘法界圖》,《大正新脩大藏經》第 45 冊。

24. 《鎮州臨濟慧照禪師語錄》,《大正新脩大藏經》第 47 冊。

25. 《圓悟佛果禪師語錄》卷第五,《大正新脩大藏經》第 47 冊。

26. 《六祖大師法寶壇經》,《大正新脩大藏經》第 48 冊。

27. 《宗鏡錄》,《大正新脩大藏經》第 48 冊。

28. 《黃檗山斷際禪師傳心法要》,《大正新脩大藏經》第 48 冊。

29. 《六祖大師法寶壇經序》,《大正新脩大藏經》第 48 冊。

30. 《六祖大師法寶壇經》,《大正新脩大藏經》第 48 冊。

31. 《南宗頓教最上大乘摩訶般若波羅蜜經六祖惠能大師於韶州大梵寺施法壇經》,《大正新脩大藏經》第 48 冊。

32. 《真心直說》,《大正新脩大藏經》第 48 冊。

33. 《禪源諸詮集都序》,《大正新脩大藏經》第 48 冊。

34. 《佛祖歷代通載》,《大正新脩大藏經》第 49 冊。

35. 《臨濟錄》,《大正新脩大藏經》第 49 冊。

36. 《佛祖統紀》卷第四十二、四十一,《大正新脩大藏經》第 49 冊。

37. 《釋氏稽古略》,《大正新脩大藏經》第 49 冊。

38. 《釋氏稽古略·雪峰義存年譜》,《大正新脩大藏經》第 49 冊。

39. 《續高僧傳》,《大正新脩大藏經》第 50 冊。

40. 《宋高僧傳》卷第九、十一,《大正新脩大藏經》第 50 冊。

41. 《景德傳燈錄》,《大正新脩大藏經》第 51 冊。

42. 《景德傳燈錄》卷第九〈黃檗希運禪師傳心法要〉,《大正新脩大藏經》第 51 冊。

43. 《景德傳燈錄·良价傳》,《大正新脩大藏經》第 51 冊。

44. 《曆代法寶記》,《大正新脩大藏經》第 51 冊。

45. 《續傳燈錄》,《大正新脩大藏經》第 51 冊。

46. 《傳法正宗記》,《大正新脩大藏經》第 51 冊。

（十）《卍新纂續藏經》參考臺北：中華古籍出版社,台灣福豐圖書承印,2001 年（初版）。

1. 《楞伽經宗通》,《卍新纂續藏經》第 17 冊。

2. 《楞伽阿跋多羅寶經註解》卷第二,《卍新纂續藏經》第 17 冊。

3. 《妙法蓮華經玄義》,《大正新脩大藏經》第 33 冊。

4. 《涅槃經疏三德指歸》,《卍新纂續藏經》第 37 冊。

5. 《佛祖三經指南》,《卍新纂續藏經》第 37 冊。

6. 《宗門十規論》,《卍新纂續藏經》第 63 冊。

7. 《臨濟宗旨》,《卍新纂續藏經》第 63 冊。

8. 《禪家龜鑑》,《卍新纂續藏經》第 63 冊。

9. 《宗門玄鑑圖》,《卍新纂續藏經》第 63 冊。

10. 《禪門寶藏錄》卷中,《卍新纂續藏經》第 64 冊。

11. 《祖庭事苑》卷第七,《卍新纂續藏經》第 64 冊。

12. 《萬法歸心錄》,《卍新纂續藏經》第 65 冊。

13. 《宗鑑法林》卷三十九,《卍新纂續藏經》第 66 冊。

14. 《五家語錄》(序),《卍新纂續藏經》第 69 冊。

15. 《月江正印禪師語錄》,《卍新纂續藏經》第 71 冊。

16. 《隆興編年通論》卷第二十八,《卍新纂續藏經》第 75 冊。

17. 《新修科分六學僧傳》卷第八,《卍新纂續藏經》第 77 冊。

18. 《禪林僧寶傳》,《卍新纂續藏經》第 79 冊。

19. 《禪林僧寶傳・韶州雲門大慈雲弘明禪師》,《卍新纂續藏經》第 79 冊。

20. 《聯燈會要》卷三〈益州保唐無住禪師〉,《卍新纂續藏經》第 79 冊。

21. 《五燈會元》卷第四,〈趙州觀音院,從諗禪師〉,《卍新纂續藏經》第 80 冊。

22. 《五燈會元續略》卷第三上,《卍新纂續藏經》第 80 冊。

23. 《指月錄》卷之二,《卍新纂續藏經》第 83 冊。

24. 《教外別傳序》,《卍新纂續藏經》第 84 冊。

25. 《佛祖綱目》卷三十三,《卍新纂續藏經》第 85 冊。

26. 《宗統編年》卷十至卷十五,《卍新纂續藏經》第 86 冊。

27. 《南嶽單傳記》,《卍新纂續藏經》第 86 冊。

28. 《禪燈世譜》,《卍新纂續藏經》第 86 冊。

29. 《緇門世譜》,《卍新纂續藏經》第 86 冊。

30. 《禪苑蒙求瑤林》,《卍新纂續藏經》第 87 冊。

31. 《宗教律諸宗演派》,《卍新纂續藏經》第 88 冊。

二、古籍（依年代排列）

1. 〔漢〕鄭元（箋）、〔唐〕孔穎達等（正義）:《詩經正義》,臺北:藝文印書館《十三經注疏》,1982 年。

2. 〔晉〕摯虞:《文章流別志論》,臺北:新文豐出版,1997 年。

3. 〔梁〕劉勰:《文心雕龍》景印,《文淵閣四庫全書》第 1478 冊,臺北:臺灣商務印書館,1983 年 6 月。

4. 〔梁〕劉勰著,彭慶環注述:《文心雕龍》,臺北:華星出版社,1971 年 11 月（再版）。

5. 〔唐〕李善注：《文選》，臺北：藝文印書管印行，2007 年 8 月。

6. 〔唐〕宗密撰，邱高興校釋：《禪源諸詮集都序》，鄭州：中州古籍出版社，2008 年 1 月。

7. 〔宋〕普濟：《五燈會元》中卷十三，臺北：文津出版社，1991 年。

8. 〔宋〕贊寧著，范祥雍點校：《宋高僧傳》，臺北：文津出版社，1988 年 7 月。

9. 〔宋〕贊寧：《宋高僧傳》，《文淵閣四庫全書子部釋家類》，臺北：臺灣商務印書館。

10. 〔宋〕黃滔撰：〈福州雪峰山故眞覺大師碑銘〉，《黃御史集》卷 5。

11. 〔元〕蘇天爵編：《元文類》第一三六七冊《景印文淵閣四庫全書》，臺北：臺灣商務印書館。

12. 〔明〕賀復微編：《文章辨體》，臺北：臺灣商務印書館，1983 年 6 月。

13. 〔明〕吳納著，賀復微編：《文章辨體》景印，《文淵閣四庫全書》，臺北：臺灣商務印書館，1983 年 6 月。

14. 〔明〕吳訥輯：《文章辨體》，《續修四庫全書》《明史》卷一四六，上海：古籍出版社。

15. 〔清〕嘉慶：《十三經注疏・毛詩正義》，臺北：藝文印書館印行。

16. 〔清〕黃宗義編：《明文海》，臺北：臺灣商務印書館，1988 年 2 月，《景印文淵閣四庫全書》，第 1458 冊，卷 437。

17. 〔清〕嚴可均：《全晉文》五七卷，西晉・摯虞：《文章流別志論》，臺北：新文豐出版。

18. 〔清〕顏可均：《全上古三代秦漢三國六朝文》，《續修四庫全書》，臺北：臺灣商務印書館印行。

19. 〔清〕阮元著，王雲五主編：《孼經室集・釋頌》，臺北：臺灣商務印書館印行。

20. 〔清〕董浩編：《全唐文》卷八百二十，臺北：中華書局出版，1983 年。

21. 〔清〕聖祖御定：《全唐詩》冊 22，卷 770，臺北：中華書局出版，1985 年。

22. 〔清〕朱熹集註：《詩經集註》，臺北：萬卷樓發行，1996 年。

23. 〔清〕呂祖謙編，齊治平點校：《宋文鑑》，北京：中華書局，1992 年 3 月。

24. 〔民〕陳尚君輯校：《全唐詩補編》全唐詩續拾・卷三十一／通行本，中華書局出版，1992 年 10 月。

25. 〔民〕張宏生譯注：《唐文粹》，臺北：錦繡出版事業股份有限公司，1992 年 12 月。

三、專著

1. 〔日〕矢吹慶輝:《鳴沙餘韻解說》,東京:岩波書店,1933 年 4 月。

2. 〔日〕久野芳隆:〈富於流動性的唐代禪籍——敦煌出土南禪北宗的代表作品〉,《宗教研究》,1937 年 2 月。

3. 〔日〕柳田聖山:〈胡適博士與中國初期禪宗史之研究〉,《胡適禪學案》,京都市:中文出版社,1981 年 10 月(再版)。

4. 〔日〕今枝由郎著,一民譯:〈有關吐蕃僧諍會的藏文文書〉,《國外藏學研究譯文集》第 2 輯,1987 年。

5. 〔日〕鈴木大拙著,謝思煒譯:《禪學入門》,北京:三聯書店,1988 年。

6. 〔日〕佐藤一郎:《中國文章論》,上海:上海古籍出版社,1988 年 5 月。

7. 〔日〕鈴木大拙著,謝思煒譯:《禪學入門》,北京:三聯書店,1988 年版。

8. 〔日〕阿部正雄:《禪與西方思想》,上海:譯文出版社,1989 年。

9. 〔日〕柳田聖山著,毛丹青譯:《禪與中國》,臺北:桂冠圖書,1992 年(初版)。

10. 〔法〕戴密微著,耿昇譯:〈台灣版序言〉,《吐蕃僧諍記》,臺北:商鼎文化,1993 年 3 月

11. 〔日〕田中良昭著,楊富學譯:〈敦煌漢文禪籍研究略史〉,《敦煌學輯刊》1995 年第 1 期。

12. 〔日〕柳田聖山撰,劉方譯:〈敦煌禪籍總說〉,《敦煌學輯刊》1996 年第 2 期,柳田聖山:《敦煌仏典と禪 I 總說》。

13. 〔日〕忽滑快天撰,朱謙之譯:《中國禪學思想史》,上海:上海古籍出版,2002 年 4 月(第一刷)。

14. 〔日〕鈴木大拙:〈『達摩觀心論』(破相論)四本對校〉,《鈴木大拙全集》卷 32,東京:岩波書店,2005 年。

15. 侯外盧:〈從對待哲學遺產的觀點方法和立場批判胡適怎樣涂沫和污衊中國哲學史〉,見《哲學研究》第七期,北京三聯書店,1955 年。

16. 任繼愈:〈胡適思想批判〉、〈漢唐時期佛教哲學思想在中國的傳播和發展〉、〈論胡適在禪宗史研究的謬論〉,見《漢唐佛教思想論集》,北京:人民出版社,1963 年。

17. 任繼愈:《漢唐佛教思想論集》〈胡適思想批判〉、〈漢唐時期佛教哲學思想在中國的傳播和發展〉、〈論胡適在禪宗史研究的謬論〉,北京:人民出版社,1963 年。

18. 南懷瑾：《禪宗叢林制度與中國社會》，臺北：藝文印書館，1964 年 5 月（再版）。

19. 印順法師：〈神會與壇經──評定胡適禪宗史的一個重要問題〉，《六祖壇經研究論集》，臺北：大乘文化出版社，1976 年 10 月。

20. 張榮輝：《中國文體通論》，高雄：高職叢書出版社，1977 年 7 月。

21. 張曼濤主編：《禪宗思想與歷史》，臺北：大乘文化出版社，1978 年 9 月（初版）。

22. 李世傑：《禪的哲學》（以下出處同上）。

23. 巴壺天：《禪宗公案之透視》。

24. 無礙：《禪公案的意義與價值》。

25. 黃懺華：《看話禪與默照禪》。

26. 牟宗三：《如來禪與祖師禪》。

27. 無礙：《頓悟禪的真面目》。

28. 培風：《禪宗的起源與傳承》。

29. 胡適：《中國禪學之發展》。

30. 曾普信：《中國禪學小史》，臺北：大乘文化出版社，1978 年 9 月（初版）。

31. 呂澂：《西藏佛學原論》，《現代佛學大系 50・西藏佛學原論》，臺北：彌樂出版社，1984 年 4 月。

32. 胡頌平：《胡適之先生年譜長編初稿》，臺北：聯經出版公司，1984 年 5 月 21 日。

33. 王冀青：〈中外著名敦煌學家──戴密微（Paul Demiéville）教授學術生涯略述〉，《敦煌學輯刊》1987 年第 1 期。

34. 太虛大師：《中國佛學・中國特質在禪》，北京：中國佛教協會，中國佛教文化研究所，1989 年 9 月。

35. 正果法師：《禪宗大意》，北京：中國佛教協會，1990 年 10 月。

36. 楊鴻銘：《歷代古文析評》，臺北：文史哲出版社，1992 年 3 月。

37. 聖嚴法師：《禪門麗珠集》，臺北：東初出版社，1993 年。

38. 周裕鍇：《中國禪宗與詩歌》，高雄：麗文出版社，1994 年（初版）。

39. 洪修平：《中國禪學思想史》，臺北：文津出版社，1994 年（初版）。

40. 江燦騰：〈胡適禪學研究公案〉，《當代》第 101 期，1994 年 9 月。

41. 張廣達：〈唐代禪宗的傳入吐蕃即有關的敦煌文書〉，《西域史地叢稿初編》，上海：古籍出版社，1995 年 5 月。

42. 胡適著，黃夏年主編：《胡適集》，中國社會科學出版社，1995 年（第一版）。

43. 葛兆光：《中國禪思想史》，北京：北京大學出版社，1995 年 12 月（第一版）。

44. 楊曾文：《日本佛教史》，浙江：人民出版，1995 年。

45. 曲金良：《敦煌佛教文學研究》，臺北：文津出版社，1995 年 10 月（初版）。

46. 金振邦：《文章體裁辭典》，高雄：麗文文化事業，1995 年 9 月。

47. 張伯偉：《詩與禪學》，臺北：揚智文化，1995 年（初版）。

48. 屈守元、常思春主編：《韓愈全集校注》，成都：四川大學出版社，1996 年。

49. 南懷瑾：《禪海蠡測》，臺北：老古文化，1997 年 7 月（六刷）。

50. 孫昌武：《禪思與詩情》，北京：中華書局，1997 年 8 月（第一版）。

51. 王敏華：《中國詩禪研究》，廣西：廣西師範大學出版社，1997 年。

52. 褚斌杰：《中國古代文體概論》，北京：北京大學出版社，1997 年 12 月。

53. 蕭麗華：《唐代詩歌與禪學》，臺北：東大圖書發行，1997 年。

54. 印順法師：《中國禪宗史》，新竹縣：正聞出版社，1998 年 1 月。

55. 胡適著，歐陽哲生編：《胡適文集》（6），北京：北京大學出版社，1998 年 11 月。

56. 榮新江：〈有關敦博本禪籍的幾個問題〉，《鳴沙集——敦煌學學術史和方法論的探討》，臺北：新文豐，1999 年 9 月。

57. 聖嚴法師：《禪的體驗‧禪的開示》，臺北：法鼓文化出版社，2000 年 7 月（三版 6 刷）。

58. 楊曾文：〈《唐同德寺無名和尚塔銘並序》的發現及其學術價值〉，《佛學研究》，2000 年。

59. 林信明譯：〈再刊の序〉，《初期禪宗史書の研究》，京都：法藏館，2000 年 1 月。

60. 吳言生：《禪宗哲學象徵》，北京：中華書局，2001 年 9 月（第一版）。

61. 張海沙：《初盛唐佛教禪學與詩歌研究》，北京：中國社會科學出版社，2001 年 1 月（第一版）。

62. 傅璇琮主編：《唐五代文學編年史》，遼海：遼海出版社，（缺年分）。

63. 羅立乾注譯，李振興校閱：《新譯文心雕龍》，臺北：三民書局，2003 年 6 月（二刷）。

64. 張節末：《禪宗美學》，臺北：世界宗教博物館，2003 年 3 月（初版）。

65. 羅立乾注釋，李振興校閱：《新譯文心雕龍》，臺北：三民書局印行，2003 年 6 月（二刷）。

66. 伊吹敦：〈早期禪宗史研究之回顧和展望〉，《中國禪學》第二卷，2003
年。

67. 蔡榮婷：《《祖堂集》禪宗詩偈研究》，臺北：文津出版社，2004 年（初
版）。

68. 惟正、楊曾文編：《禪宗與中國佛教文化》，北京：中國社會科學出版社，
2004 年 6 月（第一版）。

69. 楊曾文：《敦煌新本六祖壇經》，北京：宗教文化出版社，2005 年 8 月（第
3 刷）。

70. 楊曾文：《唐五代禪宗史》，北京：中國社會科學出版，2006 年 11 月（重
印）。

71. 胡遂：《佛教禪宗與唐代詩風之發展演變》，北京：中華書局，2007 年 4
月（第一版）。

72. 查明昊：《轉型中的唐五代詩僧群體》，上海：華東師範大學，2008 年（第
一版）。

73. 楊曾文：《當代佛教》，北京：宗教文化出版社，2009 年。

74. 楊鋒兵：《禪學研究徑路初探》，北京：綫裝書局，2010 年 3 月（初版）。

75. 楊鋒兵：《禪學研究徑路初探》，北京：綫裝書局，2010 年 3 月（初版）。

76. 馬客瑞：〈東山法門與菩提達摩思想之分化與承接〉，吳言生主編：《中國
禪學》第五卷，中國社會科學出版社，2011 年 5 月。

77. 吳言生主編：《中國禪學》第五卷，中國社會科學出版社，2011 年 5 月。

78. 胡適、黃夏年主編：《胡適集・禪宗在中國：它的歷史和方法》，北京：
中國社會科學出版社（第 1 版）。

四、期刊論文

1. 皮朝綱：〈溈仰宗風，圓相意蘊與禪宗美學〉，期刊論文《西北師大學報
出版》，1994 年 1 月，第 31 卷第 1 期。

2. 侯外盧：〈從對待哲學遺產的觀點方法和立場批判胡適怎樣涂沫和污蟻
中國哲學史〉，《哲學研究》第七期，北京：三聯書店，1955 年。

3. 蔣義斌：〈法眼文益的禪教思想〉，中國文化大學史學系，《中華佛學學
報》第 13 期，2000 年 5 月。

4. 龔雋：〈歐美禪學的寫作──一種方法論立場的分析〉，吳言生主編：《中
國禪學》第三卷，北京：中華書局出版，2004 年。

5. 張勇：〈晚唐時期中國禪宗南岳系的白話詩〉，吳言生主編：《中國禪學》
第三卷，北京：中華書局出版，2004 年。

6. 張保勝：〈以梵語文獻爲中心看禪的起源與流變〉，吳言生主編：《中國禪

學》第三卷，北京：中華書局，2004 年。

7. 黃青萍：〈敦煌禪籍的發現對中國禪宗史研究的影響〉，《成大宗教與文化學報》第八期，2007 年 8 月。

五、學位論文

1. 黃秀琴：〈唐代詩禪相互影響論〉，國立中央大學，中國文學研究所，碩士論文，1997 年。

2. 賈珬鉉：〈臨濟禪法研究〉，輔仁大學，哲學研究所，碩士論文，1998 年11 月。

3. 蘇郁庭：〈雲門文偃禪學研究〉，國立臺灣師範大學，國文研究所，碩士論文，2003 年。

4. 莊白珍：〈法眼文益「禪」、「教」思想研究〉，慈濟大學，宗教與文化研究所，碩士論文，2006 年。

5. 王姵婷（釋妙智）：〈七八世紀的南宗禪——印度禪風「轉化」為中國禪風的關鍵期〉，佛光大學，宗教學系，碩士論文，2008 年 6 月。

六、網頁

1. 中央研究院——漢籍電子文獻資料庫：http://hanji.sinica.edu.tw/。

2. 故宮【寒泉】古典文獻全文檢索資料庫：http://210.69.170.100/s25/。

3. 國學——文獻資訊網：
http://www.guoxue.com/tangyanjiu/tdsl/tczz004/tczz_006.htm。

4. 國家圖書館——臺灣博碩士論文資訊網：
http://etds.ncl.edu.tw/theabs/index.jsp。

5. 國家圖書館——期刊文獻資訊網：
http://readopac.ncl.edu.tw/nclJournal/index.htm。

6. 翻譯名義集——資訊網：
http://www.baus-ebs.org/sutra/fan-read/fodict-fan.htm。

7. 中華學術院佛學研究所——期刊文獻資訊網：http://www.chibs.edu.tw。

8. 印順文教基金會——印順法師佛學資訊網：
Copyright(c)1998, All Rights Reserved。

七、工具書

1. 慈怡法師主編：《佛光大辭典》，高雄：佛光出版社，1998 年（初版）。

2. 丁福保：《佛學大辭典》，北京：文物出版社，2002 年 9 月（三刷）。

3. 林光明、林怡馨合編：《梵漢大詞典》，臺北：嘉豐出版社，2005 年 4 月

（初版）。

4. 許清雲編：《增廣詩韻集成》，臺北：文津出版社，2006 年 10 月（三刷）。

5. 中村元編著，林光明編譯：《廣說佛教語大辭典》，臺北：嘉豐出版社，2009 年 5 月（初版）。

附錄一：禪宗五家法系簡表

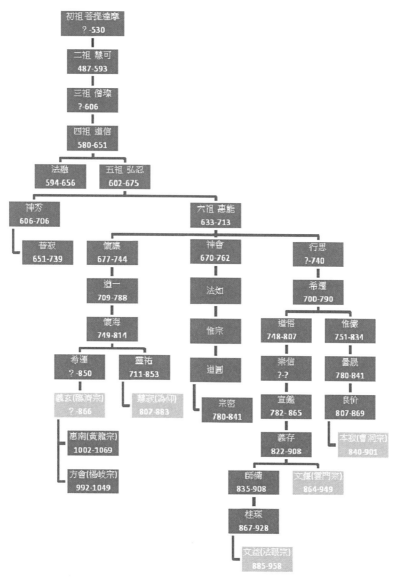

※參考《五家語錄》（序）五家源流圖《卍新纂續藏經》第 69 冊。

附錄二：禪宗史年表

西元	中國年號	紀　　　　　事
534	東魏　天平 1 年	二祖慧可開始在東魏的鄴都弘法。
547	東魏　武定 5 年	楊衒之著《洛陽伽藍記》，在「永寧寺」條下有關於達摩的最早記錄。
550	北齊　天保 1 年	三祖僧粲向慧可問道。
574	北周　建德 3 年	詔令廢佛道二教，爲「三武法難」之一。
580	北周　大象 2 年	四祖道信（～651）生。
601	隋　仁壽 1 年	五祖弘忍（～674）生。
620	唐　約武德 3 年	道信入黃梅雙峰山弘禪，禪僧由游動轉爲定居。
638	唐　貞觀 12 年	六祖惠能（～713）生。
643	唐　貞觀 17 年	法融在金陵牛頭山立禪室，爲牛頭禪之祖。
645	唐　貞觀 19 年	玄奘（600～664）由印度回長安。道宣（596～667）草成《續高僧傳》。
651	唐　永徽 2 年	神秀往雙峰山歸依弘忍，6 年後離開。
657	唐　顯慶 2 年	法融遷化。
661	唐　龍朔 1 年	惠能 24 歲見弘忍。
667	唐　乾封 2 年	道宣最後修訂《續高僧傳》
670	唐　咸亨 1 年	神會（～762）生。

676	唐　儀鳳 1 年	惠能在廣州法性寺落髮爲僧，寺僧法才寫〈瘞髮塔記〉（《全唐文》912）。
686	大周　垂拱 2 年	法如於少林寺開示禪法，首次確立禪宗宗譜。
701	大周　大足 1 年	神秀（606～706）應武后詔入宮，在洛陽、長安弘揚禪宗。
708	唐　景龍 2 年	弘忍弟子玄賾被召入京，撰《楞伽人法志》，其弟子淨覺著《楞伽師資記》，爲楞伽宗最後代表人物。
709	唐　景龍 3 年	馬祖道一（～788）生。
713	唐　開元 1 年	惠能弟子「一宿覺」玄覺遷化，後人爲輯《永嘉集》。
713～716	唐　開元 1～4 年	《傳法寶紀》、《楞伽師資記》完成，爲初期禪宗史書的先聲。
732	唐　開元 20 年	神會在滑臺大雲寺攻擊北宗禪，其弟子獨孤沛記此事，並編〈菩提達摩南宗定是非論〉。後傳爲荷澤宗。
742	唐　天寶 1 年	希遷（～790）在衡嶽住南寺東石台上結庵，號石頭和尚，傳石頭宗。
752	唐　天寶 11 年	玄素（668～）遷化，牛頭禪至玄素而大盛。
755～756	唐　至德元年	安史之亂，京派禪師受打擊，地方禪宗興起，南能北秀局面開始形成。
757	唐　至德 2 年	無住至成都淨泉寺見無相，766 年居成都保唐寺，形成淨泉保唐系。無相爲弘忍再傳弟子。
780	唐　建中 1 年	北宗派的摩訶衍，在西藏拉薩講禪的頓、漸，與印度僧辯論，其弟子王錫記此事，在敦煌編《頓悟大乘正理決》。在這前後，初期禪錄在敦煌陸續抄寫，一些經典譯成藏文。
781	唐　建中 2 年	在曹溪完成《曹溪大師傳》。敦煌本《六祖壇經》由此至 800 年間完成。
788	唐　貞元 4 年	馬祖道一遷化，所傳爲洪州宗，中唐最大禪系。
804	唐　貞元 20 年	牛頭法門盛行，其禪僧完成〈無心論〉，爲假託達摩所作之初期禪宗典籍之一。
814	唐　元和 9 年	百丈懷海（749～）遷化，其弟子編《百丈廣錄》、《百丈清規》。
816	唐　元和 11 年	惠能有「大鑑禪師」諡號，柳宗元爲寫碑文。
834	唐　太和 8 年	藥山惟儼（751～）圓寂。

835	唐　太和 9 年	南泉普院（748～）圓寂，生前著有語錄。
841	唐　會昌 1 年	圭峰宗密（780～）遷化，裴休寫碑文（《全唐文》783）。宗密撰《禪源諸詮集》調和禪教，撰《華嚴原人論》調和儒禪。雲巖曇晟（780～）遷化。
845	唐　會昌 5 年	奉敕廢佛。
850	唐　大中 4 年	黃檗希運圓寂，裴休整理其說並加序，成《傳心法要》。
853	唐　大中 7 年	溈山靈祐（771～）圓寂，門僧據說多至 1500 人。創溈仰宗。
865	唐　咸通 6 年	德山宣鑑（782～）圓寂，德山之「棒」與臨濟之「喝」齊名。
866	唐　咸通 7 年	臨濟義玄圓寂。傳臨濟宗。
869	唐　咸通 10 年	洞山良价（807～）遷化。傳曹洞宗。
883	唐　中和 3 年	仰山慧寂（807～）遷化。
897	唐　乾寧 4 年	趙州從諗（778～）遷化，據說活了 120 歲，有語錄傳世。
901	唐　天復 1 年	曹山本寂遷化。
908	梁　開平 2 年	雪峰義存（822～）圓寂，據說門下有 1700 人，有語錄傳世。
949	南漢　乾和 7 年	雲門文偃（864～）遷化，有語錄傳世。傳雲門宗。
952	南唐　保大 10 年	靜、筠二禪師在泉州編《祖堂集》。
958	後周　顯德 5 年	法眼文益（885～）圓寂，著有〈宗門十規論〉。傳法眼宗。
960	後周　顯德 7 年	永明延壽到杭州。延壽著有《宗鏡錄》、《萬善同歸集》。
980	宋　太平興國 5 年	雪竇重顯（～1052）生，著有《頌古百則》傳世，後為圓悟《碧巖錄》的藍本。
988	宋　端拱 1 年	贊寧（921～1002）奉敕完成《宋高僧傳》，唐禪僧傳記大半編入。
1004	宋　景德 1 年	道原編《傳燈錄》，並敕令楊億加以刪訂編入《大藏經》，即《景德傳燈錄》。
1036	宋　景祐 3 年	李遵勗增補《傳燈錄》成《廣燈錄》，即《天聖廣燈錄》。
1049	宋　皇祐 1 年	楊岐方會（992～）圓寂，有語錄傳世。

1069	宋　熙寧 2 年	黃龍惠南（1002～）圓寂，有語錄傳世。
1085	宋　元豐 8 年	楊傑加序於《馬祖百丈黃檗臨濟四家錄》。
1101	宋　建中靖國 1 年	佛國惟白編《續燈錄》，即《建中靖國續燈錄》，此時福州等覺禪院和開元寺，相繼進行《大藏經》雕版。
1129	宋　建炎 3 年	曹洞宗正覺（～1157）倡「默照禪」。
1136	宋　紹興 6 年	臨濟楊岐派佛果禪師圓悟克勤（1064～）圓寂，著有《圓悟語錄》《碧巖錄》傳世。
1144	宋　紹興 14 年	福州鼓山出版《古尊宿語要》。
1163	宋　隆興 1 年	臨濟楊岐後人，看話禪集大成者大慧宗杲（1089～）遷化。有語錄傳世。（1200 年朱熹逝世。）
1229	宋　紹定 2 年	無門慧開（1183～1260）提倡 48 則公案，因著《無門關》傳世。
1252	宋　淳祐 12 年	《五燈會元》編成。
1336〜43	元　後至元 2～至正 3 年	奉敕重編《百丈清規》。
1630	明　崇禎 3 年	語風圓信及弟子郭凝之共同重編《五家語錄》出版。

※參酌杜繼文、魏道儒《中國禪宗通史》，馮作民譯註《禪語錄》編訂。